◆ 湖北大学法学学科建设经费支持

比较法视野下的慈善信托

夏雨 著

中国社会科学出版社

图书在版编目（CIP）数据

比较法视野下的慈善信托 / 夏雨著 . —北京：中国社会科学出版社，2017.12

ISBN 978 - 7 - 5203 - 1467 - 1

Ⅰ.①比… Ⅱ.①夏… Ⅲ.①慈善法—比较法—研究—中国 Ⅳ.①D922.182.34

中国版本图书馆 CIP 数据核字（2017）第 279310 号

出 版 人	赵剑英
责任编辑	孔继萍
责任校对	王　龙
责任印制	李寡寡

出　　版	中国社会科学出版社
社　　址	北京鼓楼西大街甲 158 号
邮　　编	100720
网　　址	http://www.csspw.cn
发 行 部	010 - 84083685
门 市 部	010 - 84029450
经　　销	新华书店及其他书店
印　　刷	北京明恒达印务有限公司
装　　订	廊坊市广阳区广增装订厂
版　　次	2017 年 12 月第 1 版
印　　次	2017 年 12 月第 1 次印刷
开　　本	710×1000　1/16
印　　张	13.5
插　　页	2
字　　数	215 千字
定　　价	58.00 元

凡购买中国社会科学出版社图书，如有质量问题请与本社营销中心联系调换
电话：010 - 84083683
版权所有　侵权必究

目 录

引 言 …………………………………………………………… (1)

第一章 慈善信托概述 …………………………………… (5)
第一节 慈善信托在我国的发展历程 ………………… (5)
一 我国公益慈善信托的民间自发探索期 ………… (6)
二 我国公益信托的确立和缓慢发展时期 ………… (7)
三 我国慈善信托的建立 …………………………… (12)
第二节 慈善信托的概念 ………………………………… (16)
一 英美法系中慈善信托的概念及其变化 ………… (17)
二 我国关于慈善信托的法律界定 ………………… (25)
第三节 慈善信托的特点与价值 ………………………… (34)
一 慈善信托的特点 ………………………………… (34)
二 慈善信托的价值 ………………………………… (37)

第二章 慈善信托的设立 …………………………………… (41)
第一节 慈善信托的设立方式 …………………………… (41)
一 其他国家和地区关于慈善信托的设立方式 …… (41)
二 我国关于慈善信托设立的方式 ………………… (49)
第二节 慈善信托设立文件的要求 ……………………… (55)
一 信托文件的要式主义 …………………………… (55)
二 信托文件内容的确定性 ………………………… (57)

第三节 慈善信托设立的程序要件 (61)
一 英美法系的登记主义 (62)
二 大陆法系的许可主义 (64)
三 我国的备案制 (65)

第三章 慈善信托的法律关系主体 (74)
第一节 慈善信托的委托人 (74)
一 其他国家和地区关于慈善信托委托人的规定 (75)
二 我国关于慈善信托委托人的规定 (77)
第二节 慈善信托的受托人 (80)
一 慈善信托受托人的资格 (81)
二 慈善信托受托人的权利义务 (88)
第三节 慈善信托的受益人 (117)
一 其他国家和地区慈善信托受益人的权利 (118)
二 我国慈善信托受益人的权利 (122)

第四章 慈善信托的监管 (126)
第一节 英美法系的集中监管机制 (127)
一 英国的专门机构集中监管 (127)
二 美国的特定部门集中监管 (132)
第二节 大陆法系有关国家和地区的分散监管模式 (137)
一 大陆法系有关国家和地区分散监管模式概述 (137)
二 大陆法系有关国家和地区关于慈善信托监管机关的职权规定 (138)
第三节 大陆法系有关国家和地区的特殊监管制度——信托监察人 (140)
一 信托监察人制度概述 (140)
二 信托监察人制度的主要内容 (144)
第四节 我国的慈善信托监管制度 (150)
一 我国慈善信托监管的基本制度 (150)

二　我国现行慈善信托监管制度的进一步完善 ………………（153）

第五章　慈善信托的税收优惠 …………………………………（159）
　第一节　税收优惠与慈善信托 ……………………………………（159）
　　一　税收优惠的价值 ………………………………………………（159）
　　二　慈善信托与税收优惠 …………………………………………（161）
　第二节　英美法系的慈善信托税收优惠制度 ……………………（164）
　　一　英国的慈善信托税收优惠制度 ………………………………（164）
　　二　美国的慈善信托税收优惠制度 ………………………………（168）
　第三节　大陆法系有关国家和地区的慈善信托
　　　　　税收优惠制度 ……………………………………………（172）
　　一　日本关于慈善信托的税收优惠 ………………………………（172）
　　二　台湾地区的慈善信托税收优惠制度 …………………………（175）
　第四节　我国关于慈善信托的税收优惠制度 ……………………（177）
　　一　我国慈善信托所处的基础税收环境 …………………………（178）
　　二　建立与完善慈善信托税收优惠制度的建议 …………………（189）

参考文献 ………………………………………………………………（199）

后　记 …………………………………………………………………（209）

引　　言

改革开放以来,我国的经济发展取得了举世瞩目的伟大成就。但与此同时,社会利益分化、社会矛盾激化使得以社会保障为核心的民生问题日益凸显。尽管每年国家公共财政用于转移支付的资金都在不断增加,但面对持续增长的社会需求,仅仅依靠公共资金难以为继,建立健全多支柱、多层次、多元化的社会保障体系已然成为当今社会的普遍价值认同和我国社会保障机制改革的必由之路,高效健康发展公益慈善事业势在必行。

众所周知,"作为在第三次分配基础之上能够融入各种公共资源、社会资源的混合型分配方式"[①],公益慈善事业可以把财富积累从高度集中流向高度稀缺,从富裕流向贫穷。就其属性而言,它兼有道德事业和社会保障体系的特点,是一种混合型社会分配方式,对国家社会保障制度也是一种重要补充。总体而言,公益慈善事业的发展不但可以较大程度地缓解社会生活中的仇富心理、缩小贫富差距、维护社会团结安定,而且能够促进和谐社会关系的构建、实现社会的可持续性发展。正如习近平总书记所言:"慈善事业是惠及社会大众的事业,是社会文明的重要标志,是一种具有广泛群众性的道德实践,慈善事业在促进社会和谐中的作用日益显现。"[②]

党的十八大报告已经指出"要支持发展慈善事业,强化社会公益技术研究",这明晰了我们进一步创新和繁荣公益慈善事业的方向。慈善是一项持久的事业,需要源源不断的物力与财力支持,而信托作为一种专

[①] 唐钧:《中国社会对慈善的误区》(http://www.chinavalue.net/General/)。
[②] 习近平:《齐心协力发展慈善事业　同心同德建设和谐社会》,《浙江日报》2006年12月13日第2版。

业化的投资理财工具，其理财功能恰恰迎合了慈善发展的这一要求。作为一种公共物品私人提供的形式，慈善信托属于造福社会公众的公益慈善创新制度，它把金融领域中灵活的资产管理方式与公益事业中的慈善救助有机结合在一起，畅通了社会各方面、各层级参与慈善和社会救助的渠道。在现代社会财富累积和传承的过程中，比较于其他慈善活动方式，慈善信托以其设立成本低、注意尊重委托人意愿、运营透明度高、财产管理更专业化的特质使得该制度作为一项长效得当的财产管理与社会公益机制逐渐走入了人们的视野。可以预见，通过专门机构管理，把社会大众手中闲散的资金聚集起来并运用到救济贫困、帮助老弱病残、科技、教育、文化、环境保护等社会慈善事业中，必定能取得十分可观的社会和经济功效。

有鉴于此，在"依法治国、建设法治中国"的背景下，正视我国社会保障力不足、市民社会快速崛起、慈善事业民间需求越来越迫切的现实动因，加强对慈善信托法律问题研究的意义十分重大。将慈善信托制度的发展与完善纳入到中华民族伟大复兴的实践全局中加以推进，使其在法律规制下运作并不断接近理想状态，对于我国慈善事业的兴旺发达、社会矛盾的有效解决、社会整体公共利益水平的提升更是影响深远。

尽管慈善信托的百年发展历程早已表明，在促进慈善事业发展、增进社会福祉方面，慈善信托具有其他制度不可替代的强大功能，但对于我国而言，信托属于舶来品，是靠引进而来的制度，慈善信托则是刚刚起步，2016年方为我国慈善信托的元年。在建设社会主义法治国家的进程中，法律移植是必要的。一个国家如若要取得发展，必须对外开放并吸纳不同的法律文化与制度。慈善信托是社会公共服务领域的一项基本制度，移植过来的社会意义不言而喻。但任何移植来的法律制度只有融入本国法律体系，在本国的法治机体内成长，成为本国法律体系的有机组成部分后才有可能发挥它应有的积极调控作用。否则，移植而来的制度容易出现"水土不服"，造成资源浪费和制度架空，对本国法律体系也是一种不必要的麻烦，因此"本土资源的存在与沟通是法律移植得以展现的前提"[1]，国家的治理、配套制度的调整与引领是新举措推进的必要基石。

---

[1] 何勤华：《法律移植论》，北京大学出版社2008年版，第244页。

就当下之人类社会而言，一个国家的社会环境可以进行二元剥离，"一元为长久历史文化塑造的社会性格，另外一元是依靠人类智慧筑造的配套制度"①。任何的制度在移植过程中，无疑都要面对这二元的阻力。从我国的实际情况来看，信托制度已引入了一些年头，但有关的实践应用主要集中在商事金融领域。原因在于，商事金融领域中的各项规则和惯例的国际化程度较高，很少涉及道德、习俗等相对复杂的社会因素，所以外来的信托制度也能较快地在没有任何信托传统的国家和地区被快速地接受。而民事与公益领域的信托则不同，基于我国固有的历史传统、法治环境和社会习惯，相对而言，民事与公益领域的信托异质性较高且缺乏相关配套制度。故而，目前关于民事与公益信托的各种制度常常表现为纸上谈兵，实行难度较大。慈善信托这一制度因涉及社会公益，又与生俱来带有道德评价和立法政策取舍，所以与文化传统、社会习俗等社会因素关联紧密。因此，慈善信托在我国的建立与兴盛是一项系统工程，不仅要着眼于规则制度的建立，更要重视制度与社会环境的有机结合；同时在必要的时候，也要结合本国国情对被移植的制度进行适当调整。

"规范或制度在社会上的存在，取决于它们在指导和评价人类在其社会环境中的活动方面所起的实际作用。"② 自2016年3月《中华人民共和国慈善法》（以下简称《慈善法》）出台后，我国掀起了研究与实践慈善信托的热潮，但由于《慈善法》和2001年的《中华人民共和国信托法》（以下简称《信托法》）只规定了慈善信托的原则和一般规则，许多慈善信托的特定相关事项还未明确，③ 主要表现为"诸多一般性要求欠缺可具体操作的规定；有些重要法律概念缺乏清晰的含义界定，出现理解差异；大量配套法律文件的制定期限不明朗，能否有所突破尚存疑虑；核心激

---

① 成靖等：《法治文明的二元权力观解读》，《西南政法大学学报》2008年第10期。
② ［英］尼尔·麦考密克、奥塔·魏因贝格尔：《制度法论》，周叶谦译，中国社会科学出版社2007年版，第10页。
③ 虽然我国在2017年7月出台了《慈善信托管理办法》，但该《办法》作为《慈善法》的配套制度，内容上大多是《慈善法》和《信托法》规定的重申或者强调，行文中大段地复制了两部法律的相关规定。而且由于该文件效力等级低，对于慈善信托的认识也未能切中要害，因此实际上是陷入了力所不逮的窘境，并未对重要问题提供有用的做法。

励措施不足、促进效果难于预测;规范间的衔接关系不明,难免产生制度间冲突"①。所以,不得不面对的一个严峻事实是我国慈善信托的发展在整体上还处于观念促销层面。一方面,有关理论研究不够深入,导致制度本身难以落实影响实践效果;另一方面,实践的不充分又反制了理论研究的深化。

不过,即便事项复杂,终究有章可循。任何法律制度在建设初期,都会存在着诸多不规范的问题。问题的关键是如何对这些问题进行纠正、给予解决。正如英国著名的法律史学家梅因所言,"社会的需要和社会的意见常常是或多或少走在'法律'的前面的。我们可能非常接近地达到它们之间缺口的接合处,但永远存在的趋向是要把这缺口重新打开来。因为法律是稳定的;而我们所谈到的社会是进步的,人民幸福的或大或小,完全决定于缺口缩小的快慢程度"。② 及时缩小"缺口"是立法者的责任,但实现这一目标却并非易事。

本书拟从慈善信托赖以维系存在和发达的制度土壤要求出发,采用比较法的方法,以规范比较和功能比较为两翼,在国际化思维、全球化理念的基础上,强调完善慈善信托的本土化体系建构和制度建设,认为法律规范与制度应该为慈善理念提供有效达成的形式和途径。书中所侧重的比较为"适当比较",以问题性思考为基础,即"在本国法律秩序中有通过这种法律制度处理的某种法律需求,而外国法是通过什么方式满足这一需求的"③。同时,将相互关联的各种问题包容在一起,通过确定慈善信托的法律程序、原则、规范和激励政策,力促慈善事业法制环境优化,力求各类慈善资源、社会救助资源充分发挥作用。

---

① 王作全:《解读〈慈善法〉:过程、内容、亮点与问题》,《中国农业大学学报》2016年第6期。
② [英]亨利·梅因:《古代法》,沈景一译,商务印书馆1980年版,第124页。
③ [日]大木雅夫:《比较法》,范愉译,法律出版社2006年版,第84页。

第 一 章

慈善信托概述

第一节 慈善信托在我国的发展历程

信托起源于中世纪的英国,是英美衡平法精心培育的一项独特法律制度。在英美法系中,信托制度得到普遍的应用,被人们视为"英美法学宝库中最灵活的一项制度"①。随着社会交往的日益频繁,以信托方式开展公益慈善活动逐渐获得越来越多国家的认可,信托这种法律制度慢慢走向国际,被大陆法系的一些国家和地区先后借鉴和引进。

一般而言,信托是指"委托人基于对受托人的信任,将其财产权委托给受托人,由受托人按委托人的意愿以自己的名义,为受益人的利益或者特定目的进行管理或者处分的行为"②。简言之,就是"受人之托,代人理财"。生活中,信托最主要的两大类型是私益信托与公益慈善信托。私益信托是委托人为了自己和其他特定人利益而设定的信托,目的是私人利益。公益慈善信托则是"与社会公共事业的发展密切相关,是委托人为了社会公益目的,为不特定多数受益者设立的信托"③。为了社会公益的信托在社会生活中通常表现为:委托人提供一定数额的财产作为信托财产,由受托人管理该项财产,并按照有关信托行为的规定,将信托利益运用于举办某一项或某些公益事业,即"科学、教育、文艺、体育、卫生、宗教、环保或社会福利事业"④。

---

① [德]海因·克茨、邓建中:《信托——典型的英美法系制度》,《比较法研究》2009年第4期。
② 高凌云:《被误读的信托:信托法原论》,复旦大学出版社2010年版,第32页。
③ 赵磊:《公益信托法律制度研究》,法律出版社2008年版,第23页。
④ 张淳:《信托法原论》,南京大学出版社1994年版,第78页。

在境外,从公益慈善信托的雏形出现到今天,已有数百年的发展史。以英国为例,"如同茶在英国人日常生活中用处一样大"的信托,几乎是伴随着公益慈善事业的发展而不断发展成熟的制度。它对公益慈善事业的发展做出了巨大贡献,且能够适应社会需要变化出各种量体裁衣式的慈善信托形式。可以说,公益慈善信托已成为许多国家和地区发展慈善事业的基本组织形态。但就我国而言,尽管历史上有丰富的慈善思想,但慈善事业并不发达。回顾我国公益慈善领域的制度建设与项目实践,虽然扶贫济困、乐善好施是中华民族的传统美德,慈善信托却是远道而来,由于大陆法系一般都有慈善法人制度,"信托制度被引入初期显得无用武之地,不容易侧身于所认为的法学必需的体系中"[①]。而且,"我国市场经济进程中大部分法律的出台都来自政府的推动,少有西方国家自下而上的诱致性法律变迁"[②],社会大众对公益慈善信托的相关认知呈现出不断变化与发展的过程,对公益慈善信托制度也有一个从不接受到接受的转变过程,所以,该项制度在我国的发展轨迹与信托得以起源并发扬光大的英美法系国家明显不同。

从具体发展轨迹来看,我国与公益慈善相关的信托产生时间并不长。大致可分为三个阶段:第一阶段为20世纪末期,即2001年《信托法》颁布前的民间自发探索阶段;第二阶段为《信托法》施行后、《慈善法》出台前的公益信托初立和摸索阶段;第三阶段为当下的阶段,即《慈善法》出台后的慈善信托亟待发展阶段。

一　我国公益慈善信托的民间自发探索期

改革开放后,我国的市场经济体制逐步建立和完善,社会大众从事社会公益慈善事业的意愿开始增强。20世纪末期,我国的一些信托公司率先开始了与公益慈善相关信托的自发探索。

1999年9月,华宝信托设立了宝恒组合投资信托计划,该信托计划由宝钢教育基金会委托,初始规模为人民币3500万元,其间委托人于

[①] [德]海因·克茨、邓建中:《信托——典型的英美法系制度》,《比较法研究》2009年第4期。

[②] 康锐:《我国信托法律制度移植研究》,上海财经大学出版社2008年版,第143页。

2002年9月和2005年9月两次增资，信托计划的本金规模曾扩大至1亿元。宝恒组合投资信托计划是一个收益捐赠型的信托产品，由委托人指定信托资金管理用途，受托人华宝信托公司根据资金的性质、规模和期限，进行投资管理，以信托收益每年按期发放"宝钢奖学金"或提供各项资助。"宝钢奖学金"被公认为是"我国高校中分布面广、奖金总额多、荣誉度高、影响力大的全国最具知名度的教育奖项之一"[①]。目前这一信托计划已经结束。

二 我国公益信托的确立和缓慢发展时期

（一）我国公益信托的确立

2001年的《信托法》将信托分为"民事、营业、公益"三种，并把"公益信托"单独列出一章，明确规定"国家鼓励发展公益信托"、"公益事业管理机构对于公益信托活动应当给予支持"。概括而言，《信托法》第6章用15条的篇幅对"公益信托的适用范围、公益信托的设立、公益信托收益的运用、公益信托监察人的选任与职责和公益信托终止后，信托财产的处置"做出了规定。

《信托法》是我国首次以法律的形式对与公益慈善相关的信托给出了专门规定，这标志着我国公益信托制度的正式建立。国人以此开始了解公益信托的性质及其作用，但对于这个比较陌生的舶来制度，人们的具体实践非常谨慎。

有关调查数据显示，2001年10月至2008年5月间，没有公益信托成功实践的个案。2005年初，中融国投曾有意推出国内第一个公益信托"中华慈善公益信托计划"，但这一计划最终因为各种原因未能得到实施。实践中也曾出现另外一种模式的尝试，即云南国际信托投资有限公司分别于2004年和2006年发行的"公益信托"产品："爱心成就未来——稳健收益型"集合资金信托计划和"爱心稳健收益型集合资金信托计划"[②]。不过，该种类型的信托并非标准意义上的"公益信托"，业界通常把它称之为"准公益信托"、"混合型信托"。就其本质来说，这一类

[①] 严远：《最佳公益信托计划》，《证券时报》2007年9月4日第6版。
[②] 王忠：《我国公益信托发展受阻的法律分析》，《特区经济》2006年第9期。

型的信托是把社会公益慈善事业与集合资金信托计划的投资理财功能相结合，购买该产品的委托人主要还是投资者的身份，仅仅在受益超过约定部分的时候才进行捐赠。在此种类型的信托中，委托人设立信托的目的主要在于私益，也就是投资和营利，只是附带了一个与之关联的捐赠合同，所以也只能被认定为附带了捐赠合同的以营利为目的的私益信托。

（二）公益信托的缓慢前行

2008年"5·12"汶川特大地震发生后，社会各界纷纷捐款捐物支援灾区抗震救灾。随着灾区重建工作的展开，如何将高达500亿元人民币的善款运用至各项重建工作且能高效持久地发挥积极作用成为人们非常关注的问题。在这样的历史时刻，因其特定的社会功能，公益信托再次引起了社会的重视。

2008年6月，中国银行业监督管理委员会（以下简称中国银监会）发布了《关于鼓励信托公司开展公益信托业务支持灾后重建工作的通知》（以下简称《93号通知》[①]）。《93号通知》指出："为帮助和支持灾区重建工作，中国银监会鼓励信托公司依法开展以救济贫困、救助灾民、扶助残疾人，发展医疗卫生、环境保护，以及教育、科技、文化、艺术、体育事业等为目的的公益信托业务。"人们开始进一步了解何为公益信托以及公益信托的作用与运作的大概模式。社会大众渐渐知晓，与基金会等机构从事公益事业不同，公益信托"不仅可以呵护爱心，同时还可以经营爱心、传递爱心"[②]。信托公司也顺势而为，推出了一些公益信托计划。

2008年6月，西安国际信托有限公司（现为长安信托）利用信托制度优势和行业已经开展的类公益信托经验，由陕西省民政厅批准，推出国内首支标准化公益信托："5·12抗震救灾公益信托。"信托的委托人为西安国际信托有限公司、上海证大投资管理有限公司、深圳市淳大投资有限公司及深圳市思科泰技术有限公司四家公司，受托人为西安国际信托有限公司，上海东方爱心基金会提供专业指导咨询，信托监察人为

[①] 该通知编号为：银监办发〔2008〕93号。为与后文的其他通知性法律文件相区别，简称时，按其编号进行略写。

[②] 赵俐：《论公益信托制度法律价值取向》，《新疆社会科学》2013年第6期。

西安希格玛有限责任会计师事务所，上海锦天城律师事务所为其提供法律保障。信托规模1000万元，信托期限3年，信托资金闲置期间，受托人将信托资金运用于新股申购、国债逆回购及存放同业存款等短期低风险产品，以实现公益资金的保值增值，其间共产生信托收益530256.33元。[①] 全部财产用于陕西地震灾区受损中小学校舍重建或援建新的希望小学等公益项目。在全部捐助项目建成完工后，2010年10月该项公益信托计划圆满结束。

"5·12抗震救灾公益信托"推出后，也有其他公益信托计划诞生。不过，虽有《信托法》和《93号通知》给予了一定程度的行业指引和管理，但这一时期的"公益信托发展总体不尽如人意，存在制度'叫好不叫座'的尴尬"[②]。根据中国公益研究院慈善法律中心副主任黎颖露统计，如果对照公益信托的必备条件[③]，从《信托法》产生效力至《慈善法》出台之前，真正落地的公益信托屈指可数，国内符合规定的不过三四个信托项目。[④] 大体而言，许多与公益具有关联的信托都是混合型信托。

（三）公益信托难以激活的主要原因

毫无疑问，法律移植的优越性在于最有效率地将优秀的外国制度引入本国。作为一项法律制度，公益信托的移植显然具有"实用性"动机，但此项制度的发展如此缓慢，需要我们予以反思与研究。虽然公益信托难以激活的原因众说纷纭，但比较一致的观点是配套政策以及制度的缺位。各界普遍认为，虽然《信托法》对公益信托给予了法律地位的明确，银监会颁布的《93号通知》也提出"信托公司设立公益信托，可通过媒体等方式公开推介宣传，公益信托委托人数量及交付信托的金额不受限

---

① 金立新：《5·12抗震救灾公益信托计划》，《金融时报》2013年5月6日第6版。
② 胡潇滢等：《公益信托"突围"》，《证券日报》2010年11月26日第8版。
③ 依据我国《信托法》相关规定，设立公益信托必须满足"为公共利益目的设立、经公益事业管理机构批准、信托财产及其收益不得用于非公益目的、设置信托监察人"四大要件。
④ 此时间段内，被认定为公益信托的主要有3项，除正文中列举的"5·12抗震救灾公益信托计划"，另外被确认为公益信托的项目分别是：2008年10月，由百瑞信托承托的"郑州慈善公益信托计划"，信托期限10年，信托资金与收益捐赠给汶川地震灾区及贫困地区的教育项目。2009年9月，由重庆信托承托的"金色盾牌·重庆人民警察英烈救助基金公益信托"，募得基金1亿余元，信托期限10年，其信托资金与收益捐赠给重庆特困、伤残、牺牲的公安干警及家属。

制"等规定,但在实际操作过程中,由于一些具体问题没有得到足够明确,关键性的执行制度均没有被激活,公益信托的实施处于实质上"无有效的法律可依"的状态,从而客观上制约了公益信托的发展与作用的发挥。

1. 公益事业管理机构及其职责、工作程序缺乏明确的规定

有关公益事业管理机构的界定模糊给公益信托的设立申请设置了很大的程序障碍。依据《信托法》第62条规定,公益信托的设立需要"有关公益事业管理机构"的批准,但未明确界定"有关公益事业管理机构"的范围。这种制度设计的初衷在于把公益信托的管理工作直接依附于已存在的行政管理体系中,同时也方便上级机关的管理。但是,"初始管理成本低却带来后期委托人的高额设立公益信托之成本"[1],尤其在出现公益信托目的多样的时候,这种影响不仅提升了设立成本、降低了公益信托制度的运行效率,而且直接打击了委托人参与公益信托的积极性。通常情况下,依照不同的公益目的,各领域的公益事业是由相关领域的行政主管部门负责管理的。在这样的管理部门设置制度下,按照《信托法》对公益目的的列举,较为明确的有六项,每一项可能关系到的管理机构涉及了"民政、教育、文化、科技、卫生、环保"等部门。当某一公益信托计划涉及多个公益目的时,必须经过多个主管机关的许可方可设立;若涉及的公共利益范围相当广泛又难以区分时,各个主管机关的审批界限又无法明确界定,容易出现各部门相互推诿的现象。而且,《信托法》第60条有一个兜底条款:"发展其他公益事业",如出现此种情况时,应当向哪个行政主管机关提出申请更是难以回答。另外,由于《信托法》配套实施细则的缺失,公益信托"由谁提出申请、具体审批程序、应提交何种申请文件和配套资料、审批标准、审批时效等"事宜亦没有明文规定,这使得关涉的行政主管部门进行审批时缺乏可操作的具体标准,其享有的自由裁量权也被无限放大。

2. 资金信托的私募投资管理模式存在局限

虽然《信托法》和中国银监会的《信托公司管理办法》对公益信托做出了原则性规定,并对信托公司作为公益信托受托人提供了一定的法

---

[1] 陈文:《国内标准化公益信托典型案例研究》(http://trust.jrj.com.cn/2016/04/25074920872917.shtm)。

律基础，但由于没有更细致的针对公益信托的规定，所以公益信托的运行通常是参照其他信托产品规定进行。一般来说，资金是最主要也是最常见的捐赠财产，公益信托主要便是参照中国银监会的《信托公司集合资金信托计划管理办法》（以下简称《信托计划管理办法》）这一专门性规定开展运作。但是，由于监管部门一直把资金信托视为私募投资产品加以管理，《集合资金信托计划管理办法》中关于委托人数量和资金委托起点的规定对公益信托的发展造成了一些负面影响。依据2002年《集合资金信托计划管理办法》，委托人数量的规定上限是200人，资金委托起点不得低于5万元。人数的限定致使可参与同一公益信托的人数受到了限制，而5万元的资金委托起点又把很多有公益慈善意向的人士排除在公益信托之外。之后修订的《集合资金信托计划管理办法》又进一步强化了资金信托私募管理模式，关于委托人的数量，自然人不得超过50人而法人数量不限；资金委托起点则提高到了100万元。尽管2008年银监会的《93号通知》有所突破，但由于该规范性法律文件主要是针对汶川灾后重建且《93号通知》本身的法律效力等级较低，所以，对公益信托的有效运行助力不大。

3. 公益信托监察人及其选择标准未知

公益信托监察人的职责是代表公益信托不特定的受益人监督公益信托计划运行，保证公益信托目的有效实现。但是，如何选用合适的公益信托监察人，督促监察人勤勉尽职，对监察人不履行职责或不当履行职责时应承担的责任和救济途径均未有明确。特别是如何选用合适的公益信托监察人规则的缺失使得公益信托设立的必要要件难以达成。

4. 公益信托财产登记制度缺失

除了货币资金，股权、不动产和动产等也是常见的公益信托捐赠财产。但与资金信托不同，为保障股权、不动产和动产等财产信托关系的合法有效，需要对这些被转出的财产进行专门的信托登记。信托财产登记制度通常是各国信托制度的必要组成部分，它的建立"有助于消除公益信托各方当事人的顾虑，提升公益信托运行的安全性与公信力"[①]。但是，我国的公益信托缺乏相关登记制度实施细则，有关部门常常以缺少

---

① 李青云：《我国公益信托发展中存在的问题及对策》，《经济纵横》2007年第8期。

法律明确的登记权限为理由,不愿意协助信托登记,导致需要登记转移的信托财产无法有效转移,影响了信托的有效成立实施、损害了交易的安全。此外,根据既有的《信托法》,非现金性财产捐赠的产权归属并不明确,不少准公益信托、类公益信托成不了标准化公益信托也有部分原因在此。

5. 公益信托配套税收政策不健全

依信托和税法原理,信托制度当然具备独特的节税功能。设立公益信托是为了实现公益目的,同时也是对政府公共服务职能的辅助,通常各国政府是鼓励其发展并给予一定的税收优惠。不过,我国的公益法人享有专门的税收优惠政策,公益信托却没有专门的税收优惠措施。信托税制中重复征税的问题使得公益信托活动的实际税负相对较重,这也是制约我国公益信托发展的一项重大不利因素。

当然,除以上问题之外,信托社会认知度的不足以及信托公司的费用提取与实际支出失衡也一定程度上影响了公益信托的发展。"虽然信托属于四大金融行业之一,但与银行、证券、保险相比,信托不够深入人心,公益信托欠缺群众基础大大增加了公益信托的协调成本和开发难度。"[①] 另外,对于我国的信托公司来讲,开展公益信托业务也需要熟悉流程、积累经验。在公益信托中,公益财产规模小而公益财产用于公益项目的速度却要求较快,如此难以留存沉淀资金,因而无法完全发挥其专业理财能力为财产增值,导致无处提取管理费用。但在公益信托推广过程中,信托公司又需要投入成本用于媒体宣传、机构协调和日常管理,费用提取与支出的失衡同样使得信托公司缺乏行动的积极性,对开展公益信托欠缺动力、望而却步。

三 我国慈善信托的建立

(一) 慈善信托的确立

正如上文已经指出的,公益信托历经十多年,设立的公益信托计划极少。但是,随着社会经济的快速发展,社会大众参与公益慈善活动的需求日益强烈。有公开数据显示,"截至 2015 年底,我国开展公益慈善

[①] 金立新:《我国〈信托法〉颁布十周年的思考》,《金融时报》2012 年 1 月 9 日第 8 版。

事业的各类社会组织数量达66.2万个,年度慈善捐赠额达千亿元规模"①,同时,弱势群体救助、科教文卫发展、公益慈善设施建设等公益慈善需求也一样明显。那么,在社会的可持续性发展对社会稳定和谐提出了更高层次要求和更深层次改革课题的背景下,现阶段的中国慈善应如何面向未来?慈善又应当是一种什么形态的慈善?毋庸置疑,如果说以前的传统慈善模式是一种"家长式慈善",那么慈善信托的慈善模式更像是"市场型慈善",是协同各界力量、广泛调取民间资源的市场化慈善。市场化的慈善,从小处说,是向慈善领域中引入市场化运营工具;从大处说,是打通慈善与商业的隔阂,大力发展中间的空白地带,形成一种可融汇创新的公益生态,创造既能促进慈善事业发展,又能促进全体公民进入超越自我、社会共建的公益慈善新机制体制。

面对慈善法律机制需要追赶慈善热情的社会发展需要,公益慈善界、信托界和一些地方政府踊跃尝试,开展了慈善信托的先行探索。例如,2010年江苏省通过了《江苏省慈善事业促进条例》(以下简称《条例》),该《条例》第24条规定:"具有募捐主体资格的组织可以开展社会募捐、协议募捐、定向募捐、网络募捐、公益信托、冠名基金等形式的慈善募捐。"再例如,2014年深圳市颁布了市政府1号文件《深圳市人民政府关于充分发挥市场决定性作用全面深化金融改革创新的若干意见》(以下简称《深圳市1号文》),《深圳市1号文》提出"探索慈善公益信托运行模式,支持公益事业发展"②,并在2015年和2016年连续两年将慈善信托试点纳入了市政府的重点工作。

中央层面更是一直高度关注并鼓励社会各界提出与慈善信托相关的立法建议。2014年国务院发表了《关于促进慈善事业健康发展的指导意见》,提出"鼓励建立慈善信托,抓紧制定政策措施,积极推进有条件的地方展开试点"。特别是在2016年,经第十二届全国人大四次会议审议通过了《慈善法》。《慈善法》的立法历程历时十年,不可谓不深思熟虑。作为一部倡导社会文明进步的法,《慈善法》亮点颇多,其中之一是专辟

---

① 于洋:《信托发力慈善领域业内看好发展前景》,《河北日报》2016年12月6日第5版。
② 深圳市民政局:《深圳首批慈善信托备案工作准备就绪》(http://www.szmz.gov.cn/xxgk/zhxx/xwdt/mt)。

一章对慈善信托进行了系统性制度规范。不过，在《慈善法》制定过程中，对于慈善信托是否有必要在《慈善法》中作专章规定屡有争论，慈善信托一章经历了"一上一下再上"的过程。首先，《慈善法草案》在一审稿中对慈善信托做出了专章规定；然后，二审稿中慈善信托被拿下，相关内容被置于慈善财产的章节中；不过，最后的审议修改稿又对慈善信托进行了专章规定。

　　慈善信托的专章规范之所以出现如此胶着状态，主要是因为存有一些与其相关认知之间的差异。反对在《慈善法》中专设慈善信托一章的观点主要有：其一，《信托法》中已有公益慈善的内容，"慈善信托就是公益信托，无需重复立法"[1]。其二，慈善信托作为从英美国家借鉴引进的法律制度，基于两大法系国家和地区不同的文化传统与不同的福利体制，其植入中国社会面临着诸多障碍，在彼时的环境下，"慈善信托制度缺乏在我国建立与发展的原初动力与条件"[2]。其三，"慈善信托属于慈善财产的管理和使用，放到慈善财产一章进行规范即可，没有必要设专章规定"[3]。主张在《慈善法》中对慈善信托专设一章的观点主要有：其一，《信托法》虽有公益信托的规定，但《信托法》的法律定位是商法，与慈善法的社会法定位存在冲突。《信托法》的缺漏与不合理规范是导致实践中的公益信托一直没有被激活的重要原因，"既然《信托法》无法满足慈善信托发展的需要，慈善立法应该有所作为，对慈善信托进行规范"[4]。其二，慈善信托是慈善事业的重要组成部分，既然慈善信托的目的是慈善，那么便应当由慈善法进行调整。"没有慈善信托的慈善法是不完整的，也不符合慈善法为慈善事业基本法和综合法的定位"[5]。其三，作为慈善活动的一种，慈善信托不同于慈善组织和慈善捐赠，也并非只是慈善财产的管理和使用，如果过度强化它的财产管理功能，必然会弱

---

[1] 杨团：《中国慈善发展报告2011》，社会科学文献出版社2011年版，第200页。
[2] 王建军、燕翀、张时飞：《慈善信托法律制度运行机理及其在我国发展的障碍》，《环球法律评论》2011年第4期。
[3] 黎颖露：《〈慈善法〉二读：回应一稿建议，推动有限进步》（http://www.ngocn.net/news/2015-12-25-b）。
[4] 杨思斌：《缺少慈善信托不完整》，《慈善公益报》2016年4月1日第8版。
[5] 郑功成：《慈善事业立法研究》，人民出版社2015年版，第105页。

化信托的本质属性。另外,与其他公益慈善方式相比,慈善信托具有的财产高度独立、运行成本低、灵活性强等特点也决定了它有必要独立成章。① 其四,慈善信托不仅是国际上开展慈善活动的重要方式,而且与中国的文化有较高契合度,"将慈善信托专章纳入慈善事业法有利于为未来的公益慈善发展提供新选项,也有利于激活公益信托"②。

从《慈善法》最后的法律文本看,慈善信托专设一章的观点获得了法律层面的肯定。这说明,多数的观点赞同慈善信托是一项独特的信托制度,也是具有特殊性的慈善制度,应获得其必要的法律位置。

(二) 慈善信托的初步试水

《慈善法》第 5 章对慈善信托给了一个全新的定位,明确了民政部门为慈善信托的主管部门;项目设立门槛降低、实行备案制;对于监察人部分,委托人可自愿选择是否设置,这些规定打破了过往公益信托发展的瓶颈、填补了一些基本问题的立法空白。正因为有了顶层立法的肯定,自 2016 年 9 月 1 日《慈善法》产生法律效力后,慈善信托呈现了密集试水定制的态势。中国慈善联合会慈善信托委员会发布的《2016 年中国慈善信托发展报告》(以下简称《报告》)显示,截至 2016 年底,全国范围内共有 18 家信托公司和慈善组织成功备案了 22 单慈善信托项目。从慈善信托金额来看,"各地实践较为理性,多数慈善信托单笔金额为百万级或千万级,上亿的信托备案较少"③。"这些慈善信托产品的初始规模为 0.85 亿元,合同规模约 30.85 亿元。"④ 从涉及领域来看,覆盖了"教育、扶贫、儿童、扶老、环保"等多个公益慈善领域,其中,"科教文卫领域最受关注"⑤。从开展备案的地域来看,我国东、中、西部地区均有设立慈善信托,其中,东部地区完成的备案最多,达到了 14 单。就项目

---

① 秦佩华:《中国慈善法草案雏形初具 让慈善回归民间定位》,《人民日报》2010 年 8 月 2 日第 7 版。

② 王东君:《信托人士热议慈善法草案:提升信托社会认知 有望扫除公益信托制度障碍》,《证券日报》2016 年 3 月 11 日第 6 版。

③ 徐家良:《〈慈善法〉实施过程中急需解决的几个问题》(http://www.sohu.com/a/161808908_679563)。

④ 肖岳:《慈善信托破局之后》,《法人》2017 年第 3 期。

⑤ 胡萍:《中国已成功备案 22 单慈善信托产品》,《金融时报》2017 年 2 月 15 日第 6 版。

设立情况来看,现阶段的慈善信托采用了四种模式:第一种是慈善组织为委托人,信托公司为受托人;第二种是信托公司为受托人,慈善组织为项目执行人或公益顾问;第三种是慈善组织与信托公司共同担任双受托人;第四种是慈善组织担任受托人,独立开展慈善活动。具体言之,22单中,19单是信托公司作为受托人,2单是信托公司与慈善组织作为共同受托人,1单是慈善组织作为受托人。比较而言,第四种情况最少。

短短四个月的践行成果已经表明,慈善信托虽然刚刚起步,却有着广阔的市场空间与发展前景。不过,《慈善法》毕竟是一部综合性的法律,它的主要作用在于政策宣示与导向控制,并不可能解决慈善信托发展实践中所有的具体问题。可以说,"慈善信托仍处于'摸着石头过河'的探索阶段,在发展过程中面临很多困难和挑战"[1]。长远来看,任何法律出台后,要落实到位还有相当长的路要走,还有很多事情要做。"法律是一种地方性知识,而非无地方界限的原则"[2],在经历慈善信托建立初期的热闹之后,如何准确理解慈善信托,我国法治体系下的慈善信托制度与国外的慈善信托制度有何异同,如何才能持续开展相关业务、增强慈善信托的可操作性,包含着很多治理要求和对现实问题的妥当解决。这需要静心思考,亦需要一段时间的尝试和探索。

第二节 慈善信托的概念

法的概念及其构成是法哲学的永恒主题。一项法律制度,名称的选择和概念的界定是运作该制度的基本前提。作为法律概念,首先,它"所释放出的有效内容是由立法者或司法者所确定的富于法律性特征的意义确认"[3]。其次,它是对具体法律所欲调整之对象进行的特殊归纳,是

---

[1] 周子威:《慈善法催生机构热情 慈善信托怎么玩?》,《经济观察报》2016年9月4日第5版。

[2] [美]吉尔兹:《地方性知识:事实与法律的比较透视》,邓正来译,载梁治平《法律的文化解释》,生活·读书·新知三联书店1994年版,第130—137页。

[3] 姜涛:《法律概念、法律规范与法学学说》,《人大法律评论》2016年第1期。

对所要概括事物的特征进行穷尽的列举,从中找出不可替代、不可缺少的最显著特征。正因为如此,在很多情况下,一个法律概念就是一个法律规则,所以有必要对慈善信托的概念正本清源。

从本质上而言,慈善信托是一项为了某种慈善目的而设定的信托。不过,无论在国内还是在国外,慈善信托的具体含义都处于变化之中,人们对慈善信托的认识总是随着实践的发展而不断深入。

一 英美法系中慈善信托的概念及其变化

(一)西语语义下的"慈善"概念分析

西方一般使用"Charity"表达"慈善",该词源于拉丁文的"Caritas",意思是发自内心(from the heart)"对他人的爱"[①],或者为"对需求的慷慨施舍"。西方扶贫济弱的传统主要源自《圣经》的教导,所以"Charity"的含义是基督之爱,其在当时所处时代的通常意思就是指对穷人和需要的人的慷慨。现在的意思有所变化,主要指:(1)救济和施舍:向贫困的人提供帮助或救济;(2)施舍物和救济金:帮助贫困的人而给出的物品、布施;(3)慈善机构和救济基金:为帮助贫困的人而建立的机构、组织或基金会;(4)慈善与博爱:对他人或人类的仁慈和慷慨;(5)宽厚与仁慈:对别人的宽容或耐心。而且,"在法律意义上使用charity时,比这还要广得多,包括了对社会有利的其他目的"[②]。

西方另外一个常用的表达慈善的词语是"Philanthropy",它出自希腊语"Philoanthropos"(Philo + anthropos),Philo指"爱"(love),anthropos指"人类"(mankind),"Philanthropy"的意思是"热爱人类"(love mankind)或者说是"对全人类的爱"和"增加人类福利的努力或倾向"。该词包含三层含义:"一是指努力促进人类福祉的善意;二是指慈善事业;三是指慈善组织或机构,更多强调对人类福祉增加的努力,公益色

[①] [美]贝希·布查尔特·艾德勒等:《通行规则:美国慈善法指南》,金锦萍等译,中国社会出版社 2007 年版,第 1 页。

[②] [美]贝希·布查尔特·艾德勒:《美国慈善法的 10 个关键性问题》,中国慈善立法国际研讨会,北京,2007 年 7 月,第 65 页。

彩浓厚。"①

从"Charity"和"Philanthropy"两者的区别来看，由于西方基督教文化的发达，"Charity"被神圣化为代表上帝赐予教徒的一种恩惠，着重强调对个体的帮助与救助；而"Philanthropy"强调人们对"教育、科学研究、公共建筑、水利设施"等公共事务的捐赠。基于历史文化传统的差异，英国多用前者，美国用后者较多。②

当这两个关于慈善的词语传至中国后，孙中山先生把"Philanthropy"译为"博爱"，而台湾、香港等地区为了彰显与"Charity"所表达的传统慈善的区分，将其译为"公益"、"现代慈善"、"慈善事业"等。

（二）英美法系关于"慈善信托"的法律规定

1. 英国有关"慈善信托"的法律界定

1601年英国颁布了《慈善用益法》（Statute of Charitable Uses 1601）③，因为用益制度是现代信托制度的雏形，所以该法被视为现代慈善信托制度的起点。

在英国，一项慈善信托的认定必须满足三个要求："第一，信托目的必须是慈善性的（the purpose or objects of the trust must be charitable）；第二，信托必须是促进公共利益的（the trust must promote some public benefit）；第三，信托必须是完全地、绝对地具有慈善性（the trust must be wholly and exclusively charitable）。"④ 一般认为，"公共利益"反映出慈善信托的本质属性，是慈善信托核心价值的体现。⑤

不过，《慈善用益法》并没有对有关概念，如"慈善"、"慈善目的"、"公共利益"等的含义进行精确概述，它只是写明"对是否属于慈善可以由法院在审判实践中予以认定"，同时又规定"在裁判中对于'慈

---

① 胡卫萍、赵志刚：《中国慈善事业法律体系建构研究》，中国检察出版社2014年版，第43页。

② 英国的慈善与中世纪救助弱者的传统有较多的继承关系，而美国作为新教徒建立的新型国家，则更多地体现了对理性福音主义的推崇以及重点捐赠予公共事务（如：教育）的慈善观念。

③ 该法也被称为《伊丽莎白43年法》。

④ Andrew Iwobi, *Essential Trusts*（影印版），武汉大学出版社2004年版，第90页。

⑤ 杨海林：《论慈善信托成立的特殊条件》，《东方企业文化》2011年第12期。

善'的认定可以参照该法序言的相关内容①来解释慈善"②。换言之，英国法中"慈善"的一般含义总是与某种救济联系紧密。从立法技术上看，序言部分并非严格意义的法律条款，它仅仅是用叙述方式罗列了各种公益性善举，或者说，只是提供一个框架。尽管如此，该序言依然具有相当的开创意义，"它界定出了慈善的活动框架，成为日后慈善信托实务开展和法院判决的依据"③。法官常常是从某一信托设立的目的出发，判断该信托的设立本意是否可归入一般民众所认可的慈善目的。裁断时，法官不仅注意信托本身的慈善性，同时注意考虑判决结果的开放性。裁断时，法院要同时考虑两个问题："一为序言本身的宗旨和意图，二为当下审理案件对序言的影响④。"实践中，法院经常需要做出判断，即如"一项信托目的不在序言范围内，或该信托目的没有被先例判决所确认过，那么它究竟有没有慈善性"⑤。在进行权衡时，法官优先考察的是判决所产生的影响，而不是序言本身的用词，其主要目的是希望通过这些判决，尽量使有关慈善的法律制度能够跟上社会的新发展、新变化。

《慈善用益法》之后，英国法律界很长时间都没有对慈善信托做出专门规定，这主要是因为政府部门和学者均认为慈善活动应当符合特定时期、特定环境中社会发展的需求，而以成文法形式对"慈善"做一个明

---

① 《慈善用益法》序言规定慈善用益的目的包括以下10项：(1) 对老人、残疾者及贫民之救济 (the relief of aged, impotent and poor people)；(2) 对病患、伤兵与水手的照顾 (the maintenance of the sick and maimed soldiers and mariners)；(3) 与技艺学习的学校、义务学校及大学学者有关的事项 (schools of learning, free schools, and scholars in university)；(4) 对桥梁、码头、港湾、堤防、教堂、海防线及公路的修护 (the repair of bridges, ports, havens, causeways, churches, sea-banks and highways)；(5) 对孤儿的教育及辅导 (the education and preferment of orphans)；(6) 对感化院所需的救济、补给或生计的协助 (the relief stock or maintenance of house of correction)；(7) 对贫困女子婚姻的协助 (the marriage of poor maids)；(8) 对创业青年及耗弱人的协助 (the help of young tradesmen and person decayed)；(9) 对囚犯或俘虏的接济及赎身 (the relief and redemption of prisoners or captives)；(10) 有关贫民纳税的协助 (aid to poor inhabitants concerning payment of taxes)。

② P. V. Baker and P. St. J. Langan, "Snell's Principles of Equity", *Cambridge Law Journal*, Vol. 16, No. 2, June 1949.

③ 蔡概还：《"中国式"慈善信托：如何正确打开》，《当代金融家》2016年第7期。

④ Careth Jones, *History of the Law Charity*, Cambridge：Cambridge University Press, 1969, p. 126.

⑤ Con. Alexander, *Charity Governance*, London：Jordan Publishing Ltd., 2008, p. 13.

确而清晰的定义，不但无法适应变化的需要，相反可能会限制法院的判决。1853年英国通过的《慈善信托法》（The Charitable Trusts Act）同样没有对有关概念进行界定。对此，西蒙子爵（Viscount Simonds）在 IRC vs Baddley 案（1955）中也曾指出："一个人寻求施惠于同胞的方式的数量和多样性，是没有限制的。"① 因为一个定义是根本不可能做到包揽无遗的。

如果说1601年的慈善法对慈善事业描述较为笼统，1891年，麦克纳顿法官（Lord MacNaughton）在 Income Tax Special Purposes Commissioners vs Pemsel② 一案中对慈善信托的目的进行了概括与分类，该分类又称"麦克纳顿分类"（MacNaughton Categories）。"麦克纳顿分类"对《慈善用益法》中关于慈善目的的那段阐述进行了概括和总结，理出了四个类别："救济贫困、促进教育、传播宗教和其他社会公益目的。"③ 这一新分类的提出，既形象地为公众描述了慈善事业是什么，又丰富了慈善事业的内涵。"麦克纳顿分类"后的很长时期内，英国法院在判断一项信托是否为慈善信托时，都是从其目的必须属于上述四类中的一类或数类加以判断。

第二次世界大战后，英国进入了后工业时代，为了缓解社会财富集中于少数富人手中而导致的各种社会矛盾，英国建立起了一套完整的社会福利制度。英国国会于1950年成立了慈善信托法制与运营委员会，专门负责起草研究慈善法律问题。与此同时，民间的慈善公益事业也得到了长足发展，而且涉及的领域越来越广，"慈善组织与其他非营利组织逐渐成为了独立于政府和企业之外的第三部门，并得到了社会的广泛认可"④。

随着慈善组织活动领域的扩大，并且不断深入普通民众的日常生活，英国的慈善事业迎来了快速发展期，1954年英国制定《慈善信托法》和《娱乐慈善法》等法律法规，此后，英国议会又分别在1985年、1992年、1993年、1995年、2006年以及2011年分别修订了《慈善法》。但21世纪之前的几次修订"只是在原有法律法规的基础上新增一些规定或

---

① 何宝玉：《信托法原理与判例》，中国法制出版社2013年版，第67页。
② "特殊用途所得税专员帕姆萨尔"案。
③ 金锦萍：《论公益信托制度与两大法系》，《中外法学》2008年第6期。
④ 菅宇正：《英美日三国慈善立法观察》，《公益时报》2016年2月23日第8版。

做出补充，并没有太多的革命性改变"①。又相继于 1960 年、1962 年、1993 年对慈善法进行了修订，但这三次修订只是在原有慈善法的基础上新增了一些规定或是做了些补充性规定，并没有太多革命性的改变。在 Incorported Council of Law Reporting vs AG（1972）中，Sachs L. J. 明确地指出：给慈善"规定一个制定法的定义，很可能带来大量诉讼，提供一些不值得期望的人为区别"②。

不过，21 世纪以后，英国政府和议会认识到原有的慈善法已无法应对民间慈善组织快速发展的态势，很难成为有效管理与保护的法律依据。为此，从 2001 年 7 月开始，当时的布莱尔政府对慈善法的内容进行了再次修订。2002 年，"内阁策略小组（Strategy Unit）公布了关于包括慈善信托在内的非营利组织法律规制改革建议与方案的报告《私人行动、公共利益：对于慈善组织以及更为广泛的非营利部门的评论》"③。该报告奠定了 2006 年《慈善法》的框架制度与有关规则的基础，并提出了未来的发展目标："实现慈善法与慈善资格的现代化，以明确规则并更为强调公共利益的传送；改进可供利用的法律形式，从而使得组织更为有效、更富有企业精神；增进问责制与透明度，以建立公共信任与信心；确保独立、公平与适当的监管。"④ 2006 年修订的《慈善法》在诸多方面进行了大胆的改革创新，后于 2011 年实行小范围修订后一直沿用至今。2006 年《慈善法》首次对"慈善"给予了法律界定，即"只有那些为公众利益服务的具备慈善目的的事业才能被认可为民间公益性事业"⑤。

---

① 菅宇正：《英美日三国慈善立法观察》，《公益时报》2016 年 2 月 23 日第 8 版。
② 何宝玉：《英国信托法原理与判例》，法律出版社 2001 年版，第 76 页。
③ Cabinet Office Strategy Unit, *Private Action, Public Benefit? A Consultation Document on Charity Law Reform*, London: NCVO, 2001, p. 56.
④ Home Office, *Charities and Not-for-Profits: A Modern Legal Framework*, London: The Stationery Office, 2003, p. 29.
⑤ 2006 年英国《慈善法》第 2 款罗列的慈善目的包括：（1）扶贫救困；（2）促进教育发展；（3）促进宗教事业发展；（4）促进人们健康状况的改善和医疗卫生事业的发展；（5）推进公民意识或者社区发展；（6）促进艺术、文化、历史遗产或者科学的保护和发展；（7）促进业余运动的发展；（8）促进人权的进步、冲突的解决或者和解，推进宗教、种族的和谐、平等与多样性；（9）促进环境保护与改善；（10）扶持需要帮助的青年人、老年人、病人、残疾人、穷人或者其他弱势群体；（11）促进动物福利的发展；（12）促进皇家武装部队效率提高，或者促进巡察、消防、急救服务效率的提高；（13）其他属于本条第四款范围内的目的。

为了保证定义的准确性，该法列举了 13 种慈善目的，现在英国所认定的慈善信托就是以 2006 年《慈善法》列举的 13 种以慈善为目的的信托。

2. 美国有关"慈善信托"的法律界定

美国慈善的开端必须从英国说起，因为英国 1601 年的《慈善用益法》对社会产生了深远的影响，所以英国清教徒把这部法律的理念"私人基金会必须为公众谋福利"带到了北美大陆。1790 年，本杰明·富兰克林在遗嘱中设立了两项慈善信托基金用于"促进人类幸福"和"提高普遍的知识水平"，[①] 这成为美国慈善历史的正式开端。

自 20 世纪以来，美国产生了一批非常知名的基金会，如洛克菲勒基金会、卡耐基基金会等。直到今天，"这些'非政府的、非营利的、自有资金并自设董事会管理工作规划的组织'在全球的文明进程和消除贫困、预防疾病中都发挥着重要作用"[②]。不过，与英国不同，美国没有专门的和独立的关于慈善的法律，有关慈善的规定和条款散见于宪法、税法、信托法、公司法、雇佣法、非营利组织法等联邦和州的法律法规中。[③] 其中，最显著的成果是统一州法律委员会在 1937 年颁布的《统一信托法典》（Uniform Trust Code）和美国法律协会 1935 年出版的《美国信托法重述》（Restatement of the American Law of Trusts），以及嗣后的修订版。

尽管有关立法表达体制不尽相同，但受英国法的影响，美国关于慈善的界定与英国极为相似，也是从列举慈善目的的角度出发。如，美国的《国内税收法》（Internal Revenue Code）规定慈善活动的范围包括"扶贫、教育、宗教和一般社会福利"等内容，后来随着社会的发展又陆续增加了"推进科学发展、减轻政府负担、通过特定手段（如缓解邻里紧张关系、消除偏见和歧视、保护法律赋予的人权和公民权利、防止社区恶化和青少年犯罪）增进社会福利"[④]。美国也曾尝试用一种较

[①] 张静：《行善举，聚善财，济民生——殖民地时期美国公益慈善思想探析》，《赣南师范学院学报》2016 年第 2 期。

[②] 菅宇正：《英美日三国慈善立法观察》，《公益时报》2016 年 2 月 23 日第 8 版。

[③] 张齐林：《美国的慈善立法及其启示》，《法学评论》2007 年第 4 期。

[④] 杨道波：《慈善法中的公益——基于英美法的考察》，《温州大学学报》2016 年第 1 期。

为抽象的方式界定慈善信托。如,1959 年《美国信托法重述(二)》的第 348 条规定:"慈善信托是一种有关财产的信任关系,产生于一种设立信托的意思表示,它使一人持有财产并负有承担衡平法上的义务,必须为慈善目的而处理该财产。"① 不过,与英国一样,对于什么是"慈善目的",美国同样觉得无法明确界定,法院也几乎放弃了对慈善目的抽象化的努力。美国法学家克拉克(Clark)亦曾说:"法院发现无法对'有效的慈善目的'做出一个有效的分类。值得社区支持的目的就像风一样分散,它们总随着时间变化……因为这种持续的变化,想将社区福利公式化为抽象规则的努力就不可避免地会降格为一系列临时性的、对特定情形的回应。法院已经清楚地意识到这种危险,并且已经转变为接受这样的观点:只要一个信托的受益人范围超出了受托人直接的家庭与朋友,而且不那么荒诞可恶、不违法、不过分自私或是明确冒犯相当部分人群,那么该信托就是慈善性质的。"② 到 2001 年《美国信托法重述(三)》时,该法把慈善目的明确为"救济贫穷、发展教育、发展宗教、增进健康、政府及社会目的、其他有利于社会利益实现的目的"六项。

　　从英美法系关于慈善信托的认定来看,"慈善目的"是英美慈善信托确认的关键要素,无论是成文法的明文规定还是法官自由裁量权的行使,都以"慈善目的"为权衡判断的前提。但由于内心的动机没有尺度可以衡量,法律只能约束行为,所以英美法系国家对"慈善目的"的判断是通过外在表现出的"利他"、"利于公共利益(Public Benefit)"来加以断定。也就是说,这些国家普遍采取了客观检验的方法来判断信托是否具有慈善目的,通过一个客观事实评估来推断委托人的慈善目的。以英国为例,2008 年时英国颁布了《慈善组织公益性指南》,该指南对公益性的含义与原则给予了严密规定,凡是慈善信托都必须经过公共利益测试(Public Benefit Test)。大致说来,"公共利益"侧重于信托的非"私人连

---

① 该条的英文为:"A Charitable trust is a fiduciary relationship with respect to property arising as a result of a manifestation of an intention to create it, and subjecting the person by whom the person is to hold to equitable duties to deal with the property for a charitable purpose."

② Elias Clark, "The Limitation on Political Activities: A Discordant Note in the English Law of Charities", *Virginia Law Review*, Vol. 112, No. 2, June 1960.

接点"①，而"慈善目的"则突出委托人设立信托的内在动机。只要"慈善目的"符合了社区的利益，它可以是为了不特定多数人的利益，也可以是为了个别个体的利益，但必须是"利他"的，"是体现社会价值和作用的"②。总体而言，慈善信托在英美法系的具体应用中弹性极大，该项制度的本质趋向于一个事项，即"千方百计地达到其慈善目的"③。

  我们有理由相信，"慈善"的内涵永远不会也不可能固定，而慈善信托之所以能够维持长久的活力，始终不断地为社会公共利益作出贡献，其重要原因在于慈善信托的内涵和外延处于持续发展完善中，且能够根据不断变化的社会需求和社会公众的观念做出调整。慈善信托起初仅被用于"宗教、济贫及教育"，后来随着经济和社会的发展又被逐渐用于"科技、文化、艺术、体育、医疗卫生、环保以及其他社会公益事业"也阐明了这一点。因此，英国政府曾经在专门研究慈善问题的白皮书中得出结论："慈善一词在法律用法上具有范围的广阔性与内容的多变性，一般来说，概括与列举并用的方式可以较好诠释慈善的内涵与外延。"④ 当然，不管如何去理解，"慈善"基本的精神实质还是相对稳定的，"慈善"的背后总是这样一种政策考量："某种信托目的是否值得其享受法律的优待。"⑤ 慈善信托的灵魂应该是以推进社会发展为主要内容，是一种普遍的价值观，它关系着国家乃至人类的长期利益以及大多数公众的基本权益，它在困难群体互助、社会和谐发展方面起着重要作用。而人们之所

---

① 英国法院在判例中发展了判断慈善信托"公共利益"的"私人连接点"标准，即以受益人与委托人之间是否存在私人关系为标准判断一个信托是否为慈善信托。英国法院在1945年的"康普顿案"中确认了信托的受益人要构成社会公众的一部分，必须完全基于一种非私人关系，符合与特定个人无关联的特性。"康普顿案"中委托人为指定的三个家庭的后代提供教育设立一个信托，法院认为这不能构成一有效的慈善信托。主审法官格林勋爵指出："一群人可能数量很大，但如果他们之间的连接点是他们与一个或几个共同长辈之间的关系，那么，为了慈善目的，他们既不构成社会公众，也不构成社会公众的一部分。该案的受益人之间基于与一个或几个长辈之间的关系而构成的是一种私人关系，不符合公共利益的要求。"基于此，形成了"康普顿规则"，即"私人关系规则"。

② 赵廉慧：《信托法解释论》，中国法制出版社2015年版，第63页。

③ 解琨：《英国慈善信托制度研究》，法律出版社2011年版，第6页。

④ 何宝玉：《英国信托法原理与判例》，法律出版社2001年版，第297页。

⑤ 王继远：《英美慈善事业发展模式对我国慈善立法的启示》，《五邑大学学报》2014年第2期。

以要对慈善信托的含义进行坚持不懈的探索，其目的并非是要找到一个所谓的完美概念把慈善信托固定下来，而是希望通过分析慈善信托内涵的构成与演变，在一定程度上对其类型化，实现慈善信托理论与实践的促进与发展。

二 我国关于慈善信托的法律界定

（一）学界对慈善信托的理解存在分歧

由于与慈善相关的信托制度是源于英美法系的法律移植制度，所以在制度吸纳的过程中，碰到的首要问题便是如何准确地为该项制度找到匹配的术语表达。如前所述，在实践中，英美法系国家通常根据"慈善目的"来判断一个信托是否为慈善信托，而衡量的标准则为是否促进了"公共利益"。也就是说，慈善具有内在性，而公益具有外在性。人们的主观"慈善"只有通过其客观行为效果的"公益性"表现出来，该信托才属于慈善信托。

很明显，与大陆法系高度概括的概念界定模式不同，英美法系采取了"效果取向"的思维方式，它们在对特定法律事务进行界定时，关注点多是规则的法律效果，而不在乎该行为的成立要件。英美法系的此种思维方式是深深扎根于其法律传统的，由于英美法系法官具有造法功能，而社会生活中的主要法律都是通过法官判例创造出来，所以"效果取向"的方式使"法官能够在把握某项制度基本功能的前提下，自己取舍法律关系的形式，以维持法律的灵活性与适应性"[①]。反之，如果有关定义限定了该法律事务的构成要件，那么法官造法的余地将受到限制，这又会影响到整体法律制度。恰恰是这种表达上和规则设计上的特性，使得我国在引进慈善信托时，出现了一些理解上的分歧，即英美法系所使用的"Charity Trust"对应的究竟是"公益信托"，还是"慈善信托"，我国学者众说纷纭。

1. 我国学者对"Charity Trust"的几种理解

第一种观点认为，"Charity Trust"指的是"慈善信托"。持该种观点的学者认为，国内之所以出现把"Charity Trust"翻译为"公益信托"的

[①] ［日］直江真一等：《英美法与大陆法》，周建雄译，《法律文化研究》2008年第8期。

情况，主要是因为我国沿用了有些大陆法系国家和地区的翻译习惯。由于日本在引进信托制度时，出于法律体系公私二分法的应用，首先在立法中采用了"公益信托"一词，其他一些与其地缘较为接近的国家和地区，如韩国和我国台湾地区在引入信托制度从事公益慈善活动时，也都沿用了"公益信托"这一术语。后来我国引进该项制度时，同样承袭了此种翻译方式。但实际上，"Charity Trust"并非直接与私益信托相对，与之相对的应该是非慈善信托（Non-charity Trust）。私益信托相对应的概念是公共信托。而在《牛津法律大辞典》中，公共信托被表述为"为了公共目的而设立的慈善信托，或者是为了公共目的而设立的非慈善信托"。①从这个概念可以看出，尽管最常见的公共信托是慈善信托，但慈善信托只是公共信托的一部分。"不能仅仅由于其在法律中使用频率高而将其作为把'Charity Trust'翻译为'公益信托'的依据"②，而且，无论如何英语中的"Charity"并无"公共利益"之义。

第二种观点认为，"Charity Trust"指的是"公益信托"，而不是"慈善信托"。持此种观点的学者认为，就英美法系中"Charitable Trust"的发展进程来看，从发端时，禁止永续规则的排斥适用和近似原则的适用③；到现代的税收优惠政策以及严格的监管制度都说明把"Charitable Trust"翻译为"公益信托"更为妥帖。我国按照有些大陆法系国家和地区的做法将"Charitable Trust"翻译为"公益信托"，"固然有移植和借鉴过程中的路径依赖，但是也并非没有任何理论依据"④。此外，考虑到我

---

① ［英］戴维·沃克：《牛津法律大辞典》，李双元等译，法律出版社2003年版，第921页。
② 解锟：《英国慈善信托制度研究》，法律出版社2011年版，第56页。
③ 禁止永续规则被认为是英美法中最为复杂的规则之一。禁止永续规则的目的就是防止人们世世代代地控制财产，用来确保土地所有者死亡后，合理期限届满，有人能够真正拥有土地。所以根据禁止永续规则，除非能够显示土地上的权益自某活着的人在创设该权益之日21年内会真正属于某人，否则该权益无效。对于生前信托来说，则是从信托设立之日起算。目前这一规则在英国继续有效，但在美国则存在很大争议，有些州已经修改甚至废除该规则，一方面，是因为该规则太过复杂；另一方面，也是因为美国更鼓励财富的积累和存续。近似原则是指如果某些财产被确定用于某一慈善目的，但由于种种原因，这一目的无法实现，或该信托财产实现某一慈善目的后有剩余款项，则法院或慈善主管部门可以将剩余财产使用于与该项尽可能相似的另一慈善目的。
④ 金锦萍：《论公益信托制度与两大法系》，《中外法学》2008年第6期。

国已在《信托法》中使用了"公益信托"的表达方式，不如从立法统一原则出发，继续使用"公益信托"的用法以免为司法实践埋下相互冲突的隐患。

第三种观点认为，作为"Charitable Trust"的对应词，无论"公益信托"还是"慈善信托"都能够使用。"对于慈善与公益（民间公益）之间的模糊性，与其努力去界定它、解释它甚至修改它，还不如把精力放在如何掌握它、承认它，学会推动它发展前进的新规则或者创造这种新规则上。"[1]因此，"公益信托"就是"慈善信托"。

2. 本书对"Charity Trust"的理解

应当说上述每种观点都有其合理之处。但是，正如前述第一种观点指出的，"Charity Trust"最初被翻译为"公益信托"源自日本。另外，由于欧洲传统大陆法系国家设置了与信托相类似的制度，如"德国有 Treuhand、荷兰有 Bewend、西班牙有 Fiducie cum ammico、瑞士有 Fiducie"[2]，所以只是部分大陆法系国家和地区，或者说，主要是东亚地区的新兴大陆法系国家和地区，如日本、韩国、中国台湾地区等引进了英美法系的信托制度，而欧洲传统大陆法系国家尚在考虑是否需要专门引入该项制度。[3] 新兴的大陆法系国家和地区之所以对信托制度的移植如此积极，[4] 主要是因为在其既有的法律制度中并无与信托类似的制度，而且"信托制度的引入是为了促进经济发展，也是为了填补立法空白，解决现实中存在的实际问题"[5]。所以，在寻找对应的翻译时，还是需要从我国引入信托制度、规范公益信托以及慈善信托的初衷出发，结合汉语对"慈善"与"公益"的解读，选择适合我国现实情况的针对性说法。

在汉语中，"慈善"与"公益"的意思并不完全相同。"慈善"二字

---

[1] 张天民：《失去衡平法的信托》，中信出版社 2004 年版，第 159 页。

[2] 孙静：《德国信托法探析》，《比较法研究》2004 年第 1 期。

[3] 如德国认为信托的概念与德国法的正统学说原则不相容，而德国民法的规则足以灵活地解决信托法的积极难题，没有必要继受信托法。

[4] 在日本，公益信托与商事信托的发展已是并驾齐驱。日本各大公司广设各种公益信托，以给予奖学金、鼓励学术研究、整备自然及都市环境和支持国际交流为最主要目的，其中又以奖学金及鼓励学术研究为最。

[5] 王振耀主编：《日本公益法律制度概览》，法律出版社 2016 年版，第 123 页。

在中国，原本是分开的两个字，许慎在《说文解字》中对"慈"的解释是"慈，爱也，尤指长辈对晚辈的爱抚"①。对"善"的解释是"吉祥，美好，引申为和善、亲善、友好"②。从南北朝起，"慈"与"善"二字慢慢合在一起使用。《魏书·崔光传》中记载："光宽和慈善，不诈于物，进退沉浮，自得而已。"而在《现代汉语词典》里，"慈善"是指"对人的关怀，富有同情心"。《辞源》里，"慈善"是指"仁慈善良"。《辞海》里的定义是"心地仁慈善良"。概要来说，对慈善的各种解释大多都包含了慈心和善举两个层面的含义。与"慈善"二字不同，在中文的用法里，"公益"是五四运动后才出现的舶来概念，是现代性较强的概念。"公益"，即"公共利益（多指卫生、救济等群众福利事业）"③。它是独立于个人利益之外的一种特殊利益，公益具有整体性和普遍性，总体上是整体的而不是局部的利益，内容上是普遍的而非特殊的利益。

尽管"慈善"与"公益"有逻辑上的对接，二者都是以"公德、仁爱、奉献"等崇高精神为动机，以志愿的形式提供公共物品和公共服务，以为大众服务为宗旨的善行义举，但"慈善"与"公益"仍有两处泾渭分明的差别。

第一，慈善的主要目的在于"安老助孤，济贫解困"，即面对社会弱势群体的社会救助和社会援助。公益则更加强调"概念的普及、思想的转变、移风易俗"等无形的内容，其目的是"致力于提升社会大众福利和解决关系人类未来发展的根本问题，如'教育、公平、正义、平等'等，体现出'尊重、多元、包容、非暴力'等普世价值"④。举例言之，众人皆知诺贝尔奖是一个成功的公益信托，但如称其为慈善信托则让人感到有些牵强。毕竟慈善行为更多地表现为雪中送炭，而公益信托除了雪中送炭以外还有锦上添花的意味。"诺贝尔奖一般资助的都是成功人士，无论其身份为何，大多属于衣食无忧，功成名就。"⑤

---

① （汉）许慎：《说文解字》，九州出版社2001年版，第57页。
② 同上书，第68页。
③ 刘文光：《我国公益慈善组织发展中存在的问题及其对策分析》，《行政与法》2009年第1期。
④ 彭小兵：《公益慈善事业管理》，南京大学出版社2012年版，第36页。
⑤ 车耳：《从慈善信托说到公益信托》，《世界知识》2017年第2期。

第二，尽管"公益"具备的"非营利性、公共性"亦为"慈善"的一般特性，但"慈善"所具有的"民间性、自愿性"却是其不同于"公益"的特殊所在。在实践中，两者之间最明显的区别就是"公益主体多为政府部门、慈善主体多为民间力量"。从法律角度来讲，政府开展扶贫济困、发展科教文卫，可以称之为"公益"，但不可称之为"慈善"；民间开展这些活动，则既可称为"公益"，又可称为"慈善"。① 应当说，"慈善"作为公益提供的自愿机制与政府提供"公益"的强制机制是存在本质差别的。

比较而言，本书认为"Charity Trust"译为"慈善信托"更为妥帖。或者说，英美法系中的"Charity Trust"对应的是我国《慈善法》中的慈善信托，而"Public Trust"由于更强调的是为公共目的而设立的信托，可以与我国《信托法》中的公益信托相对应。②

(二) 我国与公益慈善信托相关的法律概念

1.《慈善法》关于慈善信托与公益信托关系的表述

从域外看，英国主要是在慈善法体系中对与慈善相关的信托进行规范，而美国、日本、韩国、中国台湾地区则主要是在信托法体系中对与慈善相关的信托进行规范，尚没有出现慈善法和信托法同时使用两种术语对与公益慈善相关信托进行规范的情况。所以，我国的做法比较特殊。我国前有《信托法》对"公益信托"做出规定，现在又在《慈善法》中规定了"慈善信托"，当《慈善法》使用"慈善信托"时，极易让人对"慈善信托"和"公益信托"两个概念产生疑惑，即"慈善信托"和"公益信托"究竟是一种类型的信托还是两种类型的信托，《慈善法》的颁行更是将这种困惑推至了前台。

关于这个问题，《慈善法》在其立法过程中有所犹疑。《慈善法》二审稿时，曾经表述："慈善信托即公益信托。"当时，全国人大常委会李盛霖委员提出了一个问题，即"慈善信托和《信托法》当中的公益信托

---

① 陈鲁南：《也说"慈善"与"公益"》，《中国民政》2016 年第 4 期。
② 为了表述的统一，本书在论及日本、韩国以及中国台湾地区的公益信托时，将使用慈善信托的表述方式。同时，在涉及与英美法系的做法对比时，本书提到的大陆法系有关国家和地区，指的正是引入了慈善信托制度的日本、韩国和中国台湾地区，不包括其他大陆法系国家。

是什么关系",他建议对这个问题作一些解释和说明。在后来正式出台的《慈善法》中,关于"慈善信托"和"公益信托"的关系表述为"慈善信托属于公益信托"。同时,《慈善法》还在第 50 条就"慈善信托"一章未尽之处特地做出规定,关于"慈善信托的设立、信托财产的管理、信托当事人、信托的终止和清算"等事项,如"慈善信托"一章未规定的,则适用《慈善法》其他有关规定;而《慈善法》未做出规定的,适用《信托法》的有关规定。

从以上条文传递出的信息来看,《慈善法》中的"慈善信托"既然从"即"改为"属于"公益信托,便意味着在我国的法律语境下,"慈善信托"并不完全等同"公益信托",它们之间是从属关系,"慈善信托"的范畴小于"公益信托"。这表明允许根据《信托法》设定"非慈善公益信托",只是何为"非慈善公益信托"还需有权机关给予进一步明示。

2. "慈善信托"与"公益信托"的概念比较

《慈善法》第 44 条规定:"慈善信托是指委托人基于慈善目的,依法将其财产委托给受托人,由受托人按照委托人意愿以受托人名义进行管理和处分,开展慈善活动的行为。"依《慈善法》的表述,"慈善信托作为一种行善的方式,以慈善为目的,以信托为手段;同时具有慈善行为和慈善组织的双重含义"。[①] 不过,第 44 条未直接对"慈善目的"进行界定,而是需依靠《慈善法》第 3 条[②]关于"慈善活动"的界定来理解慈善信托。

《信托法》第 60 条规定,"为了公共利益目的而设立的信托,属于公益信托",同时,该条对"公共利益目的"的含义给予了详尽的描述。[③]

---

① 郑功成:《〈中华人民共和国慈善法〉解读与应用》,人民出版社 2016 年版,第 139 页。
② 我国《慈善法》第 3 条关于"慈善活动"的表述为:"扶贫、济困;扶老、救孤、恤病、助残、优抚;救助自然灾害、事故灾难和公共卫生事件等突发事件造成的损害;促进教育、科学、文化、卫生、体育等事业的发展;防治污染和其他公害,保护和改善生态环境;符合本法规定的其他公益活动。"
③ 我国《信托法》第 60 条关于"公共利益目的"的表述为:"救济贫困;救助灾民;扶助残疾人;发展教育、科技、文化、艺术、体育事业;发展医疗卫生事业;发展环境保护事业,维护生态环境;发展其他社会公益事业。"

(1)"慈善信托"与"公益信托"的界定方式不同

法律概念无外乎是描述性概念或规范性概念。《慈善法》使用了"要件导向"模式,以"慈善活动"为基础,按信托的三要件"信托当事人的意思表示、信托目的和信托财产"对慈善信托进行了界定,属规范性概念。《信托法》的概念采取了"目的导向"模式,以"公益利益目的"作为公益信托的概念中心。就概念界定方式而言,《信托法》直接借鉴了大陆法系有关国家和地区的做法,即通过列举几种主要的"有名"慈善信托加上"目的公益性"的概括性规定进行定义,[①] 属描述性概念。

(2)"慈善信托"与"公益信托"所涉及的范围有较大程度的重叠

尽管《慈善法》是从"慈善活动"的角度,《信托法》是从"公共利益目的"的角度分别论述了概念所可能涉及的领域范畴,但比较两部法律给出的内容列举,可以看出,单纯从信托目的上看,"慈善信托"的目的不比"公益信托"窄,"两者的内容、指向、功能大部分是一样的"[②]。这表明,《慈善法》扩充了"慈善"的理念和内涵,改变了过往传统意义上的"小慈善"概念,规定了"大慈善"概念,即现代慈善,除了扶贫济困救灾等,"还包括促进教育、科学、文化、卫生、体育等事业的发展,保护环境等"有利于社会公共利益的活动。可以说,《慈善法》把长期以来局限在解决生存问题的慈善活动扩展到了人的全面发展,但从严格法律意义而言,二者还是存在一定的差异。当然,这也是因为"慈善目的"的范围大小,不是也不应该是区分"慈善信托"和"公益信托"两个概念的实践判断标准所带来的必然结果。换言之,就慈善可以涉及的目的事业范围而言,与政府公益可以涉及的目的事业范围并无差别。

(3)"慈善信托"与"公益信托"所依托的制度体系价值取向不同

正如上文已经说明的,在我国的文化结构体系中,"慈善"与"公

[①] 如日本 1922 年《信托法》第 66 条规定:"祭祀、宗教、慈善事业、学术、技艺以及其他以公益为目的的信托为公益信托。"日本 2006 年修订《信托法》的第 258 条沿用了此条规定。而韩国《信托法》第 65 条几乎照搬了日本的规定:"以学术、宗教、祭祀、慈善、技艺等其他公益为目的的信托,为公益信托。"另外,我国台湾地区《信托法》第 69 条规定:"称公益信托者,谓以慈善、文学、学术、技艺、宗教、祭祀或其他公共利益为目的之信托。"总体来看,韩国《信托法》与日本《信托法》二者内容的差别非常小,中国台湾地区《信托法》的内容也有大部分重复了日本《信托法》的规定。所以,本书在列举法条时,以日本和我国台湾地区为多。

[②] 蔡概还:《如何正确打开"中国式"慈善信托?》,《当代金融家》2016 年第 6 期。

益"有所不同，所以"慈善"与"公益"在公权力介入程度上的差异也较为明显。"慈心善举"，常为民间自愿之作；"公共利益"，多是国家责任承担。具体到规则的管制，《慈善法》对于"慈善信托"的规定较之《信托法》中"公益信托"的规定有很大程度放松，灵活性极强。"慈善信托"强调慈善的民间性，保护慈善活动参与者的合法权益，"谁委托、谁受托、谁受益"都是公民自主选择的结果，国家的干预会减少到最小程度，即限制在保证受托人意愿依法得以实现的范围。而"公益信托"主要在于"规范信托行为，看重发展公益事业的目的，强调政府监管的重要性，试图通过更多公权力的介入为信托当事人提供最大程度的保障"[①]。前者侧重慈善事业，后者强调信托关系。在"慈善信托"和"公益信托"界限尚不明确的情况下，由两部价值取向如此不同的法律调整类似性强、重叠度高的慈善公益信托事宜必然会造成不一致。

但是，《慈善法》和《信托法》均为全国人大颁布的法律，关于公益慈善的信托规定不一时，存在着法律适用上何者优先的问题。究其根源，这也正是"慈善信托"在双重属性定位下的本质规定如何回答的问题。

3. "慈善信托"与"公益信托"在未来的发展分野

如前所述，经过数次争论，《慈善法》最后不仅明确提出而且以专章规定了"慈善信托"，在其他章节中也有内容体系上的关照。其中的立法意图应当是考虑到了"慈善信托"的专业定位。"慈善信托"的确属于信托的一种，需要遵循信托的基本原理以及规律，但它毕竟只是以信托为手段实现慈善目的，其更重要的制度设计在于社会慈善。或者说信托制度能用其独特优势和专业的资产管理能力对慈善事业的发展给予推动，因而与公益慈善相关的信托在《信托法》中属于特别制度安排，而在作为社会法[②]之一的《慈善法》中则应属于基本制度安排。

同时，从《慈善法》中关于"慈善信托"与"公益信托"的关系表

---

① 王建军等：《慈善信托法律制度运行机理及其在我国发展的障碍》，《环球法律评论》2011年第4期。

② 社会法是为了解决社会性问题而制定的各种有关社会法规的总称。它是根据国家既定的社会政策，通过立法的方式制定法律，保护某些特别需要扶助人群的经济生活安全或是用以普遍促进社会大众的福利。

达出发,"慈善信托"属于"公益信托",但又区别于"公益信托"。① 因此,实际上"公益信托"被分为两部分,一部分是"慈善信托",另一部分是"非慈善公益信托"。"虽说公益信托发展十多年一直不温不火,但这并不意味着公益信托将退出历史舞台"②,就现实情况来看,"公益信托"也有一些"慈善信托"所不可比拟的优势。银监会《93号通知》第4条规定:"公益信托的委托人可以是自然人、机构或者依法成立的其他组织,其数量及交付信托的金额不受限制。信托公司应当在商业银行开立公益信托财产专户,并可以向社会公布该专户账号。"这表明"公益信托"具有明确的公募属性,受托人的身份也十分广泛,不局限于慈善组织和信托公司。所以,可以认为,就公益慈善信托而言,《信托法》和《慈善法》还是在一定意义上确立了既有联系又有区别的双轨制。

虽然国家权威部门还未就《慈善法》与《信托法》发生冲突时,如何选择适用法律做出解答。但考虑到"慈善信托"最本质的属性为慈善,"慈善信托"自然以适用慈善法律制度为主体、信托法律制度为补充;"非慈善公益信托"不适用《慈善法》,仍继续沿用《信托法》及其配套法规政策。那么,需要解决的问题是两者之间的界分在何处。对此,不妨借鉴下其他国家的做法。

普通法系国家的澳大利亚曾在2005年的《税收条例》中分析了"慈善与公益"的区别和关系,"慈善是利他主义的,公益不需要为了全体社区的利益,但必须至少是为了公众可以察觉的一部分价值而存在,它不能仅仅是为了提供个体利益"③。也即"公益"应是为公众的利益,但自身利益也存在于公众利益当中。从这个角度而言,"公益"可以利己。这种界分思路与我国传统文化中"慈善"与"公益"的区别也比较一致。在我国的有关概念解读中,"慈善"分为一个资助者,一个受助者;二者在社会地位、行动角色中都是不平等的;"公益"强调人人平等,因为人

---

① 蒋松丞:《慈善法生效慈善信托落地 财富家族迎来新希望》(http://finance.eastmoney.com/news)。

② 黄尖尖:《〈慈善法〉实施首日 专家解读新法最重要亮点》,《解放日报》2016年9月2日第6版。

③ William M. Mc Govern, Sheldon F. Kurtz, David M., *Wills, Trusts, & Estates*, St. Panl: West Academic, 2012, p.474.

人都是或会成为社会问题的受害者,人人都应该尽自己的义务与责任。用"民间公益开路人"梁晓燕的话来说,"慈善是单向的给予,是有能力的人对弱势的给予,弱势是单纯的接受者;公益中,强势和弱势是可以转换的"[①]。

长期以来,我国都有"宜粗不宜细"的立法惯式,该做法常常为学者们诟病。但是,值得注意的是这些粗犷的规定有时也给实务中的创造留下了可以发挥的空间。所以,未来"慈善"与"公益"的界分不妨以公益慈善活动的内容为基线,慈善公益活动中"单向利他"的为"慈善",而"利他中亦可能利己"的为"公益"。当然,这个问题既是理论问题,也是实务问题,答案不会一蹴而就。随着社会的发展,文明的进步,注重弱者救助的"慈善"与注重公共生活的"公益"彼此之间的分野必然会日益清晰。

第三节 慈善信托的特点与价值

虽然对慈善信托的界定,国内外不完全一致,但慈善信托在许多国家和地区蓬勃发展并取得积极成果,表明概念的争论并没有对该项制度的发展造成阻碍。所以,对慈善信托概念的讨论是研究的一个方面,同时,我们也需要将目光投向慈善信托的特点和价值等富有操作意义的层面。

一 慈善信托的特点

(一)信托目的的慈善性

虽然"慈善目的"的概念始终处于与时俱进的发展状态,但信托目的的慈善性永远都是慈善信托最基本的特征。一个有效的慈善信托,其信托目的必须是法律认可的"慈善目的"。而且,即便各国的法律制度、经济发展和社会文化有所不同,但在确认"慈善目的"的范围上还是大致相同的,基本都辐射了"救济贫困、促进教育、医疗、学术、科学、环境"等方面。同时,考虑到法律的滞后性,相关国家和地区均普遍制

[①] 梁晓燕:《公益与慈善的三点不同》,(http://blog.sina.com.cn/s/blog_ 3f28ff520102e41)。

定了一个兜底性条款，即"其他有利于公共利益的目的"，以便适应未来社会发展的需要。

另外，对于慈善信托的"慈善目的"还需保证其现实性与完全性。现实性是指"慈善信托必须能够确实造福社会，它的作用不能只是设立人的主观感觉，必须是客观存在且可感受到的"①。有的时候，即便委托人自己认为信托是为了公共利益，也不一定能被认定为慈善信托。如，在 Gilmoar vs Coats 案中，委托人捐款设立了一项信托，让一些隐居的修女祈祷和默想。这些修女认为通过她们的祈祷可以引来上帝恩赐，造福社会大众。但法院判决指出，"几乎与世隔绝的修女们即使终日祈祷，可能产生的公共利益还是太模糊、太不可捉摸，而且不可能得到证明和体现，因此不能构成一项慈善信托"②。完全性是指委托人在设立慈善信托时，"如果所指定的目的有两个或两个以上，要求指定的每一个目的都必须具有慈善性，否则不能成立一个慈善信托"③。如果信托中某项目是非慈善性的，便无法在信托财产中区分出哪些是为了公共利益，哪些是为了私人利益，从而使得整个信托因为不确定性而无效。如 Willianms vs Coats 案中，"委托人试图设立一个主要目的是为了促进教育的慈善信托，但遭到了法庭的否决"④。原因在于该信托还有一个其他目的是改善住在伦敦的威尔士人的体育和娱乐生活，这样的信托目的明显不符合促进公共利益的要求，因而该项信托不被认定为慈善信托。

（二）受益人为不特定的公众

众所周知，公共利益是不特定的社会成员所享有的利益，所以慈善信托的受益人具有不特定性。这种不特定性要求受益人为"公众的一部分"，人数是不确定多数，且特别要求排除信托关系中的私人连接点因素。具体而言，首先，慈善信托受益人的范围必须是确定的，欠缺受益人的信托是不能成立的。其次，具体的受益人是谁，在慈善信托成立之

---

① 周小明：《信托制度比较法研究》，法律出版社 1996 年版，第 78 页。
② 何宝玉：《英国信托法原理与判例》，法律出版社 2001 年版，第 86 页。
③ 张天民：《失去衡平法的信托》，中信出版社 2004 年版，第 157 页。
④ 何宝玉：《英国信托法原理与判例》，法律出版社 2001 年版，第 102 页。

初应当是未确定的，不能局限在某个私人范围内。[1] 另外，对于具体受益人的数量并不做要求。[2] 换言之，不同类型的慈善要求具有不同程度的公共利益，但只要社会效果是促进公共利益的即可。公共性是指"利益的内容须有助于社会的安全与文明，也就是该利益的存在或提供对于社会公众具有方便性与实用性"[3]。哪怕每年只资助一个人也可以认定为慈善信托。所以"判断公益性不能只以受益对象的多少来衡量，只要慈善信托所从事的活动是为社会所迫切需要并能够弥补政府和市场的不足，促进或带动社会整体福利的增加并形成广泛的受益群体，就应该认定其公益性"[4]。

不过，对于受益人不特定的要求也有例外。在涉及消除贫困[5]的慈善信托中，即使受益人限于特定的人，甚至捐赠人与受益人之间有私人关系，也不影响该信托作为一个慈善信托而存在。[6] 英国法院司法实践中也将这类慈善信托从公共利益的检查标准中排除，即"消除贫困直接具有慈善性质，不需要满足其他要素"。之所以如此，完全是因为贫困本身就

---

[1] 以一个帮助某地区白内障患者复明的慈善信托为例，一方面，其受益人的范围应该是该地区的白内障患者，这一点是必须明确的。另一方面，具体的受益人是谁，哪位白内障患者会得到资助在一开始是不能明确的，只有在该资助行为具体实施时才能确定，只有这样才能符合慈善信托受益人不特定的要求。

[2] 在美国著名的 Matter of Judd 判例中，立遗嘱人将自己的遗产设立一项信托，每年从信托财产的收益中拿出 1000 美元，奖励该年度在防癌药物和医疗方法研究领域最有贡献的人。虽然每年受益人只有 1 位，法院也明确承认该信托是慈善信托。

[3] 唐琦：《英美公益信托制度及对我国的借鉴》，硕士学位论文，山西大学，2007 年。

[4] 王志刚：《第三部门免税资格认定之理论探讨》，载《财税法论丛》第 8 卷，法律出版社 2006 年版，第 202 页。

[5] 作为慈善信托目的的贫困一般指的是相对贫困而非绝对贫苦。正如 Lord Simonds 在 IRC vs Baddeley [1955] 案子中所说："贫困，当然并不仅仅指赤贫。它有着宽泛而非限定性的含义，也可以用来形容那些'捉襟见肘'的人们，对他们的生活困境，给予一定的关注。"他还进一步强调说："救济那些并非一文不名的贫困的慈善信托是值得称赞的……救济可以有多种方式，为了一个家庭的需要、提供生活必需品或准必需品，不仅仅是为了娱乐，更是健康的需要。""必需品"和"准必需品"意味着判断是否"贫困"应采用客观的、绝对的标准，而不是与其他人比较的相对生活状态。

[6] 在 Re Scarisbrick's Will Trusts 案中，立遗嘱人将他的剩余遗产留给受托人，指示财产收入由她的女儿和儿子终身享用，他们都去世后，则为"需要救助的亲戚"设立一项信托。就这项救济立遗嘱人穷亲戚的信托是否具有公益性，初审法院判决，不是一项有效的慈善信托，因为立遗嘱人的穷亲戚不能构成穷人的一个特定的部分。后来英国总检察长向上诉法院上诉，上诉法院的判决准予上诉人的请求，认为构成一项慈善信托。

是社会公共问题,以救济贫困为目的的信托,即便在一些时候把受益人限定于极小范围,但这样的信托"不仅可以改善贫困者的生活质量,而且在一定程度还可以避免贫困所可能引发的'犯罪、疾病'等社会问题"①。

(三) 存续期间的无限性

由于慈善信托具有的社会公益性,各国普遍对其持鼓励和支持态度。反映在制度设计上,通常是鼓励慈善信托永久存续。一般认为,慈善信托存续得越长久越能发挥其在公益慈善事务上的效用,所以有关国家和地区均允许慈善信托无限期存续。即使在原来的信托目的已实现或者确定无法实现时,也可以使用近似原则,"将该信托财产转移至与原慈善信托类似的目的上,使该信托能够永久地存续下去"②。

二 慈善信托的价值

(一) 法律制度层面的价值

对于各国的公民和组织来说,如打算从事慈善公益活动,可选择的组织形式无非是"慈善信托、非法人慈善组织和法人慈善组织(也称'慈善法人')"三种方式。与其他慈善组织形式相比,慈善信托具有一些不容忽视的优点。

1. 慈善信托与慈善法人相比的优点

第一,慈善信托设立简便。慈善信托的设立门槛比慈善法人低,慈善法人是以慈善为目的的法人,而慈善信托一般被认为是以慈善为目的的合同。设立慈善法人需要成立专门的管理机构、配备专职工作人员、有固定的住所、固定支出项目也比较多。慈善信托不需要常设的机构,具体的运营也由受托机构承担,无须增加额外成本。

第二,慈善信托的结构简单、运作灵活。慈善法人有最低财产额的

---

① Joshua C. Tate, "Should charitable trust enforcement rights be assignable?", *Chicago-Kent Law Review*, Vol. 85, No. 3, March 2010.

② 方国辉:《公益信托与现代福利国家之发展》,博士学位论文,台湾地区私立中国文化大学三民主义研究所,1986年。

要求，① 原则上亦不得处分其基本财产、不能任意解散。而慈善信托弹性较大，委托人的人数和交付信托的金额不受限制，可设立小额的慈善信托，也可动用信托原本和追加原本。这样更有利于广泛集资，提升社会大众参与慈善公益活动的积极性。相比慈善基金会格式化的文本，慈善信托可以完全尊重当事人意愿，自行定制合同文本。

第三，慈善信托的财产安全，公信力显得更高。受诸多因素影响，在实现财产保值增值方面，慈善法人普遍不够理想。慈善信托的专业受托人具有慈善法人所不可比拟的专业理财能力，它可以根据慈善信托约定的投资范围，最大限度地保障信托财产的安全与增值。而且与慈善法人的自管自用体制相比，慈善信托要接受管理机构、委托人、受托人、信托监察人等多方监督，透明度和公信力都明显更高。此外，若出现受托人违反信托义务或是难以履行职责的情形，"慈善信托可依法置换受托机构，不会影响慈善信托的存续和慈善目的的最终实现"②。

2. 慈善信托与非法人慈善组织相比的优点

慈善信托最大的优势在于它所具备的财产风险分割功能。在慈善信托中，信托财产所有权分割为名义上的所有权和实质上的所有权，信托财产具有高度的独立性，仅属于唯一的慈善信托计划，与委托人、受托人和受益人的固有财产相独立。受托人需依约定管理信托财产，并根据条款规定将收益转移给符合资格的受益人。与慈善信托不同，非法人慈善组织没有自己独立的财产，也不被允许以组织的名义或者以附有该组织头衔的代表人名义进行财产权登记，且组织成员需要对全体债务承担连带责任。

正是因为慈善信托具有以上执行层面的优势，慈善信托成了现代慈善活动不可或缺的一项基本法律制度。"法治中国"作为法治在当下中国

---

① 各国法律一般都严格限定设立财团法人的最低财产数额。如我国的《基金会管理条例》第 8 条第 2 项规定：全国性公募基金会的原始基金不低于 800 万元人民币，地方性公募基金会的原始基金不低于 400 万元人民币，非公募基金会的原始基金不低于 200 万元人民币；原始基金必须为到账货币基金。相对于基金会的设立必须满足对原始资金的最低限额的法定条件，慈善信托的设立成本较低，会吸收许多潜在的数额较小或者不想投入基金会的慈善资金。

② 陈娴等：《慈善法视角下慈善信托与基金会的比较分析》（http://trust.jrj.com.cn/2016/09/）。

的政治表达,"正在从一个命题具体化为全面改革的行为逻辑"①。目前,我国存在庞大的贫困群体、残疾人群和失业人口,环境问题和自然灾害等情况也较为严重,慈善力量必须借助法律制度创设发挥必不可少的作用,而慈善信托恰是其中重要的法律命题。

(二) 社会福利层面的价值

世界著名社会学家安东尼·吉登斯在其经典著作《社会学》的开篇第一句话就说道,"站在21世纪的开端,我们迎来了一个既令人困惑又对未来充满强烈期望的世界。这是一个充满变革的世界。在这里充斥着深刻的矛盾、碰撞和社会分化以及由现代技术的发展带给自然环境的破坏"②。今天的世界是人类社会历史上最为特殊也最具转折意义的时代。慈善信托作为一种为公共利益而设的财产管理制度,既是丰厚社会福利的基石,又是培育慈善文化的平台。

首先,随着财富量的大幅增长,世界格局和人类文明发生重大变化,作为一种集结慈善资源的有效方式,慈善信托在发展慈善事业、增进社会福利方面大有可为。由于慈善信托的资金主要来源于社会捐赠,其所倡导和实施的慈善公益事业正是社会的自我管理和自我服务方式的创新,它将"现代慈善、社会服务和经济发展"三者相结合,可以与政府和社会其他管理方式共同形成社会建设和社会管理的整体合力。以香港赛马会慈善信托基金为例,该信托成立于1993年,信托目的是照顾700万香港市民的需要,支持大型社会计划和资助慈善团体推行慈善服务项目。"这个慈善信托平均每年捐赠的慈善款项超过了10亿港元,高于香港公益金全年捐献款项的5倍,达到了洛克菲勒基金会、沃尔玛基金会以及美国银行慈善基金会等超级慈善机构捐款水平。"③

其次,慈善文化是慈善事业发展的灵魂。西方慈善信托法律机制建立的基础和起点是依托渗透人心的基督教观念,通过调动人们的道德良心,为社会大众特别是弱势群体服务。在一定程度上,慈善信托的产生与发展反映了西方世界的道德观念和价值取向。虽然我国从来都不缺乏

---

① 汪习根:《论法治中国的科学含义》,《中国法学》2014年第2期。
② [英]吉登斯:《社会学》,李康译,北京大学出版社2009年版,第7页。
③ 白晓威:《剖析香港赛马会慈善信托基金》,《公益时报》2009年11月26日第4版。

慈心善举，但慈善事业并不那么发达，"慈善活动大多趋向熟人社会，基于亲疏关系由近及远，进而向其他社会成员扩展，比较封闭"[①]。这是落后于现代慈善事业社会化、开放性与广泛性之要求的。唯有打破封闭性的个人慈善的观念，才能盘活民间慈善活动，快速发展我国慈善事业。慈善信托法律机制的建立与完善则可以大大促进我国现代慈善文化的建设，它是"守望相助、扶弱济贫"；"它使'善'开始具有了重要的社会与经济价值"[②]。

其一，慈善信托设立的简便为"人人可慈善"提供了良好的运作基础。今日的中国，许多拥有财富的人在默默地进行慈善捐赠，由于这样那样的原因，他们倾向选择低调。作为一个新的方法，慈善信托拓宽了慈善事业的参与方式，可以把汇集一时的善举凝聚为永久的事业，能够为想要在慈善上有所创造的人们提供更广阔的舞台和更灵活的工具。

其二，慈善信托固有的以法律为基础而又在法律之外配有规管体制的法律机制能对慈善事业的健康、可持续发展起到正向促进作用，可激发人心向善、勇于承担社会责任；可匡扶正气、预防腐败，还可以"对公权力和其他保障资源的公正、有效配置形成一种反射的推动力、制约力"[③]。

其三，慈善信托重视委托人意愿之实现，既有利于维护民间慈善的主体性和独立性，又有助于激发基层活力和积极性。透过受托人的管理经营，不仅委托人可避免财富因自身或其后代的轻率鲁莽或错误决定而蒙受损失，同时可避免社会资源的浪费。

其四，慈善信托既有利于社会机会的平等，又有益于社会公平的增进。委托人之所以设立慈善信托，不是预期到其他的社会成员会做出一定贡献，而是预期到其自身行为肯定会为其他社会成员做出一定贡献。慈善信托是人类理性的产物，同时也是对人类社会整体理性——"秩序"与"公平"的追求。

[①] 王守杰：《慈善理念从传统恩赐向现代公益的转型与重构》，《河南师范大学学报》2009年第2期。

[②] 王振耀主编：《中华人民共和国慈善法评述与慈善政策展望》，法律出版社2016年版，第3页。

[③] 周贤日：《慈善信托：英美法例与中国探索》，《华南师范大学学报》2017年第2期。

第 二 章

慈善信托的设立

"慈善信托的设立"又称为"慈善信托的成立或产生",是指相关当事人依照法律规定的条件和程序设立慈善信托的行为。慈善信托的设立生效需要具备实质和形式两个方面的要件。实质要件主要包括信托必须是为了慈善目的、慈善信托当事人的主体适格;形式要件,也称为慈善信托的程序,是指慈善信托关系缔结的有关手续,亦是慈善信托取得社会承认的方式。本章以慈善信托设立的形式要件为主要讨论事宜。[①]

第一节 慈善信托的设立方式

一般认为慈善信托的设立方式与私益信托一致,主要有"合同设立、遗嘱设立和宣言设立"三种。不过,由于慈善信托关系到社会公共利益,关系到社会的公正和诚信,设立时通常有必要的慎重要求。

一 其他国家和地区关于慈善信托的设立方式

(一)信托合同

信托合同(deed trust)是指"受托人以自己的名义管理由委托人提供的财产,并将由此所有利益交付给受益人的合同"[②]。在信托合同中,其当事人为信托关系中的委托人和受托人,受益人不是合同的直接当事

[①] 慈善信托的"慈善目的"在本书第一章进行了论述,"慈善信托的主体适格"拟在本书第三章《慈善信托的法律关系主体》中进行讨论。

[②] 陈大纲:《中国信托法与信托制度创新》,立信会计出版社2003年版,第57页。

人。正是因为信托合同为他益合同，所以对信托合同的属性以及信托合同成立与信托设立的关系等问题，各国的法律规定和学者们的意见不尽相同。

1. 信托合同是英美法系设立慈善信托的一种方式

在英国，由于信托法律制度的产生早于合同法律制度，所以合同不是信托成立的必要环节。或者说，基于信托制度是英国衡平法的产物，衡平法的精神实质是"设法成就与实现，而不是打击或挫败当事人表现出来的符合'良心和正义'的意图"[1]，为此在信托设立方面，法院更注重委托人打算设立信托的意思表示，而不论该意思表示采取了何种表现形式，同时也否定了信托成立需要委托人和受托人合意的必要性。此项关于信托设立的一般原则同样适用于慈善信托，即当以信托合同方式设立慈善信托时，委托人的意思表示是否符合相关的法律要求是该慈善信托能否成立的关键点，至于当事人双方是否达成合意并非关注的重点。

同时，为了确保在当事人合意不足时，信托可有效设立，英美法系国家一般都规定有一个完整的受托人选任的程序并以法院在其中的最后决定权作支撑。[2] 换言之，英美法系法院扮演着"家长"[3] 角色（paternalistic role），"法院通过对当事人意思的解释或者直接赋予当事人以受托人的义务，实际上是通过其意志、职权而设立了信托"[4]，"这一做法在很大程度上补充了当事人设立信托时的不完备"[5]。因此，从英美法系国家当事人使用合同方式设立信托的行为角度看，是相对简便的。所以，在

---

[1] David Owen, *English Philanthropy* 1660–1960, Cambridge: Belknap Press, 1964, p. 65.

[2] 例如：美国 2000 年《统一信托法典》第 7 章第 4 条规定："a. 出现下列情况，受托人职位空缺：①被指定为受托人的人拒绝接受受托人职位；②被指定为受托人的人不能识别或不存在；③受托人辞任；④受托人失去资格或被解任；⑤受托人死亡。b. 假如一个或较多的共同受托人还在职位上，受托人职位的空缺不需要填补，如果一个信托没有受托人在职，受托人职位的空缺必须填补。c. 受托人职位空缺需要填补时，须服从以下优先顺序：①信托文件指定的续任受托人；②所有的有资格的受益人一致同意的人；③法院指定的人。d. 不管是否有需要填补的受托人职位的空缺，法院可以在考虑到为信托管理必须的任何时候为信托任命一个补充的受托人或专门的受托人。"

[3] 刘正峰：《信托制度基础之比较与受托人义务立法》，《比较法研究》2004 年第 3 期。

[4] ［英］D. J. 海顿：《信托法》，周翼等译，法律出版社 2004 年版，第 184 页。

[5] John H. Langbein, "The Contractarian Basis of the Law of Trusts", *Yale Law Journal*, Vol. 105, No. 3, May 1995.

大陆法系学者的观点下,英美法系中的信托合同类似诺成合同。①

2. 信托合同是大陆法系有关国家和地区设立慈善信托的一种必要方式

与英美法系的信托发展历程不同,大陆法系有关国家和地区是在合同法律制度已经有了比较成熟的发展后,才从英美法系引入信托制度,所以大陆法系有关国家和地区的信托发展都是以信托合同为基础的,认为信托合同是信托计划设立、运行和管理的直接依据。如,日本 2006 年《信托法》(修订版)第 3 条、我国台湾地区《信托法》第 2 条规定了信托必须依委托人与受托人签订的合同。② 另外,从实践操作情况来看,合同是大陆法系有关国家和地区设立信托普遍采用的形式,尤其在慈善信托方面,由于强调谨慎地处理慈善信托事务,信托合同自然而然成为最好的选择。可以说,这些国家和地区中信托的绝大多数均系通过信托合同设立并以这种合同作为其运作的直接依据。

从合同方式的普遍运用而言,大陆法系有关国家和地区对信托设立合同形式的强调反映出一项隐含要求,即信托的设立必须经委托人和受托人达成合意,这点可以视为英美法系和大陆法系关于信托合同作用差异的主要之所在。一般情况下,信托合同的基本条款大多是关于信托要素的内容。尤其是作为设立慈善信托的信托合同,虽然不会涉及资金回报等问题,但委托人需要对信托财产转移做出规定,还需要包括"信托成立的其他条件、将来的运营规则、受益人的范围和利益分配方案"等。或者说,大陆法系有关国家和地区把"关于信托的合同视为了一个公司

---

① 诺成合同与要物合同的分类是一种仅存在于大陆法系合同法中的合同分类,在英美合同法中并不存在这一分类。但这种分类常常涉及对信托财产的转移义务,所以有必要给以讨论。一般来说,要物合同是指"依信托定义,信托关系之成立以具有管理或处分行为为必要,而此管理或处分之标的必然以物之存在为必要。易词以言,信托合同行为,除须具有委托人与受托人间之意思表示以外,尚须具有财产权之移转或设定以及财产之管理或处分行为,始能成立,故信托合同行为为要物行为"。凡要物合同均并不是自当事人签订时起成立,且在这种合同签订后,提供财产的一方当事人并无将该项财产交付给对方当事人的义务。或者说,要物合同系指除了当事人双方意思表示一致外,尚需交付实物才能成立的合同。在英美法上,因其未明确规定信托合同自委托人将财产交付给受托人时起成立,故被大陆法系学者认定为是诺成合同。

② 中国台湾地区《信托法》第 2 条规定,"信托,除法律另有规定外,应以契约或遗嘱为之"。

章程，在后继阶段还要成为国家机关是否登记或审批的判断依据"[1]。因此，大陆法系学者讨论慈善信托合同时，特别关注其是诺成合同还是要物合同。

不过，大陆法系有关国家和地区对此问题的做法不尽相同。2006年日本《信托法》修订版第3条1项规定，"与特定人间缔结以转移财产、设定担保或为其他处分予该特定人，且该特定人应基于一定目的，为财产的管理、处分或其他为达成该目的之必要行为之合同，为信托合同"。同时，第4条规定："信托合同，以应成为委托人之人与应成为受托人之人缔结信托合同而生效。"这表明日本信托法中的信托合同是诺成合同。而中国台湾地区《信托法》"一方面在第1条确认信托由委托人通过将信托财产移转于受托人时设立；另一方面该法既未规定信托合同自委托人与受托人签订时成立，也未规定委托人在信托合同签订后即负有将信托财产交付给受托人的义务"[2]。如此的立法规定表明中国台湾地区的信托合同当为要物合同。两种不同的信托合同属性认知，传递着信托合同是否具有强制性，也昭示着慈善信托的设立究竟分成几个阶段[3]的选择，对于大陆法系有关国家和地区而言，是个极富现实意义的问题。

(二) 遗嘱信托

遗嘱是立遗嘱人的单方意思表示，是死因行为，主要是为了保证在其死后按遗嘱人自己的意愿处分其名下的财产。遗嘱信托（Probate Trust）是指"被继承人通过遗嘱的方式，将遗产委托给受托人，受托人作为遗产名义上的所有权人，遵照委托人（被继承）的意愿，管理财产、分配财产利益的信托"[4]。遗嘱信托一般是在立遗嘱人死亡时才发生法律效力的信托行为。

与对信托合同重要性认知存有差异不同，遗嘱作为信托的有效设立

---

[1] 周小明：《信托制度：法理与实务》，中国法制出版社2012年版，第157页。
[2] 赖源河等：《现代信托法论》，中国政法大学出版社2002年版，第50页。
[3] 信托的设立过程总体包括三个阶段。其一，意思表示阶段；其二，财产转移阶段；其三，登记阶段。
[4] 宋刚：《关于遗嘱信托的几点思考——以继承法修改为背景》，《北京师范大学学报》2013年第3期。

形式得到了各国的广泛认可。由于遗嘱信托在实现当事人的意愿上具有独特的安排和保护,"它既能提供更大的弹性设计空间,使得遗嘱人的遗产传承意愿得到最灵活的执行;又能实现遗产的保值增值,发挥遗产整体效用的功能"[1],所以现在以遗嘱形式设立信托在世界各国已非常普遍。特别是在慈善信托的设立上,英美法系和大陆法系都高度评价并肯定遗嘱信托这种方式。英美法系国家的许多富豪,如比尔·盖茨[2]、巴菲特、希尔顿都立下遗嘱,明确表示死后将其名下遗产设立慈善信托。大陆法系的有关国家和地区同样也是明文规定了可以以遗嘱形式设立信托。如日本2006年《信托法》(修订版)第3条[3]、韩国《信托法》第3条、我国台湾地区《信托法》第2条均规定信托可以根据遗嘱办理。一般情况下,在英美法系国家,遗嘱信托原则上只要有委托人明确表示设立信托的有效遗嘱即可。在大陆法系的有关国家和地区,设立遗嘱信托相对严格一些,即应当同时满足信托法关于信托的一般要求和继承法中关于遗嘱的规定。

以遗嘱形式设立信托,并非是预约成立信托合同,而是以遗嘱方式直接发生信托法律关系,通常不须以受托人承诺管理、处分信托财产为信托的成立要件。所以无论英美法系国家还是大陆法系有关国家和地区均认为遗嘱信托自遗嘱发生效力起而生效。[4] 这就有可能出现委托人指定的受托人拒绝管理该信托或该受托人资格不符合法律的强制性规定等意外情况,对此,各国普遍都会采取补救性措施,即使委托人指定的受托人不能或不愿管理该信托,也不影响遗嘱信托的有效成立。

---

[1] 方嘉麟:《信托法之理论与实务》,中国政法大学出版社2004年版,第40页。

[2] 如在比尔·盖茨公布的遗嘱中,除了给三个孩子留下部分财产外,其余的财产全部留于以他和妻子名字命名的比尔和梅琳达·盖茨基金会。比尔和梅琳达·盖茨基金会以亚非发展中国家为重点帮助对象,为全球疾病治疗提供资金,另外还向美国当地社区和贫困家庭提供了多种形式的捐助。当然,还有许多世界顶级富豪,如美国"股神"巴菲特、酒店大亨希尔顿都立下了类似的遗嘱,将遗产全数捐给各个慈善基金会。

[3] 日本2006年《信托法》(修订版)第3条规定,"信托应依下列方法为之:一、在特定人之间……实施必要行为之日本新'信托法'第3条契约的方法,二、为向特定人进行财产让渡、担保权的设定……实施必要行为的遗嘱的方法;三、特定人基于一定目的,管理或处分自己所有的一定财产……及其法务省规定的事项进行记载或登陆的方法"。

[4] 如日本2006年《信托法》(修订版)第4条第2项就做了如此规定。

从两大法系指定受托人的法律规范来看，第一种是法院直接任命模式。如《纽约州民法典草案》第 972 条规定："当受托人职位空缺，而设立该信托的法律文书没有规定实际可行的指定受托人的方法时，最高法院可指定一名新受托人。"①

第二种是关系人申请法院选任模式，如 2006 年日本《信托法》（修订版）第 6 条规定，"遗嘱信托未指定受托人时，或者指定之受托人不接受或者不能接受信托时，可由利害关系人申请，由法院选任新受托人"。同时，按日本《信托法》的规定，"利害关系人"指"委托人的遗嘱执行人、继承人"。我国台湾地区也采取了此种模式，不过台湾地区适度扩大了申请的主体范围，即主要为"利害关系人"或"检察官"。

（三）宣言信托

宣言信托（Self-declaration of Trust）是指"委托人以自己的特定财产为信托财产，并公开宣称自己担任受托人，为受益人的利益而管理和处分该财产而设立的信托"②。

与其他方式设立的信托相比，宣言信托具有较多的特殊性。首先，宣言信托只涉及两方当事人，即委托人和受益人。在宣言信托中委托人自行担任了受托人，委托人和受托人合二为一。其次，宣言信托不会涉及信托财产转移的问题，信托财产继续由委托人持有和管理。但是，委托人的个人财产和用于慈善目的的财产需要加以区别，实行分开管理和记账。另外，宣言信托也是单方法律行为的一种，与遗嘱信托类似，只需要委托人的单方意思表示便可。

基于宣言信托的特殊性，各国对其认可度的差别很大。在一定意义上，宣言信托可以说是英美法系国家设立慈善信托的主要方法。英美信托法学界通常认为，宣言信托的确立最早可追溯到 1811 年由英国大法官

---

① ［美］戴维·达德利·菲尔德：《纽约州民法典草案》，田甜译，中国大百科全书出版社 2007 年版，第 187 页。

② 张淳：《信托法原论》，南京大学出版社 1994 年版，第 274 页。

埃尔登（Eldon）审理的派伊（Pye）案。① 美国在《信托法重述（二）》中指出，"当财产的所有权人以信托宣言的方式宣称他作为受托人并为他人的利益而持有该财产时，信托也可以设立"②。由美国统一州法委员会（The National Conference of Commissioners on Uniform State Law）起草并于 2001 年由国会通过的《美国统一信托法》（Uniform Trust Code）更是以立法形式明确规定，"委托人可以自己特定财产为信托财产宣称自己为受托人设立信托"。总体来看，英美法系不仅立法上承认当事人可以以慈善目的设立宣言信托，实践中利用宣言信托方式从事慈善公益活动的情况也很多，同时，"对宣言信托的适用范围亦不做限制"③。

与英美法系不同，大陆法系有关国家和地区对待宣言信托的态度相对保守和谨慎。不管是考虑到法律体系的统一，还是宣言信托的理论障碍与实际价值，大陆法系有关国家和地区一开始大多没有对宣言信托予以认可。一般认为不支持宣言作为设立信托方式的理由主要在于，"宣言信托中委托人和受托人合一且不转移信托财产，如此便难以尽到严格的财产管理责任，同时还可能减少债权人可强制执行的财产"④；而且有些

---

① 在派伊（Pye）案中，一个名叫派伊的男子希望能在经济上帮助他的亲生女儿，于是他请求自己的一个朋友为女儿的利益购买了一份年金，但由于其女儿在法国已经结婚，因此购买年金时用的是派伊自己的名义。不久之后，派伊先生授权给这位朋友，让其将所购买的年金转交给女儿，朋友执行了该项授权，但在此之前派伊先生已经死亡。根据作为本案准据法的法国法，被代理人死亡的，代理人的代理权立即终止，本案中，代理人虽然执行了派伊的授权，但由于在这之前派伊先生已经死亡，因此代理人无权执行该项授权，赠予财产并未交付给派伊先生的女儿，因此应当在派伊先生死亡后列入派伊先生的遗产。但审理此案的埃尔登勋爵则认为，本案重要的并不是根据法国法代理人有无权力执行派伊先生的授权，问题的关键点在于，派伊先生实际上是以自己的行为宣告自己为受托人并为自己女儿的利益持有该份年金，因此派伊先生死后，该份年金作为信托财产应当归于信托受益人的派伊先生的女儿所有。该案首次确认了无偿宣言信托的有效性，在信托制度发展史上具有重大意义，但作为主审法官，埃尔登勋爵本人可能并没有意识到其如此裁决的心意，其真正的意图不过在于赋予赠予财产未转移占有的赠予允诺以强制执行力，从而对受赠人的利益予以救济。根据遵循先例原则，大法官法院在对以后的若干案件做出裁决时，如果在一项赠予允诺因赠与财产尚未交付而丧失其在普通法上的执行力，那么，都将其视为"宣言信托"予以执行。

② Hubert Picarda, *Law and Practice Relating to Charities*, West Sussex: Bloomsbury Professional, 2010, p. 105.

③ Maurizio Lupoi, *Trusts: A Comparative Study*, Cambridge: Cambridge University Press, 2000, p. 266.

④ 徐卫：《慈善宣言信托制度构建研究》，法律出版社 2012 年版，第 27 页。

时候容易出现假借慈善信托名义牟取私利的情况，特别是在对慈善信托给予大量税收优惠的国家。

但宣言信托本身在设立慈善信托方面亦具有不可忽略的优势。首先，"信托是关于特定财产的一种信任关系"，宣言信托的委托人和受托人的合一避免了由于委托人对受托人不信任而导致信托设立失败的情况，宣言方式有利于信托的成功设立。其次，宣言信托无须转移信托财产，这直接减少了信托设立成本，有助于资源的优化组合。再次，免于"负担以他人为受托人时需支付之管理费用和信托财产移转而生之规费税赋"[1]。最后，在民事领域，宣言信托是赠与的补救机制，同时"作为常态信托的过渡机制，丰富了人们管理和处分自己财产的方式"[2]，多元化的慈善信托设立方式有益于社会大众选择适合自己的方式创设慈善信托，加大了信托设立的灵活性。

正是考虑到宣言信托的灵活性及其制度的优势后，大陆法系有关国家和地区逐渐开始承认宣言信托，但比较英美法系的做法，大陆法系立法上的限制性规定较多。

如我国台湾地区《信托法》第71条第1项规定："法人为增进公共利益，经目的事业主管机关许可，可以通过决议对外宣言自己为委托人及受托人，并邀公众加入为委托人。"通过该条规定我们可以看出，台湾地区对宣言信托制度的态度是"引入之初，宜求审慎"[3]，即实行了"有条件的引入"。依据该规定，台湾地区法律所认可的宣言信托须达到以下条件：其一，委托人须为法人。其二，必须是为公共利益，即具有慈善目的。其三，要经目的事业主管机关许可。如此规定意味着在慈善信托领域中，只有法人才能在经过批准后设立宣言信托。因此，可以说，从立法角度讲台湾地区确实认可了宣言信托制度，但是其适用范围限制在只有法人才可以设立慈善宣言信托。

另外，原1922年日本《信托法》未对宣言信托做出规定。但在2006

---

[1] 方嘉麟：《信托法之理论与实务》，中国政法大学出版社2004年版，第240页。
[2] 金海：《我国宣言信托制度构建刍议》，《对外经贸》2012年第6期。
[3] 赖源河等：《现代信托法论》，中国政法大学出版社2002年版，第49页。

年修订《信托法》时,亦增加了由委托人自己充任受托人的宣言信托。[①] 同时,它也规定了一系列防止滥用宣言信托的措施。第一,以宣言形式设定信托时,要求使用公证书或其他书面方式,否则信托无从设立,委托人的债权人可以对拟设立信托的财产进行强制执行。第二,委托人的债权人可对通过简易手续设定之宣言信托的信托财产主张权利。[②] 第三,在非宣言信托情况下,委托人的债权人是根据"信托设定欺诈"的撤销程序来撤销信托;而在根据宣言形式设定信托时,委托人的债权人可不经撤销判决,径行对信托财产进行强制执行。第四,修订的《信托法》专门在附则中对该法的时间效力进行了规定,即修订法开始施行的第一年,不适用有关宣言信托规定。此规定是给税收制度和会计制度的调整留出较为充分的时间,预防对宣言信托的滥用。

二 我国关于慈善信托设立的方式

慈善信托的设立,据《慈善法》第 50 条规定,《慈善法》第 5 章未规定的,适用《慈善法》其他有关规定;《慈善法》未规定的,适用《信托法》的有关规定。据此,依《信托法》第 8 条,慈善信托"可以通过信托合同、遗嘱或者法律、行政法规规定的其他书面文件设立"[③]。《慈善信托管理办法》的第 13 条重复了《信托法》的此条规定。由于《信托法》将信托建基于委托人对受托人的信托之上,所以一般设立慈善信托的三种方式,我国只选取了两种,并没有给宣言信托以一席之地。

就信托合同而言,我国最为注重以该种方式设立信托,具体的做法与大陆法系有关国家和地区的做法也大致一致。但就遗嘱和宣言信托来说,我国的做法明显有所欠缺。

---

① 日本的《信托法》法条中将"宣言信托"称呼为"自己信托"。2006 年日本《信托法》(修订版)第 3 条第 3 号的规定,信托除可以通过契约和遗嘱两种方式设立外,还可以通过以下方式设立:即特定人基于一定目的,管理或处分自己的财产,并为实现该目的而以公证书或其他书面形式或电子记录的形式,将其目的、该财产上的特定事项及其法务省规定的事项进行记载或登记。

② 2006 年日本《信托法》(修订版)第 23 条第 2 项。

③ 我国《信托法》第 8 条规定:"设立信托,应当采取书面形式。书面形式包括信托合同、遗嘱或者法律、行政法规规定的其他书面文件等。采取信托合同形式设立信托的,信托合同签订时,信托成立。采取其他书面形式设立信托的,受托人承诺信托时,信托成立。"

（一）我国合同方式设立慈善信托的不足与完善

我国《信托法》对信托合同的规定较少，只是该法第 8 条第 3 款规定："采取信托合同形式设立信托的，信托合同签订时，信托成立。""可见依据此款，信托合同当属诺成合同。"[①] 大陆法系有关国家和地区之所以特别在意信托合同的属性，全在这两种分类关系着信托合同的强制力问题。如采用诺成合同说，即是认为信托合同中的信托财产转移条款自该合同签订时起便具有强制执行力，所以无论是委托人还是受托人在该合同签订后对此项条款都必须履行。但如采取要物合同说，即是认为信托合同中的信托财产转移条款在该合同签订后并没有强制执行力，因此无论是委托人还是受托人对此项条款都可以反悔。按照法律效力的一般性，该规则应该是能够适用于任何类型信托合同的规定。

众所周知，慈善信托是他益信托，系以使指定范围内的受益人获得信托利益为运作结果，并且慈善信托的财产来自委托人的捐赠。而对于赠与合同，基于公平原则，大陆法系国家一般都允许赠与人在签订后反悔而不予履行，即不按照该合同约定将赠与物交付给受赠人。既然慈善信托可被视为一种赠与，这也会出现将慈善信托合同视为一种赠与合同的可能。尽管我国的信托法把所有的信托合同都定性为诺成合同，但出于公平的考虑或者基于允许赠与人对赠与合同反悔的理由，是否可以允许慈善信托的委托人在合同签订后对其中的信托财产转移条款反悔，甚至还允许受托人也如此办理呢？这一问题已经在我国慈善信托的备案[②]操作过程中有所反映。在《慈善法》实施后，慈善信托备案实践出现了三种不同情况："第一种是先进行备案，再成立慈善信托；第二种是先签订信托合同，再备案，备案完之后再转移财产；第三种是双方必须签完信托合同，待信托财产有效转移了，才能备案。"[③] 这说明在实际操作过程中，各地民政部门对慈善信托合同的属性没有准确地把握，导致实施起来没有统一的尺度。态度开放的民政部门可当天备案，然后资金再后续

[①] 张淳：《信托合同论——来自信托法适用角度的审视》，《中国法学》2004 年第 3 期。

[②] 我国备案制的主要问题在本章第三节中进行讨论。

[③] 邹雨茉：《10 信托机构设慈善信托：成功抢滩还是错位登陆》，《南方周末》2016 年 10 月 17 日第 6 版。

跟进；而态度比较谨慎的民政部门则在备案时，便要求委托人完全固定、财产已经有效转移，甚至将来委托人也不能再进行变更。对各地不同的尝试，现阶段民政部的态度是"搁置争议，地方可以大胆尝试，积累经验后再完善政策"[①]。

关于这个问题，有必要对慈善信托财产转移的强制力做一解读。从《信托法》和《中华人民共和国合同法》（以下简称《合同法》）的关系来看，由于《信托法》规定较少，所以信托合同的成立、生效、履行以及违约等事宜还需参考《合同法》。我国《合同法》第186条规定，"赠与人在赠与财产的权利转移前可以撤销赠与"。这一规定表明该法是"将赠与合同定性为诺成合同并在这一定性的基础上将对该合同的撤销权授予赠与人"[②]。由于依《信托法》，慈善信托合同被界定为诺成合同，所以是否允许当事人撤销财产转移的权利只能在既定的法律规定框架内进行。参照《合同法》的结果是从导致其设立的信托合同签订时起，至该合同约定的信托财产交付时间止这段时间内，慈善信托的委托人与受托人都有对该合同的撤销权。需要强调的是，该撤销权只在前述的特定期间内享有，即委托人与受托人只能在此期间内行使撤销权，其间一旦届满，该权利即消灭。

建议采取信托合同设立慈善信托时，信托合同签订后，慈善信托的委托人在约定的信托财产交付时间截止前有权撤销信托合同。而慈善信托的备案制应与财产转移的有限撤销权接轨，以此确保慈善信托的有效设立。如此，既可尊重当事人的意愿，又可体现公平原则，还可避免财产未转移但已经备案的慈善信托在之后面临的尴尬境地，以此维护法治的权威。

（二）我国遗嘱方式设立慈善信托的不足与完善

就遗嘱方式设立信托，除了《信托法》第8条在法律层面承认了遗嘱信托的地位之外，还在《信托法》第13条规定"对遗嘱指定的人拒绝或没有能力担任受托人时，受托人由受益人选任；当受益人为无民事行

[①] 邹雨茉：《10信托机构设慈善信托：成功抢滩还是错位登陆》，《南方周末》2016年10月17日第6版。

[②] 高晓春：《赠与合同若干问题探析》，《甘肃政法学院学报》2002年第3期。

为能力人或者限制民事行为能力人时,由其监护人代行选任①以及遗嘱信托应当遵循继承法"等事宜做出了规定。从遵循继承法的做法来看,我国的做法与大陆法系有关国家和地区的做法类似;但在有些运作事项上,我国的做法比较特别。

1. 受托人的选任

如果旨在设立慈善信托的遗嘱指定的受托人拒绝或者无法接受委托时,受托人由"受益人"来选任的规定有待商榷。

其一,众所周知,虽然信托关系存在于受托人与受益人之间,但是受托人是基于委托人的意志而产生。从信托本身的制度意义而言,信托法律关系应分为两个阶段。第一阶段是信托的设立阶段,此阶段的当事人为委托人与受托人。第二阶段是信托的存续阶段,也就是通常所说的信托关系阶段,此阶段的当事人为受托人与受益人。受益人并没有出现在信托法律关系的第一阶段,在信托法律关系的第一阶段中,"受益人既不享有权利也不承担义务"②。所以,在慈善信托的设立阶段,由受益人直接决定谁为受托人的做法不妥。

其二,基于慈善信托中受益人不确定的特点,受益人的作用较之私益信托中的受益人更为弱化。在这种情况下,大陆法系有关国家和地区都规定了"受益人"之外的其他主体,如"利害关系人"、"检察官"等来行使受托人确定的申请权,而且为确保受托人选择的正确与慎重,无论大陆法系,还是英美法系都规定了法院的介入权。但我国的《信托法》却没有针对慈善信托受益人不确定的特性做出具有实际可操作性的规则。

因此,建议我国在解决遗嘱信托中受托人空缺问题时,首先应尊重委托人的意愿,根据信托文件的规定加以确定;当信托文件没有规定时,由相关主体如"原受托人、受益人、信托监察人"等申请法院选任,法院在综合考虑"委托人意愿、信托管理顺利进行以及受益人利益实现"等因素后指定受托人。

---

① 我国《信托法》第13条规定:"遗嘱指定的人拒绝或者无能力担任受托人的,由受益人另行选任受托人;受益人为无民事行为能力人或者限制民事行为能力人的,依法由其监护人代行选任。遗嘱对选任受托人另有规定的,从其规定。"

② 葛俏:《浅析我国遗嘱信托制度法律构造》,《辽宁教育行政学院学报》2015年第2期。

2. 遗嘱信托的生效

我国《信托法》第 8 条规定,"采取其他书面形式设立信托的,受托人承诺信托时,信托成立"。这表明我国遗嘱信托生效与遗嘱生效的时间并不同步,需要满足受托人同意这一附加条件。

这一做法,第一是与国际的通行做法不同。不言而喻,遗嘱信托是以遗嘱方式设立的信托,遗嘱行为是遗嘱信托的原因行为,信托法律关系的内容蕴含于遗嘱之中。正是因为遗嘱信托行为依附于遗嘱行为之上,一旦遗嘱人完成以创立信托法律关系为内容的遗嘱,遗嘱信托便随着遗嘱的成立而成立,所以"以遗嘱人死亡为遗嘱信托生效要件,这是其他国家和地区的通行做法"[①]。或者说,只要遗嘱真实有效并符合法定要件,在立遗嘱人去世后,遗嘱即发生法律效力,通过遗嘱设立的信托自然也具有了法律效力。

第二是与《中华人民共和国继承法》(以下简称《继承法》)的规定相矛盾。就《继承法》而言,它关于遗嘱的规定采用了《中华人民共和国民法通则》的相关规定,即遗嘱的生效不需要相对人的意思表示。过往两者之间的相互抵触也导致了我国遗嘱信托的不兴旺。

因此,为了解决信托法与继承法上关于遗嘱信托成立的相关规定之间的冲突,建议应对遗嘱信托成立做出特殊规定,认可遗嘱信托为单方法律行为,遗嘱成立时,遗嘱信托即成立。这样既能充分保障委托人的信托意思自治,又避免了相关法律法规之间发生冲突,达到一致性。同时也更有利于最大限度地保护委托人遗嘱信托意愿的实现、确保遗嘱慈善信托顺利开展,也可有益于受益人利益的落实。

(三) 我国应当确立宣言信托制度

前文已经指出,我国台湾地区和日本已经引入了宣言信托制度。那么中国大陆有无确立宣言信托制度的必要?作为宣言方式设立的信托,其在慈善领域最大的优点在于,信托制度本身就是基于信任产生的一种特殊的财产关系,宣言信托中的委托人自行担任受托人,不存在受托人以获取报酬为目的而向不特定的委托人承揽信托的情形,所以宣言信托

[①] 徐卫:《遗嘱信托受托人选任规则的反思与重构》,《交大法学》2014 年第 3 期。

在分类上必然属于"非营业信托"①。

　　作为"非营业信托",其具有的社会意义更重于经济意义。具体言之,从实务角度而言,我国台湾地区《信托法》引入宣言信托制度的动因主要在于英美法制实务运作宣言信托已达百年以上,并无重大流弊,为促使公益事业发展,明定此规定。②而从理论角度而言,各国均认为"对信托的理解不能局限于契约,其实质上是财产处分的手段,更是一种制度模式和资产管理工具"③;而且"财产转移"的内涵和形式是能够被广义解释的。

　　既然宣言信托可极大促进非营业信托的发展,并使信托的公益性功能得到充分利用,在我国大力发展公益慈善事业的大背景下,引入此种慈善信托的设立方式也未尝不可。

　　不言而喻,慈善信托是为不特定的受益人设立的,其根本目的在于追求社会分配的总体公平。相关法律规范只有为当事人提供更大的弹性空间,并为不同层次的委托人创设同等的机会,才能最为有效地实现慈善信托制度的价值。如果承认宣言信托,允许委托人自行担任受托人,既可避免委托人与受托人因不信任而产生的可预见或不可预见的高额代理成本,也可使得慈善信托的管理富有效益、获得更为多样的发展。我国现在存在慈善信托的巨大社会需求,慈善宣言信托制度具有确立的合理性。其实我国早在2005年就已出现过慈善宣言信托的实践,"牛根生成立的'老牛专项基金'即是充分的明证"④。

　　另外,慈善宣言信托中的委托人与受托人为同一人的特点,能够让受托人解任制度、受托人选任制度等没有适用的余地,"一定程度上可使

---

①　日本学者能见善久曾以受托人是否为以承受信托为营业的专门机构为标准,将信托分为"营业信托"和"非营业信托"。所谓"非营业信托",系指受托人不以承受信托为营业的信托,与此相对的是"营业信托",也即受托人以承受信托为营业的信托。以我国为例,"营业信托"的受托人是信托公司。

②　朱泓宣:《两岸公益信托法律制度比较》,硕士学位论文,厦门大学,2012年,第21页。

③　闵绥艳主编:《高级信托学》,西安交通大学出版社2015年版,第23页。

④　黄斌慧:《慈善宣言信托及其受益人利益保障研究》,《广西政法管理干部学院学报》2014年第7期。

诈捐现象得到遏制"①。

建议我国未来应明确设置慈善宣言信托制度,对其"适用范围、受益人利益保障"等方面做出规定,同时,还应注意建立"促进慈善宣言信托设立的激励机制、防范制度滥用"等方面的完整规制体系。

第二节 慈善信托设立文件的要求

慈善信托设立文件一般是指设立慈善信托时所必需的书面文件,文件内容主要是记载信托设立诸要素的条款。由于慈善信托文件的作用范围不仅及于信托关系的各方当事人,同时也有必要为社会大众知晓和监督,因此对设立慈善信托的文件有一些具体的要求。

一 信托文件的要式主义

慈善信托的社会公益性决定了"无论采用什么具体方式设立慈善信托,都必须采取书面形式,而不能采取口头形式,这是各国信托法的一个惯例"②。不过,英美法系国家认为有关的信托行为采取一般书面形式即可,而大陆法系有关国家和地区则要求采取特殊书面形式。

(一) 英美法系国家对信托文件的要式要求

1. 英国的宽松主义

就英国而言,只有需要登记的慈善信托才必须采取书面形式。③ 另外,由于土地长期以来被认为是最有价值的财产,因此,为防止当事人在土地交易时欺诈对方,英国议会于1677年通过了《反欺诈法》(*The Statute of Frauds*)。该法规定"所有的土地交易必须以书面形式进行,或

---

① 冶倩云等:《我国建立宣言信托制度的必要性研究》,《现代商业》2016年第15期。
② 徐孟洲:《论我国公益信托的设立》,《广东社会科学》2012年第5期。
③ 在英国,由于信托制度由来已久,且在信托设立时更加重视委托人的内在意思表示而非其表现形式,所以即使是在涉及公共利益而受管束较多的慈善信托设立方面,也并没有强调必须采取书面形式。只是在慈善信托拟享受各种税收优惠时,要求其必须向主管机关申请登记,而登记时必须采取书面形式。不过从实际情况看,在大多数的情况下,当事人都是以书面形式设立信托。

者必须得到书面证据的支持"①。与之相配套，针对土地设置的信托，1925年《英国财产法》（*The Law of Property Act*）第53（1）（b）条规定，"一项关于土地或土地利益的信托声明，必须以书面形式进行，并且该书面文件必须附有能够做出此等信托声明的人的签名"②。此条包含了两层含义：第一，根据以往判例，即便信托声明是以口头形式做出，但如果委托人能够在执行信托声明的诉讼提起之前做出承认之前的口头信托声明的书面文件，即视为满足了书面形式要求；第二，书面文件的签名人必须是有权做出信托声明的人，换言之，签名人必须是土地或土地利益的持有人，不包括土地或土地利益持有人的任何意义上的代理人。

2. 美国的适度收紧

与英国相比，美国的做法相对严格一些。首先，对于信托合同，基于反欺诈之目的，美国绝大多数州都承袭了英国的做法，即"所有关于土地等不动产的交易必须以书面形式进行"，因此涉及土地等不动产的慈善信托必须以书面方式设立。不过，如受托人已部分履行了义务，或受益人因合理地信赖信托的有效性而采取了行动，那么即使当事人的信托声明未以书面方式做出，信托仍可有效设立。

其次，在以遗嘱形式设立慈善信托时，美国也采取了比较严格的要式主义。美国有些州采纳了《统一遗嘱认证法典》（*Uniform Probate Code*）的做法，要求以遗嘱形式设立慈善信托时，不仅必须是书面形式，而且还需要经遗嘱验证院的验证。并要求所有遗嘱信托的受托人到信托的主要管理地法院对信托予以登记。对于不予登记的信托，《统一遗嘱认证法典》"对受托人处以罚款而不使信托归于无效"。③

最后，对于宣言信托而言，由于此种信托方式不存在转移财产权的情况，为严谨起见，美国要求所有的信托宣言"均须以书面形式做出，

---

① Judith M. Benntt, "Conviviality and Charity in Medieval and Early Modern England", *Past and Present*, Vol. 134, No. 9, September 1992.

② 徐华娟：《土地流转与英国信托制度的早期形式》，《学习时报》2014年1月20日第6版。

③ 姚俭健：《美国慈善事业的现状分析：一种比较视角》，《上海交通大学学报》2003年第1期。

且须附有委托人兼受托人本人的签名"①。

(二) 大陆法系国家和地区对信托文件的要式要求

1. 大陆法系有关国家和地区的潜在要式主义

大陆法系有关国家和地区未直接对是否需要书面形式做出规定，均只要求信托应依何种方式设立。这说明大陆法系有关国家和地区没有对书面形式进行直接强制规定，但考虑到这些国家和地区对慈善信托实行了严格的设立审批制度，② 实际上是隐含了书面形式的要求。换言之，只有慈善信托的要式行为才可能为有关国家机关进行审查提供便利，也才便于有关主管机关的管理。

2. 我国对信托文件的直接要式要求

我国《信托法》第 8 条规定，"设立信托，应当采取书面形式"。《慈善法》第 45 条也规定了"设立慈善信托应当采取书面形式"。此外，2017 年 7 月由银监会、国家民政部联合印发的《慈善信托管理办法》第 13 条也做了同样的规定。可见，我国对慈善信托设立文件是直接明文规定须以书面方式为之。考虑到我国的慈善信托处于起步阶段，要求书面方式有其必要性。

二　信托文件内容的确定性

信托文件的具体内容可分为两个部分。其一是法律规定信托文件必须载明的内容，其二是法律规定可以由当事人自行选择记载的内容。由于信托文件内容不仅关系着信托的设立，还关乎信托将来的运营，为了避免和减少可能产生的纠纷，法律对信托文件的记载内容会做出规定。

(一) 英美法系的"三个确定性"原则

1. "三个确定性"原则的内涵

依英美法的信托原理，信托文件内容必须满足"三个确定性"（three certainties）原则且不违反法律规定和公共政策。具体而言，"三个确定性"指的是"记载信托意图的言词确定（certainty of intention）、信托财

---

① Mohammed Ramjohn, *Source Book on Law of Trust*, London : Cavendish Publishing Ltd., 1995, p.156.

② 大陆法系有关国家和地区对慈善信托的设立审批制度拟在本章第 3 节论述。

产确定（certainty of subject）、受益人确定（certainty of object）"①。如有其中任一项要素不确定，该信托无效。英美法系国家之所以把信托文件的确定性同信托设立的有效联系起来，主要是为了避免信托设立后有关条款出现矛盾与混淆，避免有关当事人对信托内容产生误解，致使信托无法得以顺利实施等情况。特别是对慈善信托而言，信托文件内容的确定性显得更为重要。众所周知，慈善信托与私益信托最显著的区别就在于信托目的的不同，要确定一个信托是否属于慈善信托，只能根据信托文件内容加以判断，这就需要信托文件内容陈述和记载准确，以此来对"三个确定性"进行权衡。

就信托意图而言，创设慈善信托的意思确定性旨在确保信托财产的受让人遵照委托人明示的意思来捐赠财产。唯有创设慈善信托的意思具有充分的确定性，才能使受托人确知财产捐赠者让与财产的目的，其目的在于使受托人为他人（受益人）的利益，而不是为了其自身的利益而运作和管理有关财产。

就信托财产而言，创设慈善信托财产的确定性，并不要求委托人于创设信托之初即指定特定不动产、动产或特定数额的货币为信托标的，但仍要求信托财产必须是"可得确定"的，亦即必须具有嗣后能够被确定的可能性。或者说，信托财产的确定性意在明确信托成立后受益人可以享受利益的范围，并以此范围为前提，承认信托之存在。与之相契合，英美判例法发展了一个对应的规则，"只要不能清楚地界定信托财产，信托就不能成立"。如 Palmer vs Simmons（1854）案②中，委托人表明以他的"大部分剩余遗产"设立信托，法院判决该信托不能成立。另外，任何可以转让的财产或财产利益都可以设定为信托财产，但是"未来利益即尚不存在的利益之上不能设立信托"③。

---

① Gary Wat，*Trusts and Equity*，Oxford：Oxford University Press，2003，p. 84.

② 在 Palmer vs Simmonds 案中，财产原所有人在其遗嘱中表示"以我剩余不动产中的一大批（bulk）"创设信托。在该案中，法院指出："当一个人说要让他财产中的一大批，他指的不是财产全部，而是一大部分；我必须说，立遗嘱者并未指定其托付之标的，因此并未创设信托。"

③ Jesse Dukeminier and Stanley M. Johanson，*Wills*，*Trusts*，*and Eastates*，Maryland：Aspen Pub，2005，p. 581.

就受益人而言，创设慈善信托的受益人必须确定源自信托制度的定义："受托人为他人利益而接管财产，如果无法确知'他人'为谁，则无法确定信托利益归于谁，信托将不具备存在的基础。"早期的英国判例 Muricesv Bishop of Durham（1905）案就已指出："必须有一个人，法院为了他的利益，要求受托人履行信托。"① 不过，由于慈善信托受益人是不特定的社会公众，在信托设立时是不能确定具体受益对象的，② 所以慈善信托有关文件中只能确定受益人的范围，但受益人范围必须是可以确定的。

2. 依"三个确定性"原则，信托文件必须载明的内容

第一，信托目的。这是信托文件中最重要最根本的内容，是受托人开展信托事务的依据，无论是以何种形式设立慈善信托，都应当首先在书面文件中明示信托目的。慈善信托的慈善目的较为多样，可以是概括目的，如促进环保事业发展；也可以是较为具体的目的，如向某地区的贫困学生出资成立信托等。但其无论如何必须是为了社会公共利益，而且应该给予确定的记载和准确描述。

第二，信托财产。信托财产是信托事务开展的基础和条件，确认信托财产的具体数额及范围必然是信托文件的重要内容之一。

第三，信托当事人。在英美法系中，慈善信托主要需要明确委托人和受益人，对受托人则不做严格要求。主要原因在于，信托关系中委托人是信托的创设人，也是提供信托财产的人，自然需要在信托文件中明确其身份，这是信托成立的先决要素。同时，慈善信托受益人是信托存在的意义所在，信托文件自然需要给予明确。但基于英美法的慈善传统，"法院不会因欠缺受托人而宣告信托无效"③，所以，信托文件中有无此项内容影响不大。

---

① A. J. Oakler, Parker and Mellows, *The Modern Law of Trusts*, London: Sweet & Maxwell Ltd., 2008, p. 74.

② 慈善信托的受益人，主要是由受托人在信托设立后，执行信托事务时按一定标准和方法在约定范围内选定。

③ A. J. Oakler, Parker and Mellows, *The Modern Law of Trusts*, London: Sweet & Maxwell Ltd., 2008, p. 234.

与英国的有关规定一致，美国通过其颁布的《信托法重述》（一、二）和《统一信托法》也明晰了慈善信托设立文件的主要内容，即"慈善捐赠人须有设立慈善信托的意思表示；有明确的受托人；有信托财产；有明确的慈善目的；普通大众获利或被指定的受益人是不特定人组成的群体"①。尽管美国各州对慈善信托设立文件内容的表述并非完全相同，但不外乎要满足以上几个条件。

（二）大陆法系国家和地区对信托文件必要条款的规范

1. 大陆法系有关国家和地区的规定

与英美法系的"三个确定性"原则相比，大陆法系有关国家和地区都没有直接规定信托文件内容的确定性原则，但从其他法律条文来看，同样传递着信托文件内容必须确定的要求。或者说，大陆法系是使用列举的方式对慈善信托文件的必要条款进行规定。

如，日本《信托法》要求"信托文件里必须有设立的意思表示、相关当事人的履历表、就任承诺书等、财产目录、证明财产权利和价格的文件、事业计划书与收支预算书"②。韩国与我国台湾地区也大致相近。

2. 我国的规定

我国《信托法》第7条③要求，"设立信托，必须有确定的信托财产"。《慈善信托管理办法》第12条亦重复了此规定。同时，《信托法》第9条规定，设立信托的书面文件应当载明5项必要事项。分别为："信托目的；委托人、受托人的姓名或者名称、住所；受益人或者受益人范围；信托财产的范围、种类及状况；受益人取得信托利益的形式、方法。"除以上法定要求事项外，还可以通过约定载明"信托期限、信托财产的管理方法、受托人的报酬、新受托人的选任方式、信托终止事由"

---

① ［美］贝奇·布查特·阿德勒：《美国慈善法指南》，中国社会科学出版社2002年版，第112页。

② ［日］三菱日联信托银行主编：《信托法务与实务》，张军建译，中国财政经济出版社2010年版，第504页。

③ 我国《信托法》第7条规定："设立信托，必须有确定的信托财产，并且该信托财产必须是委托人合法所有的财产。本法所称财产包括合法的财产权利。"

等事项。另外，从《信托法》第 11 条的规定①来看，我国有神似英美法系"三个确定性"原则的规定，即"信托文件有关内容不确定时，该文件无效"。

与《信托法》的规定相比，我国《慈善信托管理办法》的第 14 条针对慈善信托的特性做出了一些调整。根据该《办法》，慈善信托文件应当载明以下 9 项必要条款："慈善信托名称；慈善信托目的；委托人、受托人的姓名或者名称、住所，如设置监察人，监察人的姓名或者名称、住所；受益人范围及选定的程序和方法；信托财产的范围、种类、状况和管理方法；年度慈善支出的比例或数额；信息披露的内容和方式；受益人取得信托利益的形式和方法；信托报酬收取标准和方法。"其中，"慈善信托名称、年度慈善支出的比例或数额、信息披露的内容和方式、受益人取得信托利益的形式和方法、信托报酬收取标准和方法"属于新增的必备条款，而"受益人范围及选定的程序和方法"是对过去条款的适度调整。概括而言，我国结合英美法系和大陆法系有关国家和地区的规定，对慈善信托文件的内容做出了较为完备的规定，对确定性有明确的要求。

第三节 慈善信托设立的程序要件

对私益信托的设立，各国通常以尊重当事人意思自治为原则。但鉴于慈善信托设立是一种影响社会公共利益的民事法律行为，必然依法发生相应的法律后果，比如："慈益信托得以合法成立；当事人之间产生法律规定和协议约定的一系列权利义务关系；享受国家有关的优惠待遇"等，所以各国对慈善信托的设立相对要求严格，一般需满足相应的程序要件。基于不同的历史文化渊源，两大法系对慈善信托设立的有效程序要求各有侧重，宽严不一。目前，各国在慈善信托有效成立的确定上主

---

① 我国《信托法》第 11 条规定："有下列情形之一的，信托无效：信托目的违反法律、行政法规或者损害社会公共利益；信托财产不能确定；委托人以非法财产或者本法规定不得设立信托的财产设立信托；专以诉讼或者讨债为目的设立信托；受益人或者受益人范围不能确定；法律、行政法规规定的其他情形。"

要分为"登记主义"与"许可主义"。

一 英美法系的登记主义

(一) 英国的慈善信托登记制度

1960年的英国《慈善法》颁布后，英国成立了慈善委员会（Charity Commission）。作为慈善信托的统一主管机关，慈善委员会的一项重要权力是关于慈善信托的注册登记。理论上，英国的慈善信托[1]均需在规定的时间内向该机构登记备案。具体流程为：信托受托人向慈善委员会提交文件申请登记，慈善委员会审查合格后，予以登记。如慈善信托逾期不登记的，慈善委员会可以命令[2]受托人进行登记；收到法令后，若还不注册，慈善委员会将起诉至法院。另外，对于之前具有豁免的慈善组织，如年收入超过10万英镑且相应的监管机构已经不存在的，必须在慈善委员会履行注册手续。同时，根据"慈善信托之受托人于慈善信托有变更终止之情事时，应立即通知该会"[3]的规定，可以看出，在英国，不仅慈善信托的设立，而且其变更与终止都必须由委托人向慈善委员会登记。

就登记的审查标准来看，受托人提出申请后，慈善委员会重点审查"其活动是否符合慈善目的，特别是是否为了可证明的公共利益"[4]；同时，慈善委员会将审查受托人是否具备任职资格，在对受托人背景进行审查时，如慈善委员会认为必要，还可以向犯罪记录局等机构寻求合作。整个材料的审查时间在15个工作日至3个月内完成。根据材料的个案情况，慈善委员会将做出3种结论，"批准登记注册、对申请材料提出修改

---

[1] 2006年英国《慈善法》以第11条规定设立慈善信托都必须进行登记，但是有几种特殊情况除外：1960年《慈善法》规定的享有豁免待遇的慈善；任何慈善信托的设立、变更；委员会的令状、永久或暂时豁免的那些年毛收入低于10万英镑的慈善；州秘书规定的那些永久或暂时而且年毛收入不超过10万英镑的慈善；任何年毛收入又不超过5000英镑。上述规定较之《1960年慈善法》，放宽了免予设立登记的慈善的范围。

[2] 慈善委员会的命令又被称为"法令"，类似于我国的责令整改通知书。

[3] Alastair Hudson, *Equity and Trusts*, London: Routledge Cavendish, 2007, p.1016.

[4] 孙卫东：《英国慈善组织监管及思考——中英慈善项目代表团关于英国慈善监管的考察报告》，《中国民政》2017年第1期。

建议、不批准登记注册"①。对于第二种情况，申请人可根据慈善委员会的建议对申请材料进行补充，进而获得批准。对于第三种情况，慈善委员会认为不符合要求而拒绝登记的，受托人若有意见可以向高等法院上诉，由法院进行最终裁决。由此可见，英国对慈善信托的设立登记采取的是实质审查标准。

（二）美国的慈善信托登记制度

美国大多数州都规定，慈善信托必须进行登记。但在美国，没有类似于英国慈善委员会这样的机构设置。负责慈善信托登记的，通常是各州的总检察长（Attorney General）。1954 年，美国"全国州检察长协会"通过了《统一慈善信托受托人监督法》（*Uniform Supervision of Trustees for Charitable Purposes Act*）。根据该法，"美国慈善信托受托人须就州检察长所规定的事项，于承受信托财产起 6 个月内，向州检察长登记并附上信托文件的复印本"②。同时，美国也要求所有为了慈善目的而持有财产的关系，从设立、变更到终止都需经过总检察长的登记。

在美国，慈善信托登记的主要目的是在诉讼中确立信托财产的所有权，因此登记内容至少包括"信托的名称和存在、受托人身份、其所持有的财产以及信托的目的等"③。其中特别强调应列明"受托人的职务、权力与义务"，如果总检察长发现受托人有违反信托义务或法律义务的情况时，可以拒绝、撤销或中止受托人的登记。另外，对于那些迟迟不予登记的慈善信托受托人，可视为受托人失职，认为其违反了受托人的义务。同时，总检察长为了建立和保持登记的需要，可进行必要的调查，可从公共记录、法院、税务机关、受托人或其他资源获取信息。而且总检察长的登记需向社会公开，接受公众监督。从以上做法可见，美国与英国类似，对慈善信托登记实行的也是实质审查的标准。

总体而言，英美法系对慈善信托实行的是事后登记制度，即登记并非慈善信托的成立要件，慈善信托登记与否不影响它的成立。如果不登

---

① Kerry O'Halloran, *Charity Law and Social Inclusion: An International Study*, London: New York: Routledge, 2007, p.114.
② 周小明：《信托制度比较法研究》，法律出版社 1996 年版，第 143 页。
③ 高凌云：《被误读的信托》，复旦大学出版社 2010 年版，第 158 页。

记，只是说明慈善信托的受托人没有尽职，违反了信托义务，可能会导致某种责任的承担，但信托本身并不因此而无效。在英美法系下的制度背景下，登记制度实际上赋予了慈善信托当事人极大的自由，它存在的意义不在于去影响信托的成立，而在于相应社会效果的产生。具体言之：

第一，对慈善信托的证明和确认。慈善信托一旦获得有关主管机关的登记，就视为确定地具有慈善性，其他机关得依慈善信托来对待。而且因为英国税收法律规定并非所有的信托机构都可以享受减免税捐的优惠，慈善信托的登记也构成了国家对慈善信托采取减税、免税优惠政策的最重要依据。换言之，慈善信托不经登记也可以成立，但不能以慈善的名义行事，哪怕该信托确实是为了公共利益，未登记之慈善信托的地位与私益信托一样。

第二，向社会进行公示，增加信托财产的透明度，便于公众进行监督。通常情况下，慈善信托登记后，便由有关机关将信托文件、会计账册公之于众。慈善信托的有关行为均必须与登记的信托文件相一致，"在募集慈善基金、从事交易或经营活动时所涉及的所有文件和账目均须注明慈善登记号"[1]。同时，任何公民都可以在合理的时间内，使用有关途径查阅任何慈善信托的登记内容。

二 大陆法系的许可主义

许可主义，又被称为审批主义，是指"慈善信托的设立应该向有关国家机关（即公益事业管理机构）提出申请，由其对慈善信托进行登记之后，慈善信托方可成立"[2]。大陆法系有关国家和地区对慈善信托的成立均实行了审批许可主义。如：日本《信托法》第258条[3]、韩国《信托法》第66条[4]规定，我国台湾地区《信托法》第70条[5]均规定了慈善信

---

[1] 周小明：《信托制度比较法研究》，法律出版社1996年版，第219页。

[2] 何宝玉：《信托法原理研究》，中国政法大学出版社2005年版，第151页。

[3] 日本2006年《信托法》（修订版）第258条规定："受托者接受公益信托时应取得主管政府机关的批准。"

[4] 韩国《信托法》第66条规定："接受公益信托时，受托人须得到主管官署的许可。"

[5] 中国台湾地区《信托法》第70条规定："公益信托之设立及其受托人，应经目的事业主管机关之许可。前项许可之申请，由受托人为之。"

托需获得有关政府主管机关许可后方得设立。这与英美法系国家的登记主义有显著不同。

在审批许可主义下,相关政府主管机关的许可是慈善信托生效的必要条件。如果慈善信托没有经过法定的批准,即使已经满足了其他所有设立要件也不成立。之所以做如此严格的规定,主要是因为大陆法系有关国家和地区认为,"慈善信托设立的许可是对受托人承受信托的许可,而不是给委托人设立信托的许可"[①]。而且,慈善信托的受益人是公众,有时委托人也是公众,这两种信托关系人都难以对受托人的"管理、处分信托财产行为"实行有效的监督,因此必须实行严格的审批制度。另外,各国为了公益慈善事业的发展,都规定了配套的鼓励支持措施,慈善信托通常会享受一系列的税收优惠政策,因此,这些国家和地区认为公权力的介入将会更有利地保护慈善信托和促进它的发展,避免当事人逃税或滥用税收优惠。

三 我国的备案制

(一)《慈善法》及相关规范性文件确立了慈善信托的备案制

第一章在论及我国公益信托无法激活的原因时,曾指出因有关主管机关审批制度的不明晰致使公益信托设立起来十分困难。为解决过往公益信托发展的最大瓶颈,《慈善法》做出了一个重大突破,即捅破身份障碍,将过去公益信托的"许可制"变为现在的慈善信托"备案制"。依据《慈善法》第 45 条的规定,慈善信托的受托人应当在慈善信托文件签订之日起 7 日内,将相关文件向受托人所在地县级以上人民政府民政部门备案。在《慈善法》正式实行的 2016 年 9 月 1 日前,为确保慈善信托备案的贯彻落实,除《慈善法》对该制度做出原则性规定外,国家民政部、中国银监会也于 2016 年 8 月 29 日下发了《关于做好慈善信托备案有关工作的通知》[②](以下简称《151 号通知》)。同时,国家民政部还于 8 月 31 日发布了与慈善信托备案具有一定关联性的《慈善组织认定办法》。依据以上规定,我国慈善信托备案的基本法律框架已经形成。备案制度的五

---

① 林岚:《我国公益信托发展面临的困境及对策》,《法治时代》2004 年第 3 期。
② 民发〔2016〕151 号文。

大基础构成要素——"行政备案主体、行政备案相对人、行政备案事项、行政备案时限、行政备案的审查"在相关法律法规中得到了明确。

1. 慈善信托备案的申请人和受理机关得到明确

据《慈善法》第45条规定，慈善信托备案的申请人为慈善信托的受托人，慈善信托的备案管辖机关为受托人所在地县级以上人民政府民政部门。《备案有关工作的通知》则进一步明确，信托公司担任慈善信托受托人的，由其登记注册地设区市的民政部门履行备案职责；慈善组织担任慈善信托受托人的，由其登记的民政部门履行备案职责。

我国关于慈善信托备案申请人和受理机关的规定与域外的有关规则大致一致。首先，各国都以受托人为慈善信托设立程序的申请人，我国亦同。其次，我国借鉴了英美法系的慈善信托设立主管机关的单一制，把受理申请的机关明确为国家民政部门。民政部门是政府主管社会行政事务的职能部门，由其统一管理慈善信托设立的程序事宜符合我国行政机构的职能分工。另外，根据《慈善法》第47条①和《151号通知》，慈善信托的变更与终止也需报告民政部门，这点也与国外的做法一致。

2. 慈善信托备案的申请时效和方式

据《慈善法》的规定，受托人应在信托文件签订之日起7日内进行备案，并提交相关书面材料。除前文已经指出的应该提供的信息，根据《151号通知》的要求，在慈善信托备案环节中，必备的书面材料还应有"慈善信托专用资金账户证明、商业银行资金保管协议"等。

3. 慈善信托备案审查方式为形式审查

行政备案一般分为形式审查备案和实质审查备案。形式审查备案主要审查手续是否完备、材料是否齐全以及材料形式上的真实性；而实质审查不仅要审查必备的形式要件，还要审查材料内容的真实性以及有无瑕疵等。依据《151号通知》，慈善信托备案过程中，"所填报备案信息的真实、准确、完整以及所提供备案书面材料的完整、合法、有效"由委托人和受托人承诺保证，民政部门不对其提交资料的真实性做实质性

---

① 我国《慈善法》第47条规定："慈善信托的受托人违反信托义务或者难以履行职责的，委托人可以变更受托人。变更后的受托人应当自变更之日起7日内将变更情况报原备案的民政部门重新备案。"

调查，只是对备案申请的合法性、适当性和协调性进行形式上的审查。

就审查方法而言，我国基本不进行任何实质性事项的调查和审核，比英美法系的登记主义都要宽松。关于这个问题，在《151号通知》的起草过程中也曾经有过争论。一种认为对备案需进行实质审查，即在备案中要考虑其真实性、有效性或其他因素；另一种则从《慈善法》关于慈善信托的定义、特征及要求出发，认为仅需进行形式审查。最后比较认可的观点是：慈善信托虽属公益信托，但又区别于公益信托。《信托法》对公益信托设立明确了许可制，但《慈善法》对慈善信托设立确定了备案制，从立法意旨分析，国家对慈善信托的态度是倾向于将其认定为民事主体间的民事行为，主要还是取决于民事主体间的意思表示。同时，考虑到国务院实行行政审批事项改革后，备案制是解决原行政审批事宜的方式之一，是一种由事前监管转为事后监管的工作方法。因此，对慈善信托备案实行了形式审查，只要申请备案人提供了符合备案清单要求的有关材料，民政部门就予以备案。

4. 慈善信托备案时效的高效

根据《151号通知》，慈善信托采取了清单式的管理模式，明确了书面审查的具体事项，并统一了备案文书的样式。因此，对慈善信托备案的时间也提出了高效率的要求。《慈善信托管理办法》第21条规定，"对于符合规定的，民政部门应当在收到备案申请材料之日起7日内出具备案回执；不符合规定的，应当在收到备案申请材料之日起7日内一次性书面告知理由和需要补正的相关材料"。

5. 慈善信托备案与税收优惠相挂钩

《慈善法》第45条第2款特别提到未将相关文件报民政部门备案的，不享受税收优惠。《慈善信托管理办法》的第15条也再次重申了这一做法。应当说，我国这项关于备案与税收优惠相挂钩的规定，与其他国家和地区的普遍做法是一致的。

综上而言，我国对慈善信托设立实行了既不同于大陆法系有关国家和地区，也不同于英美法系的程序制度。有学者认为，我国实行的是一种"介于许可和登记之间的中间制度"[①]。

---

① 杨思斌：《慈善信托是用许可制还是备案制》，《中国机构改革与管理》2016年第5期。

(二) 我国慈善信托备案制中的未明事项

应当说,对慈善信托实行备案制体现了"宽准入"的慈善事业健康发展的国际惯例。不过,在现有的法律、法规及规范性文件中,虽然行政备案作为一种常见的管理手段出现频率较高,但我国尚没有关于此制度的权威统一界定。学界一般将备案界定为:"行政主体依据行政法律法规,接收行政相对人按照法定要求提交的备案申请材料,在法定时间内审查报备资料,并存档以备事后监督的行政管理行为。"[①] 正是因为慈善信托备案的法律属性没有明确的说法,慈善信托备案制中有些问题还没有厘清,可以说现行的慈善信托备案制还不够细致与明确。

其一,备案是慈善信托设立的必要条件还是充分条件?换言之,没有经过民政部门备案的信托是不是慈善信托?依前文已述,英美法系的登记制度对慈善信托的设立不是必要条件,没有登记的慈善信托仍是慈善信托,只是行为被认为有瑕疵,并且不能享受相关的税收优惠。而大陆法系有关国家和地区的慈善信托许可制度则是未经审批的,即便满足了实质要件也不能成立慈善信托。而我国现阶段对"慈善信托的备案效力存在争议,各地实践者也存在不同的理解"[②]。有观点认为,据《慈善法》第45条规定,慈善信托分为需要备案和不需要备案两种类型,"前者的设立需依法向民政部门备案,依法接受监管,享受税收优惠。后者则可以不报民政部门备案,主要适用于小型慈善信托,不享受税收优惠"[③]。有观点认为,"备案是慈善信托设立的必要条件,但不是从事慈善事业的必要条件。至于备案是否是慈善信托的充分条件,值得研究"[④]。

其二,《慈善法》虽然规定了备案的慈善信托可以享受税收优惠,体现了备案与税收优惠的挂钩,但是两者如何关联却没有明确。即对慈善信托设立、存续、利益分配的哪个环节和哪个主体该如何征税,如何予以税收优惠,谁可以开具税收票据等具体操作问题,都没有配套的规定。

[①] 朱最新、曹延亮:《行政备案的法理界说》,《法学杂志》2010年第4期。

[②] 邹雨茉:《10信托机构设慈善信托:成功抢滩还是错位登陆》,《南方周末》2016年10月17日第6版。

[③] 杨思斌:《缺少慈善信托不完整》,《红岩春秋》2017年第2期。

[④] 赵廉慧:《〈慈善法〉中慈善信托的"备案制"问题》(http://blog.sina.com.cn/s/blog_4c9062ff0102w9gh)。

(三) 对慈善信托备案制的完善思考

1. 完善慈善信托备案制的理论认知前提

如果要完善慈善信托备案制,首先要回答一个前提问题,即"慈善信托实行备案制度是否足以满足慈善信托事业健康有序发展的需要"。目前,行政备案制在我国尚未形成如"行政许可"、"行政处罚"一样完备的统一法制程序,所以行政备案并无法律层面的要求,问题的答案只能向《中华人民共和国行政许可法》(以下简称《行政许可法》)去寻找。《行政许可法》对设定许可的范围做了较为明确的说明,一是对市场竞争机制能够有效调节的事项,不设置行政许可;二是对行业组织或者中介机构能够自律管理的,不设置行政许可;三是对可通过除审批之外的其他监管措施来解决的事项,不设置行政许可;四是在前三种措施均无法实施有效监管的情况下,才可设置行政许可。慈善信托本身属于慈善事业市场化的一项创新举措,而对其的治理是行政管理中加强公共管理与实现公共服务职能的事项。台湾学者方嘉麟曾言:"私益信托因纯私益在其成立及生效要件上不妨从严;然慈善信托因嘉惠大众自宜使其易于成立而使资源得被用于公益目的。"① 为了方便慈善信托的设立,慈善信托备案制当属服务型政府建设过程中的必由选择。同时,对比其他国家的做法,只要做好了与事后监督制度的衔接工作,备案制是可以满足慈善信托发展要求的。

其次,需要明晰慈善信托备案对慈善信托的设立究竟应有哪些影响。《慈善法》在规定慈善信托备案时,使用了"应当"的字眼,并规定了备案申请时效。在法律文本中,"应当"一词意味着相关内容为义务性规定,且是唯一的指引,"具有确定性和命令性"②。这说明申请慈善信托备案是慈善信托受托人的义务,此种备案属于强制性备案。一般情况下,强制"被视为义务,义务未履行便会有未履行时需要承担相应法律责任的配套规则"③。但《慈善法》对慈善信托受托人不履行备案义务的,没

---

① 方嘉麟:《信托之理论与实务》,中国政法大学出版社2009年版,第215页。
② 周旺生:《立法学》,法律出版社2000年版,第635页。
③ 如《黑龙江省企业投资项目备案管理暂行办法》第11条规定:"对企业应备案但未获得项目备案确认书而擅自开工建设的项目,要责令其立即停止建设。对上述情况,有关部门要依法追究相关企业和人员的责任。"

有规定有关的法律责任，只是专门说明未将相关文件报民政部门备案的，不享受税收优惠。那么，此种强制备案的意义在于何处？

著名法学家史尚宽先生曾提出强行法可分为"效力规定"与"取缔规定"。"效力规定"侧重于行为违反的法律行为价值，以否认行为的法律效力为目的；取缔规定侧重于行为违反的事实行为价值，以禁止该行为为目的。一项强行规则是效力规定还是取缔规定，应探求规则的目的来进行判断，"可认为非以为违法行为之法律行为为无效，不能达其立法目的者，为效力规定；可认为仅在防止法律行为事实上之行为者，为取缔规定"①。换言之，效力性强制规范是指法律对私法主体从事的法律行为的效力给予评价的规范；取缔性强制规范是指行为人的违反将导致其行为被取缔的强行规范。违反前者仅仅是法律对其进行否定性评价，但并不主动干预法律行为的效力。违反此类规范是违反了行为的法律行为价值，将导致行为的效力瑕疵。但是，此类规范并无强行性，"不要求私主体一定按规范行为，只是如果他们不遵守，在发生争议而诉诸法院时，法院依法不承认其行为效力（即不生行为人意思指向的法律效果）"②。在人们未遵守时，如没有发生争议，或虽发生争议却没有诉诸法院裁判的，则法律不进行干预，也不要求人们纠正其行为。所以效力性强制规范往往被称为消极性强制规范。而如果违反了后者，由于取缔性强制规范拘束的是行为本身或者说是行为的手段，目的在于迫使私主体依据法律展开行为，所以违反者将因为违反了行为的事实行为价值而面临法律制裁，制裁可以是行政制裁，甚至可能是刑事制裁。另外，违反了取缔性强制规范，"即使当事人未发生争议或发生争议未诉诸裁判，规范仍会得到执行"③。因此，取缔性强制规范又常常被称为积极性强制规范。

依据《慈善法》，慈善信托备案设立的立法意图在于促进慈善事业的发展，没有经过审查、备案的信托面临的结果是不能享受税收优惠；而那些经过备案的慈善信托，既可以从事慈善事业，又可以享有税收优待。因此，可以认定为慈善信托备案不是慈善信托设立的必要条件，但属于

---

① 史尚宽：《民法总论》，中国政法大学出版社2011年版，第127页。
② 朱最新、曹延亮：《行政备案的法理界说》，《法学杂志》2010年第4期。
③ 苏祖勤等：《行政法治》，中国国际广播出版社2002年版，第156页。

充分条件。

2. 完善我国慈善信托备案制的建议

第一，明确违反慈善信托备案有关规定的责任机制。前文曾经说明，尽管英美法系国家实行的是登记制，但在审查过程中，采取了实质审查的标准。目前，我国对慈善信托备案实行既然实行了形式审查的标准，便意味着有关责任性质的改变以及责任承担者的变化，即由委托人和受托人对申请书、信托合同等一系列书面材料的真实负责。故此，为避免形式审查可能出现的问题，有必要对有关当事人的责任给予明确。

首先，如慈善信托备案申请人违反规定，没有在规定的期限内向民政部门备案的，民政部门在对其备案申请受理时一并给予相应处罚。其次，经民政部门告知补正备案材料仍不予补正，应取消备案。最后，违反诚信承诺、故意提供虚假备案材料的，应取消备案，将该备案申请人列入虚假陈述名录，并告知相关部门，公示处理结果。

除了取消备案外，还要明确慈善信托受托人和委托人的有关责任。细化言之，民政部门应针对慈善信托备案制作专门格式的诚信保证书。诚信保证书需写明违反诚信可能承担的不利后果和相应的法律责任。由于慈善信托备案的基本事项是委托人、受托人的相关信息以及慈善目的和财产的说明。备案的内容如果失实，不仅会导致慈善信托设立的无效，还可能出现信托财产流失、慈善信托的受益人权益受损的情况。所以，出现违反诚信承诺的情况时，应选取惩罚力度较大的责任方式，有的时候甚至可以要求承担行政处罚之外的法律责任。具体的措施表现为，其一，签署诚信承诺书是慈善信托备案的前置条件。如果申请人拒绝在承诺书上签字的，对其备案申请应予以拒绝。其二，违背诚信义务的，应当依法进行责任追究。对于慈善信托的受托人来说，由于其为慈善组织和信托公司，可形成"予以警告、责令限期改正；吊销登记证书并予以公告；有违法所得的，予以没收；对直接负责的主管人员和其他直接责任人员处以罚款"的法律责任体系。作为委托人来说，《慈善法》涉及慈善信托委托人规定很少。依据《慈善法》第 50 条的规定，《慈善法》未规定的，适用《中华人民共和国信托法》（以下简称《信托法》）的有关规定。《信托法》规定委托人应当是具有完全民事行为能力的自然人、法人或者依法成立的其他组织。如果慈善信托的委托人违反了诚信承诺的，可根据情节，采取警告、资格限制与取消以及罚款等处罚措施。如果慈善信托的委托人和受托人有串谋违背诚信义务的行为时，可依据其过错大小，共担法律责任。

　　第二，建立慈善信托备案的配套救济机制。行政备案与其他行为一样，难免会发生权力的滥用和利益的损害，因此必须加强监督，明确责任。按照现代法治原则的要求，"有损害必有救济"[①]。如果由于行政备案主体的责任造成了备案相对人的权益损害，应予以救济。我国目前的行政救济途径主要有四种：监察救济、立法救济、复议救济、诉讼救济。比较四种救济方式的特点和作用来看，复议救济和诉讼救济更加适合慈善信托备案的救济需要。就复议救济而言，我国《行政复议法》（以下简称《复议法》）的第6条规定了公民、法人或者其他组织可以依照《复议法》申请行政复议的11种情形，并用兜底条款规定了"认为行政机关的其他具体行政行为侵犯其合法权益的"情形。慈善信托备案是民政部门行使行政监管权力、对申请人给出是否备案答复的行为，属于可以申请行政复议的行政行为。因此，慈善信托备案的申请人对民政部门的具体备案行政行为不服的可以提出行政复议。作为受理备案申请的民政部门来讲，应告知备案申请人有关的复议权利。就诉讼救济来看，我国《行政诉讼法》第2章规定了行政诉讼的受案范围，[②]慈善信托备案不属于所列出的情形。但现代社会中，救济对权利的意义不言而喻。正如前文已经指出的，慈善信托备案对社会慈善事业意义重大，而诉讼救济是所有行政救济途径中最有力的途径，也是救济程序中最后且最重要的途径，备案申请人需要通过提起行政诉讼来维护自己的权益。为此，建议在以后修订《诉讼法》或者在对《诉讼法》进行司法解释时，能对行政备案这种新型的行政行为留出可以救济的空间，毕竟伴随着政府转型和机制

[①] 冯健鹏：《有权利必有救济》，《人民法院报》2006年2月6日第4版。
[②] 我国《行政诉讼法》第12条规定："人民法院受理公民、法人或者其他组织提起的下列诉讼：一、对拘留、罚款、吊销许可证和执照、责令停产停业、没收财物等行政处罚不服的；二、对限制人身自由或者对财产的查封、扣押、冻结等行政强制措施不服的；三、认为行政机关侵犯法律规定的经营自主权的；四、认为符合法定条件申请行政机关颁发许可证和执照，行政机关拒绝颁发或者不予答复的；五、申请行政机关履行保护人身权、财产权的法定职责，行政机关拒绝履行或者不予答复的；六、认为行政机关没有依法发给抚恤金的；七、认为行政机关违法要求履行义务的；八、认为行政机关侵犯其他人身权、财产权的。"

体制改革，行政备案在社会生活中呈现出不断增加的态势。对不断增加的行政备案行为如果不引起重视，不注意消化制度实行过程中的负向因素，则必然影响备案制度正向效应的发挥。

第三，就慈善信托备案与税收优惠的关联问题而言，由于慈善信托税收优惠是一项规模大，需要顶层观照的系统问题，该问题的有关改进建议将在本书第五章进行讨论。

第三章

慈善信托的法律关系主体

慈善信托制度是慈善信托法律关系的主体按照一定规则所形成的组织网络。高效、有序的慈善信托运作机制首先在于依据组织治理结构，对慈善信托当事人各方给予明确，并科学规划不同主体在慈善信托中的地位、权利义务以及作用。

信托当事人一般指"与信托有直接利害关系或者权利义务关系的人，他们是实施信托活动的主体，具体包括委托人、受托人、受益人和信托监察人等"[①]。慈善信托与私益信托一样，也是涉及这几方当事人，本章主要论述三方当事人：委托人、受托人和受益人。[②] 当然，基于信托目的的区别，不同类型信托当事人权利义务的安排有所不同，由于慈善信托必须具有慈善目的，慈善信托当事人的权利和义务与私益信托当事人的权利和义务自然存在差异。

第一节 慈善信托的委托人

委托人（trustors），是指"设立信托，为了让受托人依照一定的目的对信托财产进行管理、处分等行为的人"[③]。慈善信托的委托人则是出于对受托人的信任，把自己的合法财产转移给受托人，委托其依照慈善目

[①] 徐孟洲主编：《信托法》，法律出版社2006年版，第25页。
[②] 按照我国《慈善法》第49条的规定，信托监察人不再是慈善信托的必选项，所以本书不在"慈善信托法律关系主体"一章中进行讨论，而是将信托监察人放在第四章《慈善信托的监管》中加以论述。
[③] 王泽鉴：《民法总则修订版》，中国政法大学出版社2007年版，第80页。

的对信托财产进行管理和处分,从而设立慈善信托的人。作为信托法律关系的发起者,委托人是信托目的的制定者和信托财产的捐赠者,所以委托人在信托设立过程中有着举足轻重的地位。不过,由于委托人不是公益慈善事务的具体执行者,委托人在慈善信托中的权利和义务相对较少。

一 其他国家和地区关于慈善信托委托人的规定

(一) 委托人资格

通常各国法律几乎都允许任何自然人、法人或者其他组织合法地捐赠其财产,所以,从法律规定层面看,各国对慈善信托的委托人资格没有特别严格的限制。在英美法系国家,任何人只要依法具备相应的行为能力,可以在生存者之间或以遗嘱的形式转让财产以及财产权益,就具有作为委托人设立信托的资格。而且英国信托法还专门指出未成年人在生存者之间进行的财产授予,"属于可以撤销的信托,并非是完全否定"[1]。对于委托人的资格,大陆法系有关国家和地区,如日本、韩国、中国台湾地区的《信托法》都没有规定。一般认为,可以创设私益信托的委托人就可以创设慈善信托,委托人只需"具备法律行为成立的要件权利能力、行为能力以及转移信托财产权的权利"[2] 即可。

(二) 委托人的权利和义务

虽然在委托人资格上,各国做法比较近似;但信托设立以后,英美法系国家与大陆法系有关国家和地区对于委托人的权利和义务规定截然不同。

1. 英美法系关于委托人权利和义务的规定

英美法系国家认为,信托一经成立,委托人就从信托关系中脱离出来。除非有法律的明文规定或事先的明确约定,慈善信托设立后,委托人便如同一个财产捐赠人对受赠人一样,不再享有与信托实施有关的任何权利和义务。或者说,当慈善信托成立之时,委托人即丧失了对赠与物的支配,不再对其享有财产权利,除非在信托的条款中他们保留了特

---

[1] 何宝玉:《英国信托法原理与判例》,法律出版社2001年版,第55页。
[2] 谢哲胜:《信托法》,台湾元照出版有限公司2009年版,第225页。

殊的修改或者撤回赠与的权利。

　　这主要是因为尽管英国法的传统中受托人要尊重赠与人的捐赠意图，但为了避免慈善信托财产受到原所有权人的控制而影响公共利益，慈善信托的委托人捐赠财产后便不再对信托财产享有财产权利。美国与英国类似，未直接授予委托人任何具体权利，仅承认其享有极个别的来自法律的权利。就美国2000年《统一信托法典》来看，该法中有关委托人法律地位的规定表现为：第一，设立信托的权利①；第二，要求法院撤换受托人的权利②；第三，撤销或变更信托的权利。③ 此外，还有慈善信托委托人采取诉讼程序强制慈善信托实施的权利。④

　　在英美法系下，委托人的义务主要有两项。其一是将信托财产的所有权转移给受托人，即及时转移信托财产的所有权予受托人。其二是按照信托文件的约定以信托财产向受托人支付报酬。

　　2. 大陆法系有关国家和地区关于委托人权利和义务的规定

　　与英美法系国家不同，大陆法系有关国家和地区认为，从信托设立时起至终止，委托人都应享有不容忽视的法律地位。这主要是因为，按照大陆法系有关国家和地区的认知，信托关系终究是由委托人出于一定信托目的而设立的，"受托人管理和处分信托财产的行为，正是为了实现委托人的目的和愿望"⑤。同时，在大陆法系国家和地区，传统的"单一所有权"概念根深蒂固，委托人把信托财产交付后便失去一切权利的观点难以为人们所接受。因此，大陆法系有关国家和地区既允许委托人在信托合同中为自己保留一些权利；且在法律中，也直接规定委托人享有与信托当事人身份相当的系列性权利，赋予委托人法定权利是大陆法系对委托人权利设定的重要特征。

　　以日本为例，其信托法详细规定了委托人的权利主要有"申明异议的权利、撤销权、阅览或抄录权、揭露请求权、损失填补和恢复原状的

---

① 美国《统一信托法典》103 (14)、(17)、(18)、401 (1)、402 (1)、(2) 等。
② 美国《统一信托法典》706 (a)。
③ 美国《统一信托法典》602 (a)、603 (a)。
④ 美国《统一信托法典》404 (c)。
⑤ 张军建主编：《信托法纵横谈：写在我国信托法修改之前》，中国财政经济出版社2016年版，第37页。

请求权、制止请求权、选任请求权、金钱填补和支付请求权、要求受托人通知与报告"[1]。中国台湾地区信托法规定的委托人权利则有:"信托财产管理方法变更同意权,情势变更时向法院申请变更信托财产管理方法的权利,向受托人不当管理、处分行为请求赔偿损失、回复原状、减免报酬的权利,对受托人违反信托规定所获利益的回复请求权,委托人对受托人处理信托事务的知悉权,阅览、抄录相关信托事务文书、要求受托人说明信托事务处理情形的请求权,对受托人违背忠诚义务擅自将信托财产转为自己所有或者对信托财产设置权利并私自取得时,委托人请求将其所获利益归于信托财产的权利;对受托人的辞任同意权;在情势变更等有违公平的情况下有权向法院请求对信托报酬变更的权利。"[2]

二 我国关于慈善信托委托人的规定

(一)委托人资格

关于委托人的资格,我国《慈善法》未作规定。按照《慈善法》第50条关于信托当事人的规定,未规定的依《信托法》。《信托法》第19条规定"委托人应当是具有完全民事行为能力的自然人、法人或者依法成立的其他组织"。《慈善信托管理办法》第8条也做了了同样的规定。不过,从合同信托的方式而言,该规定与我国的《中华人民共和国合同法》(以下简称《合同法》)的规定并不一致。无民事行为能力人不能设立信托的确无可厚非,但是限制民事行为能力人也一律禁止作为信托委托人与其合同能力相悖。而且依我国《信托法》,当事人可以使用信托合同的方式设立信托,如果一律剥夺非完全民事行为能力人的信托合同能力必然有些不妥。一方面,与我国《合同法》有关合同效力问题的规定相悖;另一方面,也不利于动员社会力量积极参与公益慈善事业,建议我国放宽委托人的资格要求,具体内容可参考英国的做法。

(二)委托人的权利和义务

就慈善信托委托人的权利和义务,我国的做法与其他国家基本一致,

---

[1] 参见日本2006年《信托法》(修订版)第145、146条。
[2] 参见台湾地区《信托法》第15、16、23、24、31、32、35、36条。

主要是依据信托文件和法律的规定。我国《慈善法》明文规定了委托人两项权利，一项是依据《慈善法》第47条规定的，"慈善信托受托人违反信托义务或难以履行职责的，委托人可以变更受托人"。另一项是《慈善法》第49条规定的"慈善信托的委托人根据需要，可以确定信托监察人"。《慈善法》在规定委托人权利时，只明确规定了变更受托人的权利和确定信托监察人的权利，并且使用的是"可以"。与前述问题一样，《慈善法》未规定的，依《信托法》。据我国《信托法》的相关规定，无论是公益信托还是私益信托，委托人的权利主要为："知情权；管理方法的变更权；违反信托目的的处分撤销权；解任权；许可受托人辞任权、选任新受托人权；特定条件的解除信托权；认可清算报告权；强制执行异议权；履行信托义务请求权；对受托人的指挥权；对受益人的变更权；变更和撤销信托权等等。"① 其中，"要求受托人变更管理方法、解任受托人和选任新受托人"为委托人的"核心三项权利"。

　　总体来看，我国关于慈善信托委托人的权利范围与大陆法系其他国家和地区大致一致。我国与日本、韩国、中国台湾地区一样均通过信托法赋予委托人以广泛的权利，但我国信托法在立法体例与内容上具有自身的特点。首先，在立法体例上，我国《信托法》对委托人制度进行了专章设计，对委托人的权利作了专门规定，以突出委托人在信托中的重要作用。相比之下，日本《信托法》和韩国《信托法》只是"通过对信托法律关系中的受托人或者受益人的权利义务的规定反衬出委托人的权利义务。往往受托人或者受益人的义务就是委托人的权利"②。

　　其次，在制度内容上，我国《信托法》对委托人的权利进行了创新性的规定，进一步扩大了委托人的权利。这主要表现在两个方面：第一，扩大了委托人的权利范围。这一点突出表现在赋予委托人对受托人不当信托行为的撤销申请权。相较之下，如日本《信托法》只是将该项权利赋予了受益人，当受托人违反信托的宗旨处理信托财产时，受益人可取消其对对方或转得者的处理。③ 我国信托法不但将该权利赋予了受益人，

---

① 参见我国《信托法》第17、20、21、22、23、31、40、51、53条。
② 吴弘等：《信托法论》，立信会计出版社2003年版，第76页。
③ 日本2006年《信托法》（修订版）第31条。

还赋予了委托人,以此增加信托当事人之间的权益平衡。第二,使委托人充分具备了通过自身干预信托的权利。以"变更信托财产管理方法的权利"为例,日本《信托法》规定需依靠法院强制力实现,① 但依我国《信托法》的规定无须经过司法程序,委托人以自身行为干预信托。② 再比如,解任受托人的权利,日本《信托法》规定需依靠法院强制力实现,③ 而按我国《信托法》规定,无须经过司法程序,委托人以自身行为干预信托。④ 相比之下,我国《信托法》赋予委托人的权利更大。

我国立法对委托人权利所作的扩大化规定一直是学界争论的事项。否定者认为:第一,授予委托人诸多以自己的行为干预信托的权利而不受任何约束会使"信任"无从谈起。第二,在我国,受托人多由专业信托公司担任。而委托人设立信托,大多数时候是在于其自身并无管理财产的能力,因此选用信托方式的目的是要借助信托公司的专业理财能力更好地管理财产。就"信托财产管理方法调整请求权"而言,委托人没有控制也没有参与信托财产的管理活动,应如何判断引起"设立信托时未能预见的特别事由"是个问题。第三,从日本、韩国信托法来看,"委托人的信托财产管理方法调整请求权、对受托人的解任权和受托人的选任权"都必须依靠法院的强制力实现,即"委托人须将其与受托人、受益人的争议提交法院,由法院做出裁决",这提供了一种对委托人的外界监督力量。我国信托立法的规定没有考虑到司法权的作用。

对委托人权利扩张持肯定意见者认为:第一,我国信托业虽然曾有过五次大规模的整顿,但信托市场环境仍存在诸多问题,"特别是信誉体制相对信托发达国家显得比较薄弱"⑤。委托人权利的扩大将督促受托人切实履行信托义务并保证信托目的的实现,进而促进我国信托业的健康发展。第二,由于我国信托市场的定位相对模糊、内部机制无序以及社会大众对信托制度认识的混乱乃至错误等,因此扩大委托人的权利是必要的,委托人权利的扩大将会为委托人提供宽松的法律环境,促使更多

---

① 日本 2006 年《信托法》(修订版)第 23 条第 1 款。
② 我国《信托法》第 21 条。
③ 日本 2006 年《信托法》(修订版)第 47 条。
④ 我国《信托法》第 23 条。
⑤ 黄艳:《浅析中国信托业的发展环境与创新》,《经济管理》2016 年第 6 期。

的闲置资金以信托的方式加以利用。

比较而言，对委托人权利扩张持肯定意见者的观点更适应现阶段慈善信托发展的需要。众所周知，慈善信托之所以具有制度优势，有一个特点便是灵活。我国的信托发展与其他国家相比确有不同，在诚信体系还不够健全的情形之下，赋予委托人以较多的权利并不会产生现实的负面影响。相反，许多犹豫不决的委托人会因为有自主权利而愿意将其财产投入慈善事业，这对我国公益慈善事业的发展当是一种助力。

不过，我国对慈善信托委托人的权利保障还是存有一点不足，即"对于设定慈善信托时的委托人已不复存在或已经不能履行变更能力的情况下，如何处置不合格的受托人和进行有效变更缺乏对应的处置机构和相关规则"。在未来信托将广泛应用于公益慈善事业的情况下，我国法律应当设定规则确保慈善信托的有效运转。在这个问题上，其他国家和地区已经有一些比较好的做法。以美国伊利诺伊州库克郡政府为例，"它专门设置了老年人监护办公室，主要负责老年信托的管理、监督和向法院依法申请变更受托人、监护人等，为老年信托事业发展提供了配套制度支持"[1]。所以，建议我国在委托人不复存在或不能履行变更能力的情况时，由慈善信托的备案管理机构作为申请人向有管辖权的法院提起变更受托人的诉讼，由法院来进行裁定。

至于委托人的义务规定，我国与其他国家类似，主要是以转移信托财产和向受托人支付报酬为主。

第二节　慈善信托的受托人

在信托关系中，委托人负责提供财产，受托人（trustee）是"接受信托创立人的委托，接受其财产权之移转或处分的责任，在信托期间依信托目的形式管理或处分信托资产者"[2]。在信托关系的三方中，受托人的

---

[1] Don Quante, Rudy Beck, *Don't Go Broke in a Nursing Home*, New York: AFFC Publications, 2013, p. 66.

[2] 孙宜府：《离岸信托资料处理的法律分析与建构》，中国政法大学出版社2000年版，第98页。

地位最为特殊，他处于中心地位，起着桥梁作用。受托人的重要性在于信托财产的占有、支配、处分等权利均由受托人行使；信托关系的存续、信托事务的处理及信托目的的实现，都必须依赖于受托人的忠诚与能力。此外，由于慈善信托的受益人是不特定的大众，委托人通常也是不特定的公众，因而委托人和受益人在慈善信托法律关系中的地位和作用愈发减弱，甚至被消解。所以，从操作层面来看，"受托人制度是信托法律关系本质的体现者，是慈善信托制度的核心"[1]。鉴于此，为确保慈善目的的实现和信托财产安全、有效的运行，各国对慈善信托受托人都有严格的规定。

一般来说，作为慈善信托受托人，首先，必须具有完全行为能力，即能够独立承担责任、履行义务。其次，受托人须具备处理慈善信托事务的专业能力。作为一项慈善信托的受托人，既要负责占有、管理、处分信托财产，又要保证慈善信托受益人的利益，这些繁杂的事务涉及财务与管理方面的专业领域，受托人需要具备应有的专业素质才能确保信托财产安全和受益人权益的实现。最后，受托人需要具备良好的道德素质。对受托人道德层面的要求同样是确保慈善信托的信托目的得以实现的保障，受托人良好的道德品质可以防止受益人权益被恶意侵害。

一 慈善信托受托人的资格

一般情况下，除国家以外的任何有资格担任信托受托人的主体均可以担任慈善信托的受托人，即自然人、法人（包括信托公司与除这种公司以外的其他各种营利性或非营利性法人）与非法人团体，都可以通过接受委托成为慈善信托的受托人。不过，由于慈善信托关涉社会公共利益的特质，不同国家对于慈善信托受托人都有着不同的习惯性要求，这使得慈善信托受托人在不同的国家中以不同的面貌出现。

（一）英美法系对受托人资格的规定

1. 英国对受托人资格的规定

英国对慈善信托受托人的资格有一个从松到严的过程。1993 年前，

---

[1] 吴弘等：《信托法论——中国信托市场发育发展的法律调整》，立信会计出版社 2003 年版，第 332 页。

英国未对慈善信托受托人资格做出限制,即"凡是有资格担任私益信托受托人的主体,或者说任何具有完全民事行为能力（full capacity）的人,都可以担任慈善信托的受托人"①。但是英国1993年《慈善法》对慈善受托人资格做出了限制,它的第72条第1款（Persons disqualified for being trustees of a charity）专门就慈善信托受托人的范围进行了规定,明确指出6类人士不得担任慈善信托受托人。具体包括：曾经犯有涉及不诚实或欺诈的违法行为者；被宣告破产或者财产被扣押,尚未解除责任者；与债权人达成和解协议或重新安排债务的协议,或者为债权人授予信托契据,尚未解除责任者；在管理慈善事务的过程中出现行为不当或管理不当,本人对此负有责任或是当事人,或者由于其行为导致或助长了这种管理错误,慈善委员会或高等法院发布命令撤销其慈善受托人职务者；根据《1986年公司董事资格法》和《1986年破产法》,无资格担任公司董事的人。② 另外,该法还规定刑事罪犯不能成为慈善信托的受托人。同时,为了有效地监督被剥夺资格的人不再担任慈善信托的受托人,慈善委员会还会保留对上述人员的不良记录。

在英国,慈善信托的受托人组织形式比较灵活,"受托人可以不是法人,也可以不是慈善组织③,可以是营利机构也可以是非营利机构"④。具体来说,在20世纪之前,英国法人作为慈善信托受托人的情形相对较少,其中一个极为重要的原因是担任受托人被视为一种莫大的荣誉,受托人常常由社会中那些有声望、有地位的人担任。所以,依英国人的观念,十分排斥把受托人发展成一种营业性的职业,且这种观念根深蒂固。后来,随着英国法人制度的完善以及个人作为受托人固有的一些局限性,法人作为慈善信托的受托人才慢慢增多。

2. 美国对受托人资格的规定

美国《统一信托法典》第103条规定,"受托人包括原始受托人、增补受托人、继受受托人和共同受托人",同时,"信托设立人、信托受益

---

① Robert L. Mennell, *Wills and Trusts*, London: West Pub. Co., 1979, p. 69.
② 参见何宝玉《英国信托法原理与判例》,法律出版社2001年版,第302页。
③ 需要指出的是,在英国注册为慈善组织并不意味着该组织获得法人资格,而只是意味着该组织获得了慈善资格,成了慈善组织。
④ 王世强：《英国慈善组织的法律形式及登记管理》,《社团管理研究》2012年第8期。

人在内的所有具有行为能力和有资格享有财产权利的人或主体都可成为信托受托人"。不过，美国《信托法重述（三）》第32条和《信托法重述（二）》第89条中提道："各州的银行法律法规常常对公司成为受托人的情形做出了其他的要求。"①

在美国，慈善信托受托人最常见的组织形式是各种各样的基金会。基金会（foundation）是"一种以慈善为目的并以社会上人们捐赠的财产为基础而成立的组织"②。它的组织一般较为严密，也具有专业化的管理水平，能够比较有效地运作管理信托财产。基金会与慈善信托紧密联系，彼此依存，有时融为一体。如美国学者史蒂文森（Stephenson）与威金斯（Wiggins）曾指出的那样："基金会系指许多各式较为庞大的慈善信托，其规模与性质决定了它比通常的个别慈善信托具有更较严密的组织。"③

尽管法律并未要求设立慈善信托必须采取创建基金会的形式，不过在设立慈善信托之时，只要提供的信托财产数额较大，其一般都是先专门设立基金会作为受托人，然后再将财产移交给它占有和管理。在美国，这种做法已成通例。基金会既可以由个人或家庭设立，也可以由商业公司或者其他组织设立，基金会的职能是按照有关信托行为的要求管理信托财产，并把信托利益做某一或某些慈善性用途，以实现信托人之目的。美国影响较大的慈善信托，"历来都是以基金会为其受托人"④。著名的有诺贝尔基金会、福特基金会、比尔·盖茨基金会、巴菲特基金会等，均是如此。

（二）大陆法系有关国家和地区对受托人资格的规定

关于信托受托人的资格，日本《信托法》使用了除斥性规定，明确"未成年人、禁治产者、准禁治产者及破产者不得为受托人"⑤。但除此之外，未再针对慈善信托做出其他特殊要求。所以，可以认为具备私益信

---

① 陈学文：《论信托受托人谨慎投资义务》，《政法学刊》2011年第6期。
② 根据美国基金会中心的分类，美国主要有社区基金会（Community Foundations）、独立基金会（Independent Foundations）、公司基金会（Corporate Foundations）、运作型基金会（Operating Foundations）四大类基金会。其中社区基金会属于公共慈善机构，独立基金会、公司基金会、运作型基金会三类基金会被统称为私营基金会（Private Foundations）。
③ 杨崇森：《信托与投资》，台湾正中书局1990年版，第57页。
④ 王文玉：《美国基金会的发展与作用》，《学理论》2016年第3期。
⑤ 日本2006年《信托法》（修订版）第7条。

托受托人资格的受托人即可担任慈善信托的受托人。韩国和我国台湾地区的相关规定也与日本的规定相近。如，台湾地区《信托法》规定，"未成年人、受监护或辅助宣告之人及破产人，不得为受托人"①。从内容看，台湾地区采用了与日本类似的排除法，将几类行为能力欠缺的人排除在外，而其他的自然人、法人、社会团体均可以成为信托受托人。大陆法系有关国家和地区做如此的规定是因为信托是以当事人之间的信赖关系为基础，如"禁治产人、破产人"这样的人通常都缺乏行为能力，当然不适合担任受托人。值得注意的是，如受托人欠缺民事行为能力，则需要分具体情形而论。若是合同信托，则合同成立有瑕疵，信托不成立；若是遗嘱信托，如所指定的受托人不具备相应的受托能力时，应理解为属受托人不能接受信托的情形，此时应由利害关系人或监督机关申请法院选任受托人，"如遗嘱另有选任为受托人的方法或其他规定，应依遗嘱的规定"②。

概括而言，大陆法系有关国家和地区的信托法并没有区别私益信托和慈善信托，于事前对慈善信托受托人的资格做出特殊的限制规定，只是以慈善信托的设立许可制赋予了特定国家机关审查慈善信托受托人资格的权力，所以，可以说大陆法系有关国家和地区对慈善信托受托人的资格是以个案审查为基调。

与英美法系不同，大陆法系有关国家和地区受托人的组织形式也颇具特点。在这些国家和地区，最常见的慈善信托受托人为信托银行。以日本为例，尽管在允许法人担任慈善信托受托人时，法律并未把这种法人限定为信托银行，但在实践活动中，委托人设立慈善信托时，"绝大多数情况下都是把信托财产转移给信托银行管理，并让其将信托利益为某一慈善目的服务"③。这主要是源于大陆法系的一种观点，认为对于慈善信托，"妥当的办法是，在收取适当的事务费用等信托报酬后，把一些事务处理和营业工作交给信托银行去做"④。

---

① 我国台湾地区《信托法》第 21 条。
② 赖源河等：《现代信托法论》，中国政法大学出版社 2002 年版，第 57 页。
③ ［日］能见善久：《现代信托法》，赵廉慧译，中国法制出版社 2011 年版，第 89 页。
④ 杨崇森：《信托与投资》，台湾正中书局 1990 年版，第 69 页。

（三）我国对受托人资格的规定

我国《信托法》未对担任公益信托的受托人资格做出任何直接的限制，只是在第 62 条规定，"公益信托确定其受托人，应当经有关公益事业管理机构的批准。未经公益事业管理机构批准，不得以公益信托名义进行活动"。该做法与大陆法系有关国家和地区的做法相同。不过，《慈善法》出台后，关于受托人的规定与《信托法》有所差异。《慈善法》第 46 条规定，"慈善信托的受托人，可以由委托人确定其信赖的慈善组织或信托公司担任"[①]。换言之，慈善组织或者信托公司都被赋予了受托人资格，它们是否作为受托人，由委托人确定；但是自然人、慈善组织和信托公司以外的组织都没有获得受托人资格。同时，《慈善法》在第 8 条对何为慈善组织进行了界定，即慈善组织是依法成立、符合《慈善法》规定，以面向社会开展慈善活动为宗旨的非营利性组织。慈善组织可采取基金会（公募基金会和非公募基金会）、社会团体、社会服务机构等组织形式。[②] 比较而言，慈善信托受托人的范围明显比《信托法》中受托人的范围要小。

事实上，慈善信托受托人如何规定也是在《慈善法》立法过程中发生过分歧的问题。在《慈善法草案》的初审稿中，慈善信托受托人的范围是比较宽泛的，"可以是委托人信赖的慈善组织或者金融机构，也可以是具有完全民事行为能力的自然人"[③]，但最后颁行的《慈善法》将受托人限定在了"慈善组织或信托公司"的范围内。究其原因可能还是立法机关认为，"慈善信托涉及公共利益，而我国目前的个人诚信体系不健全

[①] 我国的《慈善信托管理办法》第 9 条重复了此条内容。

[②] 根据慈善法的规定，《慈善法》实施后，慈善组织需要重新登记。2016 年 8 月 31 日，民政部颁发的《慈善组织认定办法》对慈善组织的认定做了详细的规定。依据认定办法第 4 条规定，基金会、社会团体、社会服务机构申请认定为慈善组织，应当符合下列条件：（一）申请时具备相应的社会组织法人登记条件；（二）以开展慈善活动为宗旨，业务范围符合《慈善法》第三条的规定；申请时的上一年度慈善活动的年度支出和管理费用符合国务院民政部门关于慈善组织的规定；（三）不以营利为目的，收益和营运结余全部用于章程规定的慈善目的；财产及其孳息没有在发起人、捐赠人或者本组织成员中分配；章程中有关于剩余财产转给目的相同或者相近的其他慈善组织的规定；（四）有健全的财务制度和合理的薪酬制度；（五）法律、行政法规规定的其他条件。

[③] 王进：《慈善法草案最新规定　扩大慈善信托受托人范围》（http：//www.chinanews.com/gn）。

且个人的理财能力有限，出于保证慈善信托财产安全和受益人权益的考虑，自然人不能作为受托人"[1]。另外，在我国的法制文化背景下，自然人一般较难获得委托人的信赖和信任；大多数情形下自然人管理慈善信托的能力不足；而且从技术上而言，自然人既难以受到有效监管，也无法向财产捐赠人开具法定票据，这些也是导致自然人没有被赋予慈善信托受托人资格的重要因素。

从我国关于慈善信托受托人的相关法律规定来看，信托公司是具有金融牌照的营利性金融机构法人；慈善组织是不以营利为目的的非营利机构。这两种类型的受托人在慈善信托的开展中各有特点。信托公司作为主要经营信托业务的金融机构，"在开展慈善信托业务时，具有慈善财产破产隔离、慈善财产多样化、慈善资金归集渠道多元化、慈善财产保值增值、规范管理透明运作等优势"[2]，有益于慈善信托财产实现保值与增值。而慈善组织则具有税收优惠的制度优势，在慈善项目资源、项目实施以及社会影响力等方面具有优势，有助于保障慈善信托目的的实现。不过，这两种组织形式在执行慈善信托项目时都有不尽如人意之处。信托公司本身是金融机构，有十分明确的营利诉求。慈善信托的本质则是要求信托公司脱离作为营利性企业法人的定位，在受托管理慈善资金的过程中扮演慈善性组织的角色，这两种定位之间存在着一定的矛盾。而且信托公司普遍缺乏慈善事业落地的专门人员。慈善信托项目要落地，首先需确定受益人群体，然后通过资金运作来对其进行捐赠，最后还应对信托后续进行监督与回访。但信托公司通常缺乏对该领域了解的专业人员，同时也很难有足够的时间与人手完成整个流程。慈善组织虽说在慈善目的上不存质疑，但其是否有能力做好信托财产保值增值的管理工作，又时常为人们所担心，尤其过往某些引发关注的慈善事件更是让人对慈善组织的自主治理能力产生怀疑。

正因为如此，《慈善法》关于受托人范围的规定出台后，社会各界反响不一，也提出了一些不同的观点。第一种观点认为："为促进慈善信托的发展，应扩大慈善信托受托人的范围，所有的自然人、法人都可以担

---

[1] 卢珊：《慈善信托受托人范围与选任》（http://trust.jrj.com.cn/2016/08/2307）。
[2] 刘夏村：《专业化分工促进慈善信托发展》，《中国证券报》2016年4月13日第6版。

任受托人,法律可以通过'宽进严管'来解决慈善信托的监管问题。"第二种观点认为:"慈善信托的受托人应为慈善组织。因为慈善组织是以开展慈善活动为宗旨的非营利性组织,有其作为受托人更能保障慈善信托的公益目的。而信托公司是营利性机构,股东利益最大化为其追求之目标,纵使从履行企业社会责任的角度让其成为受托人,信托公司参与慈善信托的动力依然不足,慈善信托很难成为其常态业务,难以可持续发展。"① 第三种观点认为:"受托人应为信托公司。原因在于信托公司有严格的财务管理制度、丰富的信托业从业经验和充足的客户,信托公司作为慈善信托的受托人,有利于保障慈善信托财产的安全、规范和有效运行。"

值得一提的是,《慈善法》出台后,虽然配套的《151号通知》指出"除依法设立的信托公司或依法登记(认定)的慈善组织外,其他单位和个人不得以'慈善信托'、'公益信托'等名义开展活动"。不过,《151号通过》后,《慈善信托管理办法》第52条对此又进行了调整,只是禁止以"慈善信托"名义开展活动。尽管仅仅是从禁止性规定中剔掉了"公益信托"一词,但是意义重大。这意味着在慈善信托之外,保留了其他主体按照《信托法》的规定依然能成为公益信托受托人的可能。

总体来说,我国慈善信托受托人的范围的确较其他国家和地区的范围为窄。但从实际运作情况看,除了英国的受托人比较多样之外,美国以基金会为主,大陆法系有关国家和地区以信托银行为主,我国目前把受托人限定为信托公司和慈善组织是否足够适应慈善事业的发展还需要今后的实践来加以检验。但不容置疑的是,慈善信托的蓬勃发展,必然需要专业化的分工与合作。慈善信托受托人主体的广泛性有利于发挥不同类型主体的管理优势,促进信托与基金会、非营利公司,甚至自然人之间的合作。不过,就推进我国慈善信托的健康发展来看,慈善信托受托人的确定应实行动态机制,无论是慈善组织还是信托公司,均须通过良好的运营、经验的凝练与时间沉淀来赢得良好口碑。而其他主体是否可以成为慈善信托的受托人还需要依托慈善信托的后继发展来提供必要

---

① 赵廉慧:《信托公司能否作为慈善信托的受托人?》(http://finance.caixin.com/2016 - 03 - 10/100918)。

性。另外，为确保受托人良好地完成信托义务，建议引入"负面清单"制度，即"对有违法或不适合担任慈善信托受托人的，应该不准许其从事慈善信托业务"①。

二 慈善信托受托人的权利义务

（一）慈善信托受托人的权利

受托人的权利是指受托人为完成信托目的所应享有的权利。受托人的权利一般由两部分构成，一是有关法律明文规定的各项权利，即受托人的法定权利；二是根据每一信托的具体要求在信托合同中约定赋予受托人的权利，即受托人的约定权利。

1. 其他国家和地区关于慈善信托受托人的基本权利

与私益信托受托人一样，慈善信托受托人享有因信托关系产生的以下基本权利。

（1）管理和处分信托财产的权利

从理论上讲，凡是为了实现信托目的所必须处理信托事务的行为，只要在信托文件中没有以明文禁止的，受托人均有权实施。关于这项权利，英美法系和大陆法系都给予了认可，只是对于受托人权利的具体内容，英美法系一般是详尽列举、具体说明受托人管理和处分信托财产的权利，而大陆法系国家是用原则性、抽象化的方式肯定受托人的权利和义务，但并不明确规定其具体权能。

例如，英国 1925 年《受托人法》第二部分规定了受托人权利（Part II General Powers of Trustees and Personal Representatives），主要为："出卖、拍卖信托财产的权利；折价出售符合贬值条件的信托财产的权利；出具收据的权利；了结债务的权利；以出卖、抵押方式筹集资金的权利；就信托财产投保的权利、运用保险金的权利；同意其他人就信托财产实施行为的权利（在与其他人共有信托财产的情况下）以及一定条件下委托其他人执行信托事务的权利等。"②

再例如，美国《统一信托法典》的第 815 条和第 816 条使用概括加

---

① 许均华：《慈善信托行稳致远需要制度保障》，《金融时报》2017 年 8 月 14 日第 6 版。
② 葛伟军：《英国信托法：成文法汇编》，法律出版社 2012 年版，第 30 页。

列举的方式规定了受托人的一般权利和具体权利。第 815 条概括性规定了受托人享有信托文件赋予的所有权利;另外,在不违背信托文件的基础上,受托人还享有信托所有权以及为完成信托财产的投资、管理和分配所须享有的一切权利。第 816 条以列举的方式规定了受托人享有的 26 项权利,主要有"从信托委托人或其他第三人处获得信托财产以及接受或拒绝信托财产附加物的权利;以现金支付或信用支付的形式在公开市场或以私下交易的方式购买或出售财产等"[①]。

大陆法系有关国家和地区没有明确列出受托人管理和处分财产的权利。例如,日本 2006 年《信托法》(修订版)在第 2 条关于"信托"的定义中涵盖了受托人的权利,"信托是指办理财产权的转移或其他处理,使他人遵从一定的目的,对其财产加以管理或处理"。我国台湾地区的做法与日本的规定相类似,也未作具体列举。不过,实践中一般认为,受托人享有管理和处分信托财产的权利,具体包括"投资、出租、出卖信托财产、行使股权等"[②]。

比较两大法系的相关内容,大陆法系有关国家和地区的信托法一般只规定委托人将财产移交给受托人,以形成信托财产,不过,由于传统"一物一权"理念的影响,对信托财产归谁所有,则没有明确的强调。相对来说,英美法系所采用的肯定受托人享有管理信托财产和处理信托事务的权利并明确该权利性质和内容的做法更为可取。因为受托人管理信托财产和处理信托事务的权利本来就是一项具体的权利,应有其特定内涵。通过法律规定将这一权利的性质与内容加以明确,对于受托人依法行使这一权利无疑具有重要的意义。

(2)投资权

为了确保慈善信托受益人利益的最大化,受托人的主要职责是使信托财产保值、增值,因而使用信托财产进行投资是非常重要的。由于慈善信托的特殊性,在进行慈善信托财产投资时,受托人要谨慎选择投资品种。

(3)报酬权

对于此项权利,各国法律均有规定,不过,受托人请求给付报酬的

---

① 陈颐:《英美信托法的现代化》,上海人民出版社 2013 年版,第 89 页。
② [日]能见善久:《现代信托法》,赵廉慧译,中国法制出版社 2011 年版,第 123 页。

权利在各国获得承认的限度不同。

以英美法系国家为例，英国与美国关于受托人请求支付报酬权的规定就存在很大差别。在英国的信托发展历程中，信托的产生基于一种高度信任关系，具有比较浓郁的道德性，所以英国在传统上实行自愿管理，采取了信托无酬主义的原则，以受托人享有报酬为例外。不过，英国2000年的《受托人法》有所变通。该法第5部分第30条专门规定了慈善信托受托人的报酬（remuneration of trustees of charitable trusts），"国务大臣可以通过规章，对系信托公司或以专业身份行事的慈善信托之受托人的报酬做出规定"①。此后，英国2006年《慈善法》在此基础上做出了更明晰的规定，"如果受托人全心全意为慈善服务，无需征得慈善委员会的同意便允许个人受托人以为慈善信托付出额外劳动为由支付给其合理的劳动报酬，如对受托人自身或其雇员造成健康和意外损害的保险费用"。不过，这还需要有书面文件证明获得报酬的人是该慈善信托受托人，且信托文件中并不禁止支付给受托人报酬。

基于慈善信托制度建立社会背景的差异，美国采取了信托有酬主义原则，受托人有取得合理报酬的权利。美国很多州的法律都对此给予了明确，如加利福尼亚州《信托法》第1568条，路易斯安那州《信托法》第2181条。另外，它的《统一信托法典》第708条还规定了以下两种情况下，法院可以对受托人的报酬给予增加或减少："一是受托人承担的义务与其在信托设立时预期应承担的义务发生了实质性变化；二是信托协议约定的受托人报酬不合理时，比如过高或过低，可以进行调整。"② 不过不管如何规定，关于报酬请求权，英美法系只允许受托人从信托财产中受偿。

大陆法系有关国家和地区的做法与英国类似，以受托人不收取报酬为原则，以收取报酬为例外。如日本《信托法》第35条规定："原则上受托人只有在合同特别约定的前提下才能领取报酬，除非受托人以信托作为营业业务。"我国台湾地区《信托法》采取了与日本类似的规定，当

---

① 何宝玉：《信托法原理研究》，中国政法大学出版社2004年版，第157页。
② 陈颐：《英美信托法的现代化》，上海人民出版社2013年版，第127页。

受托人为信托公司①时,可以与委托人在信托协议中约定报酬,但该约定受法院监督。当法院认为该报酬设定显失公平或因情况发生变化而变得显失公平时,法院可以应信托法律关系当事人之请求,增加或减少该项报酬的数额。②

但是与英美法系有所不同,大陆法系的报酬请求权既可向信托财产行使,也可向受益人直接行使。

(4) 补偿权

受托人补偿权是指"受托人在管理信托事务时,用其自有财产先行支付相关费用后所享有的请求补偿的权利"③。英国 2000 年《受托人法》第 5 部分第 31 条和美国《统一信托法典》第 709 条都规定,"受托人代表信托行事时正当产生的花费,受托人有权从信托基金中获得补偿"④。受托人在处理信托事务过程中所支付的正当费用一般是指"与信托财产相关的税费、管理费、维修费或支付的其他公共费用或处理信托事务时,在无过失情形下发生的信托财产损失等"⑤。以上这些费用或损失,对于受托人而言,没有需要承担的理由。

大陆法系有关国家和地区也都赋予了受托人补偿请求权。通常认为,受托人就信托财产或处理信托事务缴纳的税费、正常管理开销以及所承担的债务,有权从信托财产中获得补偿。另外,受托人在处理信托事务时,对非因其自身过失而遭受的损失,享有补偿请求权。如,日本《信托法》第 36 条第 1 款规定:"受托者对信托财产所负担的租捐税和其他费用,或为了处理信托事务,并非由于自己过失而蒙受的损失,可优于其他权利者,有权以出售信托财产所得加以补偿。"《韩国信托法》第 42 条第 1 项也有类似的规定。

不过,就受托人向谁主张补偿权的问题,两大法系的做法差异颇大。

---

① 我国台湾地区将"信托公司"称为"信托业",尽管名称不同,但内涵一致。
② 我国台湾地区《信托法》第 38 条规定:"受托人系信托业或信托行为订有给付报酬者,得请求报酬。约定之报酬,依当时之情形或因事变更失公平者,法院得因委托人、受托人、受益人或同一信托之其他受托人之请求增减数额。"
③ 赵磊:《信托受托人的角色定位及其制度实现》,《中国法学》2013 年第 4 期。
④ [英] 安德鲁·伊沃比:《信托法基础》,武汉大学出版社 2004 年版,第 67 页。
⑤ 周小明:《信托制度比较法研究》,法律出版社 1996 年版,第 124 页。

英美法系更注重保护受益人的利益，原则上也只能向信托财产行使，禁止直接向受益人求偿；只有在信托财产不足以补偿时，才允许向受益人求偿。而大陆法系国家和地区则侧重于保护受托人的利益，补偿权既可向信托财产行使，也可向受益人直接行使。

2. 我国关于慈善信托受托人基本权利的规定

我国关于慈善信托受托人基本权利的规定主要体现在《信托法》的有关规定中。

关于管理和处分信托财产的权利，我国与其他大陆法系有关国家和地区一样，没有明确列举，亦是在信托的概念界定中涉及了受托人权利。[①]

关于取得报酬的权利，我国的规定与大陆法系有关国家和地区大致相同。依据《信托法》第35条的规定，受托人有权依照信托文件的约定取得报酬。[②] 不过，我国《信托法》第36条另外规定，"如受托人违反信托目的处分信托财产或因违背管理职责、处理信托事务不当致使信托财产受到损失的，在未恢复信托财产的原状或者未予赔偿前，不得请求给付报酬"。这一点与大陆法系有关国家和地区的做法不同。以我国台湾《信托法》第23条为例，它规定"受托人因管理不当致信托财产发生损害或违反信托本旨处分信托财产时，委托人、受益人或其他受托人得请求以金钱赔偿信托财产所受损害或回复原状，并得请求减免报酬"。对比可以看出，针对该种情况，大陆法系有关国家和地区的惩罚力度较轻，只是规定了减免报酬，而不是不得为给付。有学者认为我国大陆地区信托法规定更为适宜，"既然信托受益人利益是信托制度的目的和归宿，当受托人因其行为造成受益人的利益处于不安全的境地，此时不给付报酬于受托人，可以更有效防范可能存在的道德风险问题"[③]。

[①] 我国《信托法》第2条规定："本法所称信托，是指委托人基于对受托人的信任，将其财产权委托给受托人，由受托人按委托人的意愿以自己的名义，为受益人的利益或者特定目的，进行管理或者处分的行为。"

[②] 我国《信托法》第35条规定："受托人有权依照信托文件的约定取得报酬。信托文件未作事先约定的，经信托当事人协商同意，可以作出补充约定；未作事先约定和补充约定的，不得收取报酬。约定的报酬经信托当事人协商同意，可以增减其数额。"

[③] 张淳：《信托法哲学初论》，法律出版社2014年版，第96页。

关于补偿权，我国的做法与英美法系国家一样只能向信托财产行使，[①] 未规定可向受益人行使。鉴于慈善信托的受益人通常是需要帮助的人，我国信托法的做法是比较合适的。

3. 英美法系国家关于慈善信托受托人的特殊权利

（1）受益人原则的例外

私益信托在设立之时，需有一个确定的或可以确定的受益人，以确保信托可以被强制实施，否则，将影响到信托的有效性。此项原则被称为"受益人原则"。而慈善信托的一个重要特征为"受益对象的不确定性"，即"在慈善信托设立时，委托人只能在有关信托行为中规定受益权的资助项目与范围，而不能将应当给予资助的慈善活动与受益人的范围具体化、特定化"。换言之，凡符合慈善信托文件规定的资助范围和资助条件的任何人都在受益人的范畴。依据各国信托法的惯例，挑选和确定慈善信托受益人的权力原则上归受托人所有。因此在慈善信托关系的存续期，将受益权资助于哪些具体的慈善活动或哪些具体的受益人，只能由受托人在信托行为允许的范围内根据具体情况自行决定。而在信托文件允许的范围内，"慈善信托受托人依何种标准选定受益人、如何决定信托财产在受益人彼此间的分配，完全属于受托人自由裁量权的范围"[②]。

（2）投资原则的例外

通常情况下，受托人投资决策时，基本规则是为受益人的最大经济利益进行投资，而不应考虑非经济因素。一般情况下，为了公众的最大利益，慈善信托受托人也是根据已确立的投资标准进行投资，且在适当情况下，还需要听取专业人士的建议。但在以下两种例外情况下，慈善信托受托人有权在信托财产的管理中基于非经济因素的考虑排除某些投资：其一，受托人有理由认为某公司从事的业务（如烟草工业）与该项慈善信托从事的慈善项目（如防癌）相冲突，那么受托人有权排除该项投资。其二，受托人持有某项特定的投资会阻碍到公益慈善事业，如"由于信托收益被一些人认为来源不正，结果现有的一些捐助者撤回捐助

[①] 我国《信托法》第37条规定："受托人因处理信托事务所支出的费用、对第三人所负债务，以信托财产承担。受托人以其固有财产先行支付的，对信托财产享有优先受偿的权利。"

[②] 余辉：《英国信托法：起源、发展及其影响》，清华大学出版社2007年版，第111页。

或停止继续捐献，一些潜在的捐助人因此转向其他慈善组织捐款"[①]。在出现上述情况时，受托人需要对"继续保留这些投资可能因此失去多少捐献款项"和"出售这些投资可能带来多大的收益损失"进行权衡后，再做出能使投资收益最大化的决定，排除或是继续持有该项投资。

大陆法系有关国家和地区以及我国均未直接对这些特殊权利进行明确规定。考虑到慈善信托涉及社会公共利益，关系受益人权利保障，建议我国借鉴英美法系的做法对受托人有关的特殊权利加以明确。

(二) 慈善信托受托人的义务

就信托之雏形来说，委托人设立信托正是基于受托人"值得"信赖和"可以"信赖的两大事实，信赖是信托的内在实质，信托则是信赖的外观形式，所以各国普遍注意对受托人义务的规定。以英国为例，其向来重视对受托人义务的规制，甚至认为信托法在本质上就是"受托人义务规制法"[②]。

1. 关于受托人一般义务的规定

(1) 其他国家和地区关于受托人一般义务的规定

第一，管理、处分信托财产的义务。

管理、处分信托财产是一项特殊的义务，它既是权利，又是义务。各国一般都规定，受托人取得并持有信托财产，同时该财产必须与受托人的私人财产相分离[③]；且应亲自履行义务，不得将该项义务转托给第三人。但是，考虑到社会分工细致化、信托运行专业化和受托人自身可能出现的一些障碍，两大法系在信托亲自管理的原则之下，都规定了例外情形。

例如英国早在1925年《受托人法》的第23条、第25条就承认了此项例外。该法规定，"受托人为实现信托目的，可以转委托律师事务所、银行家、股票经纪人或其他人来管理、处理信托事务。如受托人对此项转代理是善意的，对代理人的过失行为，受托人不负责任"。另外，受托

[①] 何宝玉：《英国信托法原理与判例》，法律出版社2001年版，第258页。

[②] Jean Warburton, Charity, Members, Accountability and Control, *Financial Accountability & Management*, Vol. 1, No. 1, Janaury 1985.

[③] 即分别管理义务。例如：台湾信托法第24条规定，"受托人应将信托财产与其自有财产及其他信托财产分别管理。信托财产为金钱者，得以分别记账方式为之"。

人还可"根据委托人的授权书,把信托事务的执行权或实施权委托给他人"①。

与英美法系中的事务性原因不同,大陆法系有关国家和地区则是明确了两种具体情况下的例外规则。其一是信托合同或其他文件中有受托人委托他人执行信托事务的授权。其二是受托人存在自身障碍,并经过受益人允许的。

第二,忠实义务。

受托人的忠实义务是"受托人对受益人负严格责任,负有唯一的为受益人利益而管理信托事务的义务,限制受托人的执行权力,一旦执行就要忠实的不能有任何错误的执行,不能与委托人的任何合理期待相违背,严禁受托人从信托管理中为自己或第三人谋利的义务"②。忠实义务是"受托人其他权力和义务的基础,是受托人权力行使的根本准则。受托人负有的分别管理义务、标志义务、自己管理义务、报告义务、公平分配受益人利益义务都由此而衍生"③。根据英国信托法权威 D. J. 海顿 (D. J. Hayton) 的观点,"衡平法上最严格的义务即忠实义务,忠实义务体现在受托人不应该使自己处于一种冲突的地位,即其受托人地位和他的个人利益不得冲突"。美国的受托人忠实义务亦继承于英国受托人忠实义务规则,由 1816 年的 Davoue vs Fanning 案加以确立。该案甚至把受托人责任提升到受益人"无需证明实际损害的存在"以此来提高对受托人忠实义务的要求。鉴于信托成立后委托人职责的弱化,在信托过程中又要求受托人必须完全排除对自我利益和第三人利益的考虑,所以英美法系受托人的忠实义务又细化为了以下三个方面:

其一,受托人不得从信托中获利。

法律上规定受托人不得利用信托财产或受托人地位从信托中获利。除非有具有完全民事行为能力的受益人或法院授权,或信托文件有规定,允许受托人从信托中获取利润。若受托人利用信托财产或受托人地位获

---

① Robert Pearce, John Stevens & Warren Barr, *The Law of Trusts and Equitable*, London: Obligations Oxford University Press, 2010, p. 91.
② 叶赛莺:《信托法专论》,台湾新学林出版股份有限公司 2013 年版,第 56 页。
③ 张天民:《失去衡平法的信托》,中信出版社 2004 年版,第 78 页。

取利润的话，受托人负有对所获利润进行报账说明的义务。法院在必要的情况下可判定受托人所持有的从信托中获取的利润为推定信托，或发布禁令，对受托人违反或将要违反信托采取措施。

受托人不得从信托中获利具体体现在很多方面，最典型的是受托人在管理信托财产的过程中，可能会获得一些信息或机会。原则上讲，受托人可以利用这些信息或机会，但是如果他利用这些信息或机会可能会导致他对信托所负有的义务和其个人利益相冲突的话，就会受到法律上的限制。该原则从另一角度可以引申出受托人负有保守信托秘密的义务。受托人保密义务的理论基础是衡平法的一条原则，即"知道秘密信息的人不能不当地利用该信息"[1]。受信任的知密者绝不能在没有得到告诉秘密者同意的情况下，损害告诉秘密者的利益。

其二，受托人与信托财产交易的限制。

受托人在经营管理信托的过程中可能有购买信托财产或受益人在信托项下的权益的机会，或者说有与信托财产进行交易的机会。对受托人来说，引诱是巨大的，"受托人做一笔好生意的利益与为信托或受益人而得到最优价金的义务将发生冲突"[2]。英国的衡平法发展出了两条规则来解决这类冲突。第一条规则称为自我交易规则（the self-dealing rule），根据该规则，受托人不可以把信托财产卖给自己，且受益人有权撤销该交易，而不管该交易是多么公平。第二条规则称为公平交易规则（the fair dealing rule），如受托人购买受益人的权益，该交易并非必然无效。但在受托人行为不公平的情况下，受益人可以撤销该交易。

其三，受托人不得从事与信托相竞争的业务。

竞业禁止的一般规则是受托人在接受一个从事某一业务的信托后，不得设立与信托业务相竞争的营业体。之所以确立这一规则，原因在于如受托人设立新营业体与信托相竞争，他的利益与所承担的义务会产生冲突。以英国为例，其在早期判例中采用了威慑的严格观点，后来才有一定程度的放松。

针对受托人的忠实义务，美国法在英国法的基础上，还增加了"无

---

[1] J. G. Riddall, *The Law of Trusts*, London: Butterworths, 1987, p. 146.
[2] 陈雪萍：《信托关系中受托人权利与衡平机制研究》，法律出版社 2008 年版，第 63 页。

需过多询问"和"举证责任倒置"两个原则。无需过多询问原则指的是对于信托财产与受托人个人自己的交易,因其涉及受托人个人与受益人之间的利益直接冲突,"受托人凭其管理者地位在交易中处于绝对的优势地位,其易侵蚀信托利益而又难以防范与举证,在此情况下,只要受益人愿意即可主张该类交易无效"[①]。举证责任倒置原则指的是在信托存续期间,"如果受托人的其他行为有损受益人的利益或与信托目的违背,即使这样的行为与信托财产无关,受托人也被视为违反了忠实业务,受益人可主张该交易无效,除非受托人证明交易对受益人是公平的"[②]。

就大陆法系有关国家和地区而言,关于忠实义务的规定与英美法系趋于一致。在日本的信托法学说中,"对忠实义务的理解与英美法是相同的"[③]。反映在日本《信托法》中便是用第 31 条规定了"禁止受托人与受益人的利益冲突行为",第 32 条规定了"受托人的竞合行为"。台湾地区《信托法》也在第 34 条规定了"受托人不得以任何名义,享有信托利益"。

第三,谨慎注意义务。

该义务有多种不同的表达,英美法系对此规定为注意义务和谨慎义务,形成了"谨慎人规则"(Prudent Person Rules)。大致而言,谨慎注意义务要求在信托财产的管理过程中,受托人应遵循谨慎投资规则,依信托的目的、条款、分配要求以及其他条件对信托财产进行投资和管理,在使投资利益最大化的同时采取适当的投资策略以使投资风险最小化。并且无论受托人是有偿还是无偿地行使职务,均负有对受益人依通常谨慎人的标准行事之义务,不过程度要求有所不同。以英国为例,受托人如果不收取报酬,那么在履行职责时应付出的要和作为谨慎人办理个人事务相一致;如果收取报酬,受托人管理及注意标准即须提升,要求受托人不能只是像处理自己的事务一样,而更应以专业角度、更严谨的态度去对待他人"委托"的财产。若信托受托人具备的知识或者经验高于

[①] 余辉:《美国信托法的发展及其对我国的启示》,《河南科技大学学报》2003 年第 3 期。

[②] 郑京水:《晚近英美信托法受托人制度的三维构造——兼评我国信托法相关规定之完善》,《福建政法管理干部学院学报》2002 年第 2 期。

[③] [日] 照寺本昌宏:《逐条解说——信托法》,商事法务研究会 2008 年版,第 118 页。

其他人，在办理委托事务时必须坚持以其自身为标准。而美国在其司法实践中，法院还根据不同类型的受托人采取了不同的要求标准。对于律师事务所、会计师事务所这样有着专业技能的受托人，有关标准的要求比普通受托人为高。如多利佛法官认为，"当受托者是专业金融机构时，在投资方面比一般的投资者有更优秀的技能，应该对其课以更高的注意义务，如专业金融机构不向投资人做出风险和盈利方面的宣传，就是没有尽到受托人的注意义务"[1]。

从该规则的实质而言，主要是要求信托受托人做到谨慎地对待信托财产，此处的谨慎所具有的要求不仅仅是单纯地按照信托法规定和文件约定进行事务的处理，更多的是要求受托人用一位专业商人的视角对财产进行专业化管理。谨慎是作为一个合格商人应有的对市场的专业判断，但"谨慎"只是一个内心状态，无法进行直接判断，需要一个外观的表现。以此为基础，便产生了注意义务，[2] "需要外观上利用相应的职业技能、进行合理的自由裁量等一系列保障信托财产利益的行为"[3]。因此谨慎义务及注意义务两者是相互配合并协调统一的。

需要指出的是，在慈善信托中，谨慎注意义务不仅要求受托人忠诚、有效地执行慈善信托事务，还要求受托人本着为慈善财产保值、增值并促进慈善的目的而去谨慎行为。所以，慈善信托要求受托人既要按照信托文件行事，又提出了更高的要求。具体言之，受托人首要和重要的职责就是作为信托财产的保有人，"法律禁止受托人以对信托本金产生损失的非通常风险的方式投资信托的任何部分"[4]，以避免信托财产丧失而根本损害受益人利益的情势。以英国为例，在投资类型上，英国常常要求应避免某些类型的投资项目。通常对某种证券和储蓄品投资不得超过其总投资额的5%；"对于贸易活动以及贵重艺术品购置、投机和期货交易、

---

[1] John H. Langbein, "The Secret Life of the Trust: The Trust as an Instrument of Commerce", *Yale Law Journal*, Vol. 107, No. 5, Oct 1997.

[2] 该标准由1830年马州最高法院在审理 Harvard vs Amory 案中确立，得到美国大部分州的认可和援用。

[3] 王众：《美国信托受托人投资行为规范及其对我国的启示：以谨慎投资者规则为视角》，《科学·经济·社会》2014年第1期。

[4] Rober H. sitcoff, "An Agency Cost Theory of Trust Law", *Cornell Law Review*, Vol. 45, No. 3, May 2003.

房地产的投资活动三种类型,因为风险较大,需要经过专门机构(慈善委员会)的批准方能进行"[1]。同时,英国信托法在此项义务当中着重对受托人可以从事的投资事项演绎出一个"法定名录"(Legal List)[2],以此来要求受托人遵循谨慎投资义务。法定名录提供了一个可以帮助受托人选择投资方向和对象的指引,只要受托人尽到了法定名录当中认定的义务范围,则推定其尽到了谨慎义务。如其投资行为不包含在该名录当中,则就应当依靠信托文件的相关约定,否则即推定为违反义务。这里需要指出的是,英美法系的谨慎投资义务是"过程导向型",而非"结果导向型",也就是说,主要是根据"受托人做出的决定或采取行动时的事实和情况来决定"[3]。当然这仅是较为笼统的一个规定,英美法系的具体判例当中针对该项内容的遵守也非常之多。很多特殊的情况下,由法院对信托关系当事人做衡平法考量,进而对受托人责任进行判断。现在,基本赞同从三个方面加以衡量,"其一,在进行投资时,受托人必须保证,在注意到投资给该慈善信托带来的预期总体收益(包括促进慈善信托目标的预期目标利益与预期回报)的情况下,该投资是否有利于实现慈善信托的最优利益。其二,受托人必须不时审查该慈善信托的投资情况并考虑是否需要变更。其三,在投资及审查现行投资时,慈善信托人必须考虑听取建议"[4]。

大陆法系有关国家和地区一般将这个义务统称为"善良管理人义务",意指"要有同富有经验、精通认清事物的人一样所具备的良苦用

---

[1] [美]弗吉尼亚·梅塞乃夫:《美国基金会的公益角色》,载吕明复《美国慈善事业一瞥》,中国社会出版社2001年版,第217—221页。

[2] 在英国Whiteley案中,信托受托人接受一些专家投资者的建议,将信托财产作为抵押款投资于一个砖厂,但由于该专家的判断是基于对错误信息的分析,因此最后导致了信托财产的损失。虽然信托受托人是本着忠实义务与诚信义务对信托财产进行处理,但由于其并未积极通过其他途径搜集考虑相关的信息,也未对相应市场进行咨询、测算而导致了最后的损失。法院在此认定其并未遵循"法定名录"内容,而是基于基础的审慎理念进行了判断。法院最后判定,受托人因没有尽到一般水平的审慎职责,应当对信托财产的损失承担责任并加付利息的4%。

[3] Harry I. Fledderman, "Prudent Man Investment of Trust Funds", *Califonia Law Review*, Vol. 39, No. 3, Sep. 1951.

[4] Law Commission, *Social Investment by Charities: The Law Commission's Recommendations*, London: The Stationery Office, 2015, p. 12.

心、勤勉以及与实际能力相符的注意"①。在大陆法系有关国家和地区，受托人的谨慎注意义务同样是需重点关注的问题。该义务起源极早，一般认为源于罗马法，它是指"要同富有经验、精通人情世故的人那样具备良苦用心、勤勉以及与其实际能力相符的注意"。按照大陆法系民法的理论，"善良管理人的注意义务"与"处理自己事务所负的注意义务"相比，前者的要求比后者高。对于前者而言，受托人要达到其所从事的职业或所处阶层应该普遍要求达到的注意义务，而不只是承担一般人的注意义务。前文已经说明，英美法系国家的信托法对受托人也做类似的义务要求。但大陆法系有关国家和地区的立法偏重于抽象性的规定，比如，一般都未建立相应的"法定名录"对受托人进行具体规定行为的约束，较多的时候是以原则性条款进行概括。如日本《信托法》规定，"受托人要根据规定的信托行为，对信托财产进行管理和处理，在执行业务时，应注意做一个善良的管理人"②。台湾地区也做了类似规定，要求"受托人应依信托之本旨，以善良管理人之注意，处理信托事务"③。同时，日本《信托法》还要求受托人应为了受益人的利益，忠实处理信托或为其他行为。具体而言，受托人应特别注意以下方面："服从委托人、法院、受益人或法令的指示；许可投资的标的；检验投资的义务；变更投资的义务；分散投资的义务。"④

第四，受托人的说明义务。

该项义务是英美法系中受益人知情权的要求，它起源于1803年英国法院审理的 White vs Lady Lincoln 案件，主审法官事后曾着重强调该案之所以能够顺利宣判正是由于"没有信息披露规则就没有信托"观念的确立。⑤ 在受托人履行信息披露义务尺度的把握上，英美法系学者普遍坚持一项总原则："为防止监督受托人有可能出现法律、事实上的空白，必须使受益人获得充分的事务知情权和文件查阅权。"根据英国上诉法院审结的案例显示，法官要求受托人向受益人提交各类文件资料以供查阅，内

---

① 张淳：《信托法原论》，南京大学出版社1994年版，第139页。
② 陈大纲：《中国信托法与信托制度创新》，立信会计出版社2003年版，第7页。
③ 谢哲胜：《信托法》，台湾元照出版有限公司2007年版，第83页。
④ 谭振亭：《信托法》，中国政法大学出版社2010年版，第123页。
⑤ 刘金凤等：《海外信托发展史》，中国财政经济出版社2009年版，第125页。

容囊括"契约账目、记录材料、购销票据、费用清单以及有关信托财产经营管理的其余全部资料"①。而且,为了确保说明义务的履行,英国法院达成了共识,即受托人承担保留信托法律数据的责任。只有保存了账目和相关数据,才能保证信托利益相关人对财产运行和去向的知情权。而且就慈善信托受托人而言,不仅在法律上被要求保留账目,"所有账目保存还至少要达到要求的年限,除非慈善信托已终止且慈善委员会允许销毁或者以其他方式处置账目"②。

与英美法系的理念不同,在大陆法系中受托人的说明义务属于受益人合理行使撤销权的前提。而且由于信托的制度架构特点,受托人履行必要的说明或报告义务尤其不可缺少。不过,虽然受托人说明义务的设置基础不同,但在具体规则内容上,两大法系没有本质区别。大陆法系有关国家也是要求受托人有定期做出财产状况公告或在出现任何重大事由时的报告义务③;同时,为了说明有关情况,务必设置账簿。④

(2)我国关于受托人一般义务的规定

第一,就管理、处分信托财产的义务而言,因为受托人与信托财产的权利关系如何,我国相关法律均没有明示,⑤所以只能说按照信托法理,信托财产受到受托人实际控制、管理和处分,推定认为受托人实际享有和行使对信托财产的受限制所有权。

第二,就忠实和谨慎注意义务而言,我国有高度概括的条款,也有具体的规定。如《慈善法》第48条第1款规定,慈善信托的受托人管理和处分信托财产,应当按照信托目的,恪尽职守,履行诚信、谨慎管理

---

① 张军奎、蔡从燕:《功能扩张、工具创新与英美信托法之受托人制度》,《东南学术》2001年第6期。

② KamFansin, *The Legal Nature of The Unite Trust*, Oxford: Clarendon Press, 1997, p.103.

③ 如日本1922年《信托法》第69条规定,"公益信托的受托人应当每年一次向主管部门报告信托业务和信托财产状况"。类似规定可以在《韩国信托法》中找到。

④ 如我国台湾地区《信托法》第31条规定:"受托人就各信托,应分别造具账簿,载明各信托事务处理之状况。受托人除应于接受信托时做成信托财产目录外,每年至少定期一次做成信托财产目录,编制收支计算表,送交委托人及受益人。"

⑤ 我国《慈善法》第44条规定:"慈善信托属于公益信托,是指委托人基于慈善目的,依法将其财产委托给受托人,由受托人按照委托人意愿以受托人名义进行管理和处分,开展慈善活动的行为。"

的义务。① 这属于法定的强制性义务，受托人不得违反，也不得因双方约定而免除。这个一般性要求，与《信托法》的有关规定大致相同。后来颁行的《慈善信托管理办法》第 24 条又重复了此条内容。而且，我国在《信托法》中还对受托人的很多具体义务做出了要求，主要有"自我交易限制②、禁止关联交易③、不得从信托中获利④、分别管理义务⑤、亲自管理义务⑥"等。在这里需要注意的是，为了信托财产的安全，我国专门规定了受托人的信托财产投资范围。银监会的《93 号通知》曾规定，信托公司管理的公益信托财产及其收益，"只能投资于流动性好、变现能力强的国债、政策性金融债及中国银监会允许投资的其他低风险金融产品"。《慈善法》第 54 条规定了慈善组织的投资原则："慈善组织为实现财产保值、增值进行投资的，应当遵循合法、安全、有效的原则，投资取得的收益应当全部用于慈善目的。慈善组织的重大投资方案应当经决策机构组成人员三分之二以上同意。"由于该条是规范慈善组织对取得的捐赠财产的投资运用规制，未规范于"慈善信托"一章，所以"这一规定能否适用于慈善组织作为慈善信托的受托人的情形，仍有待进一步探讨"⑦。

---

① 我国《信托法》第 25 条规定："受托人应当遵守信托文件的规定，为受益人的最大利益处理信托事务。受托人管理信托财产，必须恪尽职守，履行诚实、信用、谨慎、有效管理的义务。"

② 我国《信托法》第 28 条规定："受托人不得将其固有财产与信托财产进行交易或者将不同委托人的信托财产进行相互交易，但信托文件另有规定或者经委托人或者受益人同意，并以公平的市场价格进行交易的除外。受托人违反前款规定，造成信托财产损失的，应当承担赔偿责任。"

③ 我国《信托法》第 28 条规定："受托人不得将其固有财产与信托财产进行交易或者将不同委托人的信托财产进行相互交易，但信托文件另有规定或者经委托人或者受益人同意，并以公平的市场价格进行交易的除外。"

④ 我国《信托法》第 26 条规定："受托人除依照本法规定取得的报酬外，不得利用信托财产为自己谋取利益。"第 27 条规定："受托人不得将信托财产转为其固有财产。受托人将信托财产转为其固有财产的，必须恢复该信托财产的原状；造成信托财产损失的，应当承担赔偿责任。"

⑤ 我国《信托法》第 29 条规定："受托人必须将信托财产与其固有财产分别管理、分别记账，并将不同委托人的信托财产分别管理、分别记账。"

⑥ 我国《信托法》第 30 条规定："受托人应当自己处理信托事务，但信托文件另有规定或者有不得已事由的，可以委托他人代为处理。"

⑦ 赵廉慧：《慈善信托财产的投资运用和支出》（http://blog.sina.com.cn/s/blog_4c9062ff0102wsb8）。

不过,《慈善法》之后,民政部和银监会联合下发的《151号通知》第三部分又规定,"受托人管理慈善信托财产及其收益,除合同另有特别约定之外,慈善信托财产及其收益应当运用于银行存款、政府债券、中央银行票据、金融债券和货币市场基金等"。而民政部和银监会联合印发的《慈善信托管理办法》第30条再次规定,"慈善信托财产运用应当遵循合法、安全、有效的原则,可以运用于银行存款、政府债券、中央银行票据、金融债券和货币市场基金等低风险资产,但委托人和信托公司另有约定的除外"。以上条款从不同角度限定了慈善信托受托人的投资领域,可算是在法规层面对受托人谨慎投资的基本意向。

  整体而言,关于忠实和谨慎义务,我国的有关规定较为全面,但也存在可操作性不强的问题,例如,对于忠实和谨慎注意义务,无论是《慈善法》还是《信托法》都没有对何为诚信、谨慎给出确切定义或者立法解释,规定太过抽象,这实际上降低了条款的实用性。一方面不利于规范受托人在实际运作中管理信托财产的行为,容易导致其滥用权利损害受益人的利益;另一方面也不利于对受托人是否履行了有关义务进行准确判断。关于这个问题,大陆法系有关国家和地区也存在类似的情况,故建议对学习英美法系的做法予以补充。另外,《151号通知》和《慈善信托管理办法》的规定,存在着规制上的改变。其一,《慈善信托管理办法》所述的"委托人和信托公司另有约定的除外",对慈善组织和信托公司的财产实行了区别对待。该条内容明确剥夺了在财产运用上委托人与慈善组织另有约定的权利,意味着当慈善组织作为慈善信托的受托人时,在财产保值增值上,只能将财产运用于低风险产品,没有通过合同进行选择的任何余地。"此条是建立在慈善组织缺乏理财能力的预设上。"[1] 其二,《151号通知》和《慈善信托管理办法》中规定的投资范围比较窄,且都是低风险资产,甚至远比现行慈善组织相关规范中的投资范围还要窄。首先,这样的规定有矫枉过正之嫌,慈善信托的优势之一是其灵活性,而如此规定未充分尊重委托人意愿,以预设的方式强制剥夺了慈善组织在财产运用上与委托人可以另有约定的权利,对受托人谨慎投资的

---

[1] 张媛:《投资范围过窄,公益组织做受托人恐受限——〈慈善信托管理办法〉解读》(http://wemedia.ifeng.co)。

立法导向存在理解和操作上的误区。其次，即便慈善组织与信托公司相比，有些慈善组织与信托公司可能存在理财能力上的差距，不过，不能否认，还有部分慈善组织是具备较好的投资能力的，而且慈善组织的投资能力还可以通过其他途径来解决，现在的"一刀切"不利于和谐竞争关系的形成，也堵塞了慈善信托发展的多元通道。因而，建议对受托人的忠实和谨慎义务在借鉴其他国家和地区有益做法的基础上进行合理设定和科学界分。

首先，应该在立法中明确忠实和谨慎义务的基本含义，在此基础上可以允许当事人在信托文件中对其作扩张、限制或变更。

其次，针对谨慎义务，立法要做的是设计标准、进行风险控制，由受托人根据其对市场的慎重判断进行投资方能体现信托的价值，而不是人为地画地为牢，消灭应有的进步可能。在以后的配套法律文件中可以这样设计：第一，明确规定受托人负有谨慎投资义务，要求其运用合理的、谨慎的投资技巧来管理信托财产。第二，受托人为专业机构时，应负有更高的注意义务；若受托人声称自己具有某项专业能力或在广告中宣称自己具有某项技能，则受托人应履行同行专业人士通常的能力或其表述的能力。第三，受托人需采取合理方式证实信托资产投资与管理有关的事实因素。第四，对受托人关于个别资产投资与管理的决定，不做孤立评价，应将其看做整体投资组合的一部分来评价，根据存在的整体投资组合的风险与收益来评估。第五，除非因特殊原因，否则受托人需实行信托投资多元化，如此可更有助于信托目的的实现。第六，受托人在投资与管理信托财产时，需充分考虑信托目的、信托条款内容、分配要求以及信托的其他环境。在考虑这些标准时，受托人应做到合理注意、警惕和技能使用。第七，投资和管理信托财产时，受托人应关注整个社会的经济形势、通货膨胀带来的可能影响、每一项投资在整个投资组合中所起的作用以及交易的成本和费用、受益人的其他经济来源、投资决定或投资策略的预期税收结果等。

当然，不同的慈善信托产品其功能和侧重也不尽相同，每一慈善信托始发的初衷必然是各有所倚，所以这些标准不是一成不变的，而且也不可能用一条标准来整齐划一地规制所有的慈善信托项目，相关的标准应随着信托投资市场的不断发展，相关的义务也要给予相应的调整与完善。

最后，为了对忠实和谨慎义务进行全面规范，还可以增加一些规范条款。其一，建议参考财务会计学科理论，增加对信托财产如何分别管理的明确规定，在法律中予以详述。其二，增加受托人不得从事竞争业务的规定，这是属于我国欠缺的规定，通过这样的规定可以有效地避免受托人的自身利益与对信托的义务出现冲突。

第三，就受托人的说明义务来看，我国《慈善法》第 48 条第 2 款规定了两个报告义务。其一是向委托人的报告义务。这项义务是法律授权委托人可以在信托文件中约定受托人必须履行的义务。具体来说，要求受托人根据信托文件和委托人的要求，及时向委托人报告信托事务处理情况、信托财产管理使用情况。一旦在信托文件中约定了报告的时间和事项，受托人就必须遵守。其二是向民政部门的报告义务。此项是法定义务。慈善信托受托人应当每年至少一次向民政部门报告其信托事务处理情况及财务状况，同时，还要将有关报告情况向社会公开。

嗣后，《151 号通知》以明确备案部门工作职责的反向规定方式，强调和充实了受托人的信息披露职责。《151 号通知》的"依法管理和监督"部分对受托人的职责加以细列，并在"加强信息公开"部分要求接受备案民政部门应当在统一的信息平台上，及时向社会公开慈善信托的下列信息："慈善信托备案事项；对慈善信托检查、评估的结果；对慈善信托受托人的行政处罚决定；慈善信托终止事由和终止日期；其他需要依法公开的信息。"

另外，《慈善信托管理办法》第 35 条还对受托人资料保管义务和期限进行了规定。[①] 尽管从条文表述来看，该条是源自《集合资金信托计划管理办法》第 39 条，[②] 但对慈善信托而言，这意味着受托人谨慎保存慈善信托账目和往来交易数据义务的明确。

应当说，我国关于受托人的说明义务规定得比较全面，但以后随着慈善信托的充分发展，还有些执行性问题需要明确。建议：其一，"增加

[①] 我国《慈善信托管理办法》第 35 条规定："受托人应当妥善保存管理慈善信托事务的全部资料，保存期自信托终止之日起不少于十五年。"

[②] 我国《集合资金信托计划管理办法》第 39 条规定："信托公司应当妥善保存管理信托计划的全部资料，保存期自信托计划结束之日起不得少于 15 年。"

对慈善信托受益人群体信托内容的公开,这样有易于对慈善信托受益人选择的监督"[1]。其二,需明晰向民政部门报告信托事务处理情况及财务状况的要求和方式。

第四,值得一提的是,除了以上与其他国家和地区类似的受托人一般义务外,我国《信托法》还规定了一个独特的义务:"依法保密义务。"[2] 我国有学者对此举大为赞赏,认为"不管是委托人设立信托还是受益人享受信托利益,只要他们从内心里不希望该事实或者某些事项被其他人知悉,那么就应该作为商业秘密或者个人隐私"[3]。我国信托法专门对此给予规定,的确是个创新。不过,也要看到"关于保密义务"仅仅只规定了一句话,除了条款本身缺乏可操作性外,也没有给出例外性条款,建议对该内容进行细致化的规定。

综合以上关于慈善信托受托人一般性义务的思考,还需要在考虑我国现实国情的基础上,对有关义务的规定实行差别规范。或者说,对慈善组织与信托公司按规模大小分类管理。拿慈善组织来说,慈善组织的规模有大有小,既有数万员工、数亿资产的国字号基金会,也有实行规范化管理的现代基金会;但也还有很多规模不大、职员少、管理不规范的小型和微型慈善组织。同时,我国的慈善组织还有三种组织形式,即社会团体、基金会、民办非企业单位。因此,在对慈善信托受托人义务进行规划时,建议按照业务收入和资产规模划分慈善信托受托人的不同等次,对它们实行义务规划的层级制,等次越高的,要求应越高。

2. 针对慈善信托的特别义务规定

鉴于慈善信托目的的特殊性,除一般义务之外,各国还对慈善信托的受托人设定了更为严格的义务要求。

(1) 其他国家和地区对信托财产及其收益专用于慈善目的之义务

就其他国家和地区的做法来看,均要求信托财产和受益专用于慈善目的。在英国,虽然没有直接规定慈善信托受托人只能将信托财产及其

---

[1] 陈励伟:《公益信托的法律监督》,硕士学位论文,复旦大学,2009年,第21页。
[2] 我国《信托法》第33条第3款规定,"受托人对委托人、受益人以及处理信托事务的情况和资料负有依法保密的义务"。
[3] 张淳:《信托法哲学初论》,法律出版社2014年版,第67页。

收益用于慈善目的，但设立了慈善目的排他性（Exclusive）原则，即慈善信托必须完全、彻底是慈善性的，不符合该要求的不被认为是慈善信托。① 而在英国 2011 年《慈善法》中更是清楚地规定了受托人就慈善信托的管理行为以及慈善信托运营会计账户负责，并须每年向公众报告慈善信托之年回收率、会计账目以及信托管理年度报告。对于未按照法律规定慈善目的使用信托财产的，慈善委员会有权进行干预调查，据干预程度的不同，可采取的措施有："运营合规调查（Operational compliance），调查前置评估（Pre-investigation assessment），控制（Monitoring）。"②

日本 2006 年的《公益信托法》指出："慈善信托只能从事特定慈善目的。"而我国台湾地区《信托法》第 77 条从受托人实行慈善目的之"作为与不作为"两个角度进行了规定："为有害公益之行为者，公益目的事业主管机关得撤销其许可或为其他必要之处置；无正当理由连续三年不从事相关活动者，同上。"

就我国的有关规定来看，我国同样强调应把信托财产和收益用于慈善目的。我国《信托法》第 63 条规定，"公益信托的信托财产及其收益，不得用于非公益目的"，不过，信托法没有规定对应的责任。《慈善法》出台后，对此问题做出了规定。其第 104 条规定，"将信托财产及其收益用于非慈善目的的，由民政部门予以警告，责令限期改正；有违法所得的，由民政部门予以没收；对直接负责的主管人员和其他直接责任人员处二万元以上二十万元以下罚款"。《慈善信托管理办法》第 59 条也重复了该条内容。

（2）遵循近似原则之义务

第一章已指出，慈善信托的一个重要特点是管理的连续性，也就是"近似原则"的适用。

就英美法系来看，英国 1960 年《慈善法》颁布以前，"近似原则"在英国慈善信托中的适用范围较为有限，仅适用于慈善信托的目的不可能实现或最初的慈善目的不切实际之时。而且，如果是在慈善信托发起

---

① 如在 1835 年 Willian vs Kershaw 案中，赠与的目的为"仁慈的、慈善的和宗教目的"，尽管只有"仁慈的"不属于英国所列举的慈善目的，法院还是判决整个赠与不属于慈善性质。

② David J. Hayton, *Law of Trusts and Trustees*, London: Butterworth, 1995, p. 62.

之时就失败的，适用"近似原则"还需要具备一个一般慈善意图。随着社会进步和经济的迅速发展，一味地严格适用"近似原则"已不符合时代的要求，反而会降低公益信托的效率。因此，英国在此后两次制定的慈善法和2006年的修改中不断扩大其适用范围。

首先，1960年《慈善法》扩展了对慈善信托目的不可能的解释；并规定了适用近似原则的新情形："一是慈善信托目的实现但仍有剩余财产的；二是受赠人不知道或者放弃了剩余赠与物的以及法院在调查之后无法确定或者找到捐赠人或者捐赠人书面放弃捐赠的财产的；三是能够返还且返还成本高于捐赠数额的。"[①] 其次，1993年《慈善法》扩大了慈善委员会对力求"近似原则"适用的权力，不仅允许当慈善信托变得"不可能"或者"不切实际"（Impossible or impracticable）时改变和修正最初的慈善目的，而且在慈善信托不再有效时也有权这样做。[②] 同时，还把适用"近似原则"规定为慈善信托受托人的一项义务，即在适当情况下，慈善信托的受托人应采取必要的行动，使信托财产适用近似原则。最后，2006年《慈善法》又对1993年《慈善法》的第13条第1款进行了修改，加入了"社会或经济情况改变了最初的目的"这一"合适的考虑"，在第14条后面加入"根据现存的社会或经济情况，适用于相关慈善目的"[③]。这样的指导为"近似原则"紧密结合社会现实发展预留了操作空间。

"近似原则"在美国慈善信托制度中的发展起始于19世纪末期，在此之前，宗教财产是永久巨大的，这在一定程度上影响了美国的政府财政收入，不利于财产流通，而且英国在初期"近似原则"的适用中又使

[①] Edward C. Halbach, *Jr. Trusts*, New York: Harcourt Legal & Professional Publications, 2007, p. 237.

[②] 英国1993年《慈善法》总结了该原则适用的八种情形。第一，最初的慈善目的全部或者部分已经实现；第二，最初的慈善目的不能实现，或者没有依据赠与时指定的方向或赠与物的精神；第三，依据赠与物的特点只用部分财产就能实现赠与的最初目的；第四，依据赠与物的优点，慈善信托的财产与其他具有相似目的的财产合并使用可能会更加有效地使用；第五，如果慈善目的在某个特定的区域已经不存在，或者不能继续适用于某个人或某个组织；第六，已经通过其他的方式部分或者全部实现慈善目的；第七，最初的慈善目的无益于社会，甚至是对社会有害时，或由于其他原因，在法律上不再具有公益性；第八，考虑到赠与物的精神，最初目的已经不能通过其他途径提供适当和有效的方法来使用赠与财产。

[③] Alastair Hudson, *Eguity and Trutsts*, London: Koutledge-Cavendish, 2007, p. 1004.

用的是皇家特权，所以早期美国民众对慈善信托的印象并不好，甚至还有一些偏见，更谈不上去运用"近似原则"。在 Jackson vs Phillips 一案后，随着法院对慈善信托的本质有了进一步了解以及美国政府对自由主义市场经济放任而导致贫富分化现象日趋严重，法院开始认识到慈善信托发展有利于公众利益和社会福祉，慈善信托制度也逐渐得到了普遍的认可，同时，"近似原则"亦得以适用和发展。在继受英国的"近似原则"时，美国拓展了其适用条件，在原来"不可能"或者"不可行"的基础上，增加了"不合法"（illegal）可以适用的情形。后来，美国的《信托法重述（三）》和《统一信托法》又增加了"浪费的"（wasteful）条款①，而且还规定"除非捐赠人有明确相反的意思，否则法律将推定捐赠人具备一般公益意图"。

需注意的是，如要适用"近似原则"，就意味着原慈善信托得以存在的某些条件发生了变化。那么，根据不同的变化，如何操作才算符合"近似原则"要求，即"尽可能地接近"（as near as possible）怎么判断带有着极强的主观性。该事宜需由有权决策者综合各种具体情况进行判断，且也是难以通过立法进行详细限制的，因此常对此采取原则性规定。原则性规定就意味着对"近似目的"的判断具有很强的主观性，"近似性"应到何种程度，"信托本意"的本意如何把握，都是在面对一个个不同案件时，需要去结合案情进行主观判断的。判断时，如过于宽泛解释"近似目的"和"信托本意"，则可能损害委托人意愿，也为今后潜在的慈善信托设立者开下恶例；如过于严格考虑"近似目的"，剩余信托财产何去何从较难确定，委托人的信托目的也无法得到全面保障。应该说，关于慈善信托"近似原则"的判断，不仅涉及慈善信托终了时信托财产的归属问题，更涉及了慈善信托的塑造与发展。这不仅仅是法律问题，还与"道德、政策取向、民众心理等诸多因素有关"。所以，英美法系在践行该原则的过程中，提出了一些有益于操作的标准。如英国在 2006 年

---

① 美国《信托法重述（三）》对"不经济"的解释是，"当某一慈善信托所产生的、用于分配的数额远远超过完成慈善目的所需的数额时，尽管可以继续实施原先的信托，但这样做会产生不经济，法院在面对这样的案件时往往会扩大慈善信托的目的，允许受托人将多出来的资金用于实现其他与原先信托目的不同、但近似的慈善目的"。

《慈善法》中指出适用"近似原则"必须满足以下要求,"用于慈善目的,而且财产是可以移转给另一个慈善的;必须符合赠予精神,为了确保信托财产安全必须将其用于与原始目的最为接近的慈善,必须是符合对现在社会和经济环境适合和有效的相关慈善,可以要求慈善受托人履行保证信托财产确实被用于可行的、与原有目的类似的慈善目的"。[1] 而美国则采取了有关制衡措施。其一,优先考虑慈善信托捐赠人的原始意愿。此办法主要是获取到促使捐赠人选择特定慈善目的的相关证据。其二,赋予了慈善信托捐赠人执行慈善信托条款的诉讼资格。"捐赠人享有执行慈善信托的诉讼资格为慈善捐赠人实现捐赠意愿提供了制衡性权利,对避免偏离慈善意愿起到了一定的约束作用"[2]。

就大陆法系有关国家和地区来看,由于对信托定义和归类上的不同,使得大陆法系有关国家和地区"近似原则"的发展空间和演变路径与英美法系明显不同。英美法系对信托"双重所有权"的设计使得受托人与受益人之间一直存在紧张关系,而"近似原则"一方面兼顾委托人利益,另一方面又帮助实现不特定多数人的利益,这有利于消解受托人和受益人间的天然紧张关系,也是"近似原则"产生于英美法系慈善信托领域的内在逻辑;而反观大陆法系有关国家和地区,由于采用了债权平等保护的设计,这使得在受托人与受益人利益出现矛盾时,法律一般是选择保护一方而不是打算"兼顾"当事人利益。该做法间接限制了"近似原则"的适用范围。以日本[3]和我国台湾地区[4]的信托法为例,"近似原则"适用的前提较之英美慈善信托制度为狭窄,均只规定了公益目的事业主管机关在信托终止时,将其转用于类似目的,或将信托财产转移至有类

---

[1] Pettit P. H., *Equity and the Law of Trusts*, Oxford: Oxford University Press, 2009, p. 97.

[2] 李喜燕:《慈善信托近似原则在美国立法中的发展及其启示》,《比较法研究》2016 年第 3 期。

[3] 日本 1922 年《信托法》第 73 条规定:"公益信托终了的时候,其信托财产如无归属权利人时,主务官厅可以按照其信托本旨,运用于类似目的,使信托继续下去。"日本 2008 年《公益信托法》第 9 条规定:"公益信托终止时,无指定权利归属人或者权利归属人放弃其权利的,主管部门可以根据此信托的本意,为了类似目的的继续进行信托。"

[4] 我国台湾地区《信托法》第 79 条规定:"公益信托关系消灭,而无信托行为所订信托财产归属权利人时,目的事业主管机关得为类似之目的,使信托关系存续,或使信托财产移转于有类似目的之公益法人或公益信托。"

似目的之慈善法人或慈善信托。换言之，其一，日本和我国台湾地区是把遵循"近似原则"作为公益目的事业主管机关的职权，未将它作为慈善信托受托人的义务。其二，大陆法系有关国家和地区强调把"近似原则"应适用于慈善信托关系终止且没有财产权利归属人的情形。换言之，大陆法系有关国家和地区的《信托法》更看重信托财产的归属，只有在"剩余财产没有权利归属人，或者权利归属人是不特定的社会公众"时，才打算适用"近似原则"。另外，与英美法系相比，大陆法系有关国家和地区对于"近似原则"的规定更为抽象，如何运用该原则的适用条件往往由行政管理机关加以裁量。

就我国来看，依据《信托法》第72条的规定，"慈善信托终止，没有信托财产权利归属人或者信托财产权利归属人是不特定的社会公众的，经公益事业管理机构批准，受托人应当将信托财产用于与原公益目的相近似的目的，或者将信托财产转移给具有近似目的的慈善组织或者其他慈善信托"。《慈善法》第57条则规定，"慈善项目终止后捐赠财产有剩余的，按照募捐方案或者捐赠协议处理；募捐方案未规定或者捐赠协议未约定的，慈善组织应当将剩余财产用于目的相同或者相近的其他慈善项目，并向社会公开"。而《慈善信托管理办法》第43条又进一步规定，"慈善信托终止，没有信托财产权利归属人或者信托财产权利归属人是不特定的社会公众，经备案的民政部门批准，受托人应当将信托财产用于与原慈善目的相近似的目的，或者将信托财产转移给具有近似目的的其他慈善信托或者慈善组织"。这三条规定的总体表述一致，不过不同法条明确的事项各有侧重。

与大陆法系有关国家和地区相比，我国关于"近似原则"的规定有所不同。

其一，我国未把遵循"近似原则"作为公益目的事业主管机关的职权，而是与英美法系的做法类似，将其作为了受托人的义务。

其二，我国适用"近似原则"的情形更为广泛。日本、韩国和我国台湾地区的信托法只规定了"近似原则"适用的一种情形，即慈善信托终止后，不存在信托财产的权利归属人。而我国规定了三种情况，"慈善信托终止"，"信托财产权利归属人是不特定的社会公众"及"慈善组织清算后，仍有剩余财产"。在实务操作中，慈善信托常常是向社会公众募集资金。当慈善信托终止后,如依日本、韩国和中国台湾地区立法,剩余信托财产应返还给委托人,这首先在操作上就面临很大的困难。其次,很多委托人之所以捐赠财产,"便是希望为社会公益慈善事业尽力,并没有将财产收回的意图,因此也不利于社会慈善的发达"①。或者说,"近似原则"的宗旨是挽救慈善信托,适用的情形越广泛,该原则的现实价值就越大。

其三,适用方式的更加多样。日本和韩国对近似原则的接受非常有限,这不仅体现在只适用一种情形上,还体现在适用方式上。根据其信托立法,"近似原则"适用后将成立一个新的信托,即"法定信托"②。而台湾地区和大陆地区都借鉴了美国的做法,规定了三种适用方式:"将信托财产用于与慈善目的近似的目的(类似于日、韩的规定);将信托财产转移给具有近似目的的慈善组织,用于实现该组织的慈善目的;将信托财产转移给具有近似目的的其他慈善信托,用于实现其信托目的。"相对而言,单一的适用方式不利于公益慈善事业的发展。比如,在剩余信托财产有限时,若只能以这部分财产成立法定信托,因规模太小,其积极意义也有限;但如将这部分财产交给其他慈善信托或慈善组织统一管理,将有产生规模效应的可能。

总的来看,我国关于"近似原则"的做法更接近英美法系国家的做法,相对周全。不过,也存在一些差距。英美法系"近似原则"的适用范围比较广泛,且适用机制也较为健全。

比如,按照《慈善信托管理办法》的规定,有权依据"近似原则"决定剩余信托财产归属的是民政部门,但"按照我国目前公益慈善事业发展的现状,民政部门主导下的官办慈善公信力受到极大影响"③。慈善信托本身是在原有慈善事业体制之外开辟的一条新路,如在这样的时代背景下,还将重要的富有技术性的决定权置于民政主管部门之手,反映出我国的公益慈善事业仍然带有较为浓重的管理色彩,对慈善信托的未

---

① 赵磊:《公益信托法律制度研究》,法律出版社 2008 年版,第 130 页。
② 法定信托(statutory trust)是指依照制定法的明文规定而设立的信托。
③ 林卡等:《官办慈善与民间慈善:中国慈善事业发展的关键问题》,《浙江大学学报》2012 年第 4 期。

来发展未见有利。建议参考英美法系做法，对受托人决定"近似原则"的运用，民政部门对其监督，在出现纠纷时由法院进行裁决的多元化博弈体系，如此也可避免出现只有某一机构全权管理而造成权力滥用的情况。

再比如，我国规定，"只能在信托终止并进行清算后，近似原则才能适用"。但无论是英国还是美国，都把"不经济"作为适用该原则的内容之一。在慈善资源日益丰盈的情况下，将"不经济"的出现作为适用"近似原则"的内容之一是十分必要的。首先，当慈善信托财产出现大量盈余时，如仍坚持实施原有的信托目的，势必"造成资产闲置和公共利益的消极减损"[①]。其次，此种不经济现象大多是慈善信托委托人在设立信托时无法预见的，把多余的财富继续用于类似的慈善目的不会违背委托人的慈善意愿。建议我国在"近似原则"得以适用的情况时，增加该内容。

当然，信托制度对于我国来说本就是舶来品，而慈善信托相对于私益信托发展更显滞后，需要适用"近似原则"的情形还不是很多，有关规则也缺乏实践基础。在没有实践经验的情况下，对"近似原则"操作尺度的把握，不可能通过事先的法律规定进行细致规范，只能依靠慈善信托不断的实践来摸索可能的规则。特别是在我国这样一个没有慈善信托传统的发展中国家，对"近似原则"的运用，需要谨慎待之。

(三) 受托人的责任

受托人责任一般是指受托人因违反与管理信托财产有关的义务并致使信托财产遭致毁损灭失从而依据信托法所应当承担的责任。

1. 英美法系对受托人归责原则和责任方式的规定

(1) 英美法系对受托人归责原则的规定

作为信托法起源的英美法系，在信托理念上比较倾向于"受托人并不是最终的受益权人，对信托财产不享有最终的权益，因而不应该承担

[①] Kent D. Schenkel, "Trust Law and the Title—Split! A Beneficial Perspective", *University Missouri Kansas City Law Review*, Vol. 78, No. 2, April 2009.

最终的损失"①。所以，对于受托人责任的归结，只要受托人作为管理人做到了尽职管理，就只需对因违反相关信托文件规定或基本义务理念的行为承担责任，而不会把责任扩大到整个信托范围。这意味着英美法系信托法确立的过失责任原则中的"过失"仅指"重大过失或具体轻过失"②。如，英国《信托法》规定"受托人在信托过程当中的'不知情'或'诚实合理行为'可以作为免责的事由"③。美国《信托法重述（二）》亦明确"受托人不应当对正常的经营风险以及不能预见的结果承担责任，只要受托人履行了相应的诚实、忠实等义务，则对该项损失不产生责任，甚至'善意的错误'同样是属于免责事由"。可见，英美法系对受托人的责任追究较为宽松。

（2）英美法系对受托人责任方式的规定

英美法系国家的判例一般都赋予了相关权利人"损害赔偿"和"恢复原状"两种请求权，由权利人根据受托人违反信托的具体形态自由选择。具体而言，受益人可以要求受托人承担有关责任，其他受托人负有监督义务，也有权提出请求权。

英国规定，受托人违背信托文件时，应承担下列责任："因违约获取的任何利润或者财产，必将产生一个作为救济方式的财产返还责任；因违约所造成信托财产的隐性或者显性减少，必将产生一个恢复该财产应有价值的责任。"④ 美国在《信托法重述（二）》中，对违反信托的行为进行标明，以列举的方式对受托人的责任范围进行确定，同时在案例当中加以规范。如该法第205条规定：受托人实施违反信托的行为，应当就以下事项负责："（a）由于违反信托给信托财产造成损失或导致信托财产贬值；或（b）由于违反信托所取得的任何利益；或（c）如无受托人违反信托的行为，信托财产将获得的利益。"⑤

从责任承担的范围来看，英美法上受托人对任何经由信托经营而产

---

① Amantha Hepburn, *Principles of Equity and Trusts*, London: Cavendish Publishing Limited, 2001, p. 263.
② 张淳：《试论受托人违反信托的赔偿责任》，《华东政法学院学报》2005年第5期。
③ 陈向聪：《信托法律制度研究》，中国检察出版社2007年版，第223页。
④ [英] D. J. 海顿：《信托法》，周翼等译，法律出版社2005年版，第144页。
⑤ 丁晶晶等：《美国非营利组织及其法律规制的发展》，《政治学研究》2013年第7期。

生的利益均须承担责任。而且，英美法系国家对有关责任造成的损失还有"直接损失"和"间接损失"的区分，对两种损失均需赔偿。间接损失即"可能产生的信托利益"的保护，比如，上述（c）所描述的状况便属于这种情况，这也需要由信托公司进行赔偿。

2. 大陆法系有关国家和地区对受托人归责原则和责任方式的规定

（1）大陆法系有关国家和地区对受托人归责原则的规定

大陆法系有关国家和地区的信托法同样规定了受托人违反善良管理人义务应承担法律责任。不过，与英美法系不同，其对受托人责任承担贯彻的是"职务有效行使"的精神。如，日本《信托法》规定，"受托人因怠于职务致使信托财产遭受损失的，受托人应负有赔偿责任"。也就是，在受托人没有尽到职责义务的时候需要承担相应责任。责任承担不以受托人过错与否为前提，而是以直接明确职务要求涵盖了所有的责任，这样既把"自我交易"与"过错责任"涵盖其中，也包含了其他未知的责任，如此规定表明大陆法系有关国家和地区所规定的需承担责任的情形较英美法系为宽泛。

另外，与英美法系国家类似，大陆法系有关国家和地区亦对部分责任也给予了免除，如日本和韩国的信托法均规定，受托人有分别管理信托财产的义务，"若造成损失应当承担责任，但受托人证明尽到了该义务只是不可避免地产生损失的情况下，受托人可以免除这样的责任"[①]。换言之，"受托人在违反信托时无过失"成为最基本的免责事由。

（2）大陆法系有关国家和地区对受托人责任方式的规定

大陆法系有关国家和地区对受托人责任主要规定了"恢复原状、损害赔偿、利益归入"[②] 等形式，一般是由受益人、委托人提出请求。[③] 大

[①] [日] 三菱日联信托银行编：《信托法务与实务》，中国财政经济出版社2010年版，第64页。

[②] 如我国台湾地区《信托法》第35条规定，"对于受托人违反分别管理义务、忠实义务，将信托财产中的收益转入自己的财产部分，应当将利益进行返还"，称之为"归入权"制度。再比如，韩国《信托法》第52条规定："受托人违反信托宗旨，处理依照第三条信托公示规定的信托财产时，受益人可撤销其对对方或转得者的处理；关于第三条信托公示未规定的信托财产，对方或其转得者获知其处理违反了信托宗旨，或因重大过失而未知晓时，可撤销前款规定的处理。"

[③] 何宝玉：《信托法原理研究》，中国政法大学出版社2005年版，第244页。

陆法系有关国家和地区没有对直接损失和间接损失进行专门规范,通常受托人只赔偿直接损失。主要原因在于基于大陆法系有关法理精神,间接损失属于未来不可预见的损失,并没有产生相应的利益存在,存在很大的不可判断性。正是由于在大陆法系成文法体制内,该情形并未形成事实,很难进行把握,故而没有相关规定。

3. 我国受托人的归责原则和承担责任方式的规定

(1) 我国对受托人归责原则的规定及完善

就归责原则来说,根据我国《信托法》第22条、第27条①、第28条和第49条的规定,受托人"违背管理职责、处理信托事务不当"②需要承担有关责任。但就免责事由而言,我国只规定了一种具体情况,"受托人就固有财产和信托财产交易时,信托文件另有规定或者经委托人或者受益人同意且交易价格公平时,可免于赔偿责任"③。

就我国《信托法》确立的责任原则来看,与大陆法系有关国家和地区的做法类似,以"职责"为基础,但就"职责"所包含的类型而言,却显得不够明确。这一问题实际上也是前文所述我国《信托法》第25条第2款仅笼统规定"受托人管理信托财产必须恪守谨慎义务"的具体内容不够明晰所致。为了使我国有关法律法规在保护信托财产方面能够较好地发挥作用,建议在受托人义务具体化之后,以不履行相关义务为基础来要求受托人承担责任,如此,责任承担才能有的放矢。

我国关于免责事由的规定,与其他国家和地区相比,可以算作事由范围最小的。为了使责任承担在内容上显得更加合理与完善,建议参照

---

① 我国《信托法》第27条规定:"受托人不得将信托财产转为其固有财产。受托人将信托财产转为其固有财产的,必须恢复该信托财产的原状;造成信托财产损失的,应当承担赔偿责任。"

② 我国《信托法》第22条规定:"受托人违反信托目的处分信托财产或者因违背管理职责、处理信托事务不当致使信托财产受到损失的,委托人有权申请人民法院撤销该处分行为,并有权要求受托人恢复信托财产的原状或者予以赔偿;该信托财产的受让人明知是违反信托目的而接受该财产的,应当予以返还或者予以赔偿。"

③ 我国《信托法》第28条规定:"受托人不得将其固有财产与信托财产进行交易或者将不同委托人的信托财产进行相互交易,但信托文件另有规定或者经委托人或者受益人同意,并以公平的市场价格进行交易的除外。受托人违反前款规定,造成信托财产损失的,应当承担赔偿责任。"

大陆法系有关国家和地区的做法，以"无过失即无责任"为基础，同时结合我国慈善信托初期实践的具体情况细化免责事项。

（2）我国对受托人责任方式的规定及完善

我国《信托法》对受托人责任主要规定了"恢复原状、损害赔偿"的形式，一般由"委托人、受益人和慈善信托的信托监察人"提出请求。而且我国《信托法》对于间接损失赔偿所持态度与大陆法系有关国家和地区一致，不支持间接损失赔偿。

应当说，间接损失属于信托财产的损失且它是因受托人违反管理信托财产有关客观义务的行为所产生，所以不论受托人违反的是哪种客观义务，只要它符合受托人违反信托之赔偿责任的归责原则要求以及在其他方面的配套要求，即理应由受托人赔偿。为此，建议应当借鉴英美法系的做法增设相关条款，不过，考虑到我国慈善信托处于萌芽发展期，可待慈善信托发展到一定规模后再讨论如何具体设计。

第三节　慈善信托的受益人

受益人（beneficiary）是指"根据委托人在信托文件中的指定而享受信托利益的人"[①]。受益人不属于设立信托关系的当事人，但却为信托中必不可少的一方。在信托关系中，受托人对受益人负有不可削减的义务，并且该义务可以由受益人强制执行。这一核心义务对于信托概念而言是至关重要的，"如果受益人没有强制执行受托人的权利，那么就不存在信托了"[②]。

正是因为设立信托的目的是受益人的利益，这不仅使得受益人成为信托的重要关系人之一，也使得受益人享有特殊权利。或者说，受益人是在信托中享有信托受益权的人，他享受信托利益，但不承担义务。因此，各国法律对受益人资格没有任何限制，自然人、法人、非法人的社会团体都可以成为慈善信托的受益人；而且受益人有无行为能力，是否为禁治产人也在所不问，只要受托人依信托文件的规定选定具体受益人

[①]　陈大纲：《中国信托法与信托制度创新》，立信会计出版社2003年版，第7页。
[②]　［英］D. J. 海顿：《信托法》，周翼等译，法律出版社2004年版，第169页。

即可。另外，基于慈善信托目的的公益性，有的国家，如"英国还规定受益人可以是物或者特定目的，如动物保护、环境保护等"①。不过由于慈善信托受益人的不特定性，大量潜在的受益人实际上并不享有如同私益信托受益人那样广泛的受益权，但慈善信托的受益人仍是信托关系中重要的主体之一，这只是意味着此种关系转换成了受托人与不特定受益人之间的关系，"进一步说则是演变为受托人与公众之间的关系，或者说是受托人与一般社会的关系"②。

一 其他国家和地区慈善信托受益人的权利

（一）英美法系慈善信托受益人的权利

在英美法系中，受益人是信托财产的衡平法所有者，虽然他们一般情况下不能干预受托人的行为，但他们有权要求受托人正当地管理信托事务，在必要的情况下还可以要求强制实施信托。

根据英国有关信托法律制度的规定，受益人享有的权利具体包含有：第一，有权使受托人所持有和控制的财产对立于其自身个人财产或其他财产；第二，有权查阅信托账目，并可不定期检查信托财产运行状况，还可请求受托人对于信托财产收益进行解释；第三，有权对受托人违反信托义务或他们行使自由裁量权和管理权时有明显错误或鲁莽的行为而行使异议权；第四，有权要求受托人对违反信托义务的行为进行补救，对由受托人不忠实行为导致的信托财产本金和收益的损失要求赔偿；第五，有权向法院提出申请解除受托人的权利或就影响他们权利的某个问题要求法院给予特别指导或向法院申请变更新的信托受托人或请求法院代为管理信托事务；第六，可起诉有过错的侵权第三人，要求其加入到诉讼中来，并且将受托人列为共同被告来维护自己的权益。这种情况主要发生在受托人转让信托财产给第三人，而第三人又恶意侵犯受益人权利时；例如"第三方不诚实地帮助受托人违反信托或恶意为了自己的利益处置了信托财产，受益人有权起诉第三方，使之与受托人承担共同连

---

① 中国信托业协会编：《慈善信托研究》，中国金融出版社 2016 年版，第 84 页。
② ［日］四宫和夫：《信托法》，有斐阁 1989 年版，第 308 页。

带责任"①；第七，若所有受益人都符合完全行为能力条件，他们可以所有的自由意志行使终止信托的权利，并可要求受托人按照指示处分信托财产；第八，在可以使潜在的受益人获得信托利益，且受益人不确定或无行为能力时，所有实际受益人也基本同意的情况下"受益人可以代表那些潜在的受益人要求法院改变信托文件中的某些条款内容"②；第九，如没有信托文件限制，受益人有权将他们享有的受益权出售、赠与或进行其他处置；第十，若信托财产落入任何非善意并对信托财产支付了对价，且对违反信托行为不知情的买受人手中，受益人"有权追踪受托人转让的信托财产，并从信托财产或其追踪物品中获得相当比例的衡平法相关利益"③。当然，除了立法上直接赋予的权利，"受益人的信托利益还可以由委托人以其自由意思表示而定"④。

尽管慈善信托受益人是不确定的，但在理论上和立法上同样是享有上述权利的。而且当受托人违反信托义务时，受益人享有救济权利，救济请求权是受益人权利中最重要的一项权利。不过与私益信托受益人可以自己独立行使权利不同，慈善信托的公益性特征决定了不特定的受益人利益受到损害时，由国家法定机关代受益人以公益方式行使，这也构成了慈善信托与私益信托的重要区别之一。

在英国，代表受益人权利的机构是皇家检察总长⑤和慈善委员会，美国则为各州总检察长，这些专门的机构代表公众向法院提起诉讼要求救济。之所以不由某个受益人单独或若干个受益人直接提起，主要是因为

---

① Fishman J. J., *The Faithless Fiduciary and the Quest for Charitable Accountability*, North Carolina: Carolina Academic Press, 2007, p. 36.
② 赖源河等：《现代信托法论》，中国政法大学出版社2002年版，第148页。
③ 周小明：《信托制度比较法研究》，法律出版社1996年版，第86页。
④ 方嘉麟：《信托法制理论与实务》，台湾月旦出版股份有限公司1996年版，第90页。
⑤ 英国的皇家检察总长是作为英国王室代表人出现的，19世纪开始皇家检察总长结束了只为王室利益活动的职权，开始从公共利益角度出发行使职权。慈善信托是英国法中认可的信托种类的一种，直接指向了公共利益，所以，慈善信托最初是由皇家检察总长代表受益人提起诉讼。需要说明的是，慈善委员会也可以就慈善信托的受托人违反信托的行为提起诉讼，但是这种权力实际上是从皇家检察总长的权力中分离出来，是为了实践中更方便有效地操作而由慈善委员会享有，不是慈善委员会本身固有的权力。慈善委员会对违反慈善信托行为的起诉权实际上是其对慈善信托监管权的体现。慈善委员会与皇家检察总长行使的救济请求权的分配随着慈善委员会职权在历史上的起起落落而互为消长。

英美法系国家一般认为，其一，慈善信托的最终受益人是"公众"。"慈善信托的受益人只是一个媒介，受益将通过他们流向公众，公众才是真正的受益人。"[1] 其二，慈善信托受益人处于一种弱势法律地位，与委托人、受托人相比，受益人在信托关系中始终处于一个比较消极的地位，很难积极地行使受益权和救济权，对于关涉自己利益的慈善信托业务可能毫无法律意识，在主张行使权利时可能毫无头绪，亦不容易使权利得到有效的实施和发挥。简言之，在慈善信托中，对受托人行为进行监督和控制的权利是极难由某个受益人来完成的。其三，从权益平衡的角度，有关的规则同样需要保证慈善信托受托人能够有效、顺利地行使权利，所以不能过度干预受托人处分信托财产的权利。由于慈善信托受益人通常是公众中的一部分人，如法律允许任何一个受益人都有资格对损害其利益的受托人或第三人进行诉讼，那么受托人可能会经常受到不合理起诉的干扰并因此而影响其对慈善信托财产的管理、投资。

同时，需要指出的是，与私益信托相比，慈善信托是为了保护社会大众的利益而设立的信托，这使得慈善信托受益人权利事实上是受到限制的。第一，在最终享有信托利益的受益人确定之前，潜在的受益人不能要求受托人向其支付信托利益；受益人也不能要求受托人向其说明、报告信托管理的财务状况；同时在受托人违反规定损害信托利益时，受益人也无法行使撤销权来撤销该行为。第二，若受益权的转让不符合委托人的意愿、也不利于受益人的利益，那么受益权转让或者对债权人偿还债务的行使就会有所限制。依据英美信托法的原理，对于受益权的转让，有三个方面的限制：一是信托文件的禁止。二是信托目的是特定受益人的特殊制度，依据该规定不能转让受益权。即因受益权的性质不能转让和清偿债务的，委托人明确提出只有具有某种身份的人才能享有信托利益的权利，那么受益权的行使只能限定为有特定身份的人。三是法律所禁止的事项。在公序良俗的强制性规定下，当有些信托受益权属于法律上禁止转让内容的，如受益权是维持弱势群体家庭生活必需的或是救助病人的捐赠资金，这些为不能随便转让的权利。

---

[1] Keeton G. W. and Sheridan L. A., "The Modern Law of Charities", *Northern Ireland Legal Quarterly Inc*, Vol. 25, No. 3, June 1992.

（二）大陆法系有关国家和地区慈善信托受益人的权利

从大陆法系有关国家和地区信托法的规定来看，信托受益人享有的权利可以分为以下几个方面：

第一，"向受托人主张信托利益的债权请求权"①。主要包括对信托财产非法强制执行提出异议的权利；取回权，即受托人破产时主张取回信托财产的权利；受托人违背职责或管理不当而处分信托财产时，请求撤销受托人处分行为的撤销权；受托人行为不当给信托财产造成损失的，请求恢复原状的权利或要求受托人赔偿损失的权利等。第二，基于对信托财产享有的权益，"有权要求受托人依照信托文件管理、运用、处分信托财产，并向其支付信托利益"②。第三，如慈善受托人不履行信托义务或不依照信托文件实施信托，"有权请求有关机关强制受托人按照信托合同运行信托事务"③。第四，若信托利益的处理方法不利于信托的慈善目的或损害了受益人权益的，有权通过司法途径请求受托人变更信托利益的管理办法。第五，信托事务的监督权，即受益人监督并促使受托人适当管理信托事务、处分信托财产，确保自己的利益。第六，信托事务的知情权。主要包括请求查阅、复制受托人处理信托事务的信托财产目录、信托账户的情况以及信托账目等事务相关文件的权利，且在必要时有权要求受托人做出说明。第七，受托人违背管理职责或处理信托事务不当的，受益人有权请求法院解任受托人。第八，受托人违背自身的法定或约定职责错误地处分信托财产时，受益人有权申请法院撤销其处分行为，并向明知受托人有错误，仍接收信托财产的第三人追踪信托财产，信托受益人行使撤销权可以在法庭外行使也可以在法庭内行使。④

与英美法系不同，为保护慈善信托受益人的利益，大陆法系有关国家和地区确立的是信托监察人制度，主要是由信托监察人代替慈善信托受益人行使上述各项权利，即信托监察人有权以自己的名义为慈善信托受益人行使与受益人权利相关的一切法庭上和法庭外的行为。不过，信

---

① 葛伟军：《英国信托法：成文法汇编》，法律出版社2012年版，第56页。
② 同上书，第60页。
③ 同上书，第62页。
④ 这种撤销权不同于大陆法系民法中债权人撤销权和一般法律行为欺诈撤销权，民法的撤销权只能向法院请求撤销。

托文件有另外规定的,按照信托文件的规定行使权利。此外,若存在两个以上的信托监察人时,全体信托监察人须以共同意志行使以上权利。

相对而言,英美法系国家的信托制度已经有几百年的历史,信托观念已经深入到了社会各阶层的骨子里,对受益人的信托利益、权利行使以及救济都有比较详细的规定。大陆法系有关国家和地区的法律规定则比较原则化,不如英美法系对受益人保护地那样全面具体。举例言之,日本《信托法》只是规定了取得信托利益的第三人应将其所拿到的信托财产返还给受益人或赔偿相应的损失,却没有严格规定受托人的相应义务;只规定了通过撤销权来追及信托财产,而没有规定对信托财产代位物的担保权。

另外,大陆法系有关国家和地区的信托发展主要是依靠营业信托的经营,关于信托受益权的维护亦主要是由政府机构和监察人对信托机构的监管来实现,"受益人的损害不是通过司法的程序来寻求救济,而且救济的方式也不够全面"[1]。

二 我国慈善信托受益人的权利

我国《慈善法》没有直接对慈善信托受益人的权利做出规定,相关权益只能借鉴《信托法》中关于受益人的规定。总体而言,《信托法》赋予了受益人"信托财产知情权、信托财产管理方案的调整权、受托人侵权时的财产返还或赔偿权、解任受托人的权利、受益权、信托受益权可依法转让和继承的权利、信托受益权可用于清偿债务的权利"。不过,我国对受益人权利的保护也存在诸多需要改进之处。

(一)受益人的权利不够明确和细致

我国《信托法》关于受益人的权利,总的来说是比较分散和笼统的,尤其是关于慈善信托受益人权利的法律法规还存在许多未规定、未明确、未有实际可操作性的地方。比如,与大陆法系有关国家和地区相似,我国的现行规范中也没有明确规定慈善信托受益人享有追踪权的救济方式。换言之,我国还是把受益人的权利视为对受托人的债权,受益人只能针

---

[1] 陈雪萍等:《信托关系中受托人权利与衡平机制研究》,法律出版社2008年版,第171页。

对独立的信托财产向受托人行使请求受托人支付收益的权利。当受托人违反信托目的处分信托财产时,受益人无权追及落入他人之手的信托财产,只能行使撤销受托人管理处分行为的权利,这样显然是不利于保护受益人利益的。而且即使立法赋予了受益人或监察人撤销受托人向交易第三人所为之处分的权利,但如果交易第三人破产,受益人仅能对受托人主张权利,如此对切实保护受益人利益而言,同样无所裨益。再如,《慈善法》[1] 只强调了委托人解任受托人的权利,没有提及受益人解任受托人的权利,而按照《信托法》这项权利是委托人和受益人都可以享有的权利,那么受益人是否可以像委托人一样享有解任权以及如何有效行使解任权都没有明确,实有必要借鉴英美法系的做法加强对受益人权利的明确和保护。

(二)受益人与委托人意见不一的解决方案未有体现对受益人的保护

依据《信托法》第49条的规定,上文的前四项权利是受益人和委托人都可以行使的权利,[2] 因此,就可能出现两者对有关权利意见不一的情况。按该条的规定,如受益人行使权利与委托人意见不一致时,可以申请人民法院做出裁定。这时便面临一个问题,该条规定是否能切实解决两者之间意见不一致的问题。虽然该条指出了"申请人民法院做出裁定",但法院受理申请后,究竟根据什么原则或标准裁决,法院并没有可以援引的依据。由于没有具体的裁量标准,法院既可以接纳委托人的意见,也可以采纳受益人的意见。如此裁断,不仅违背了法律的可预期性,造成委托人和受益人在发生上述情况时不能预见自己行为的法律后果;而且还会出现不同法院在处理同一问题时做出不同裁决的情况,违背了法制的统一性原则。对于这个问题,需要思考《信托法》是基于什么法理赋予了两者权利,应当说,尽管信托法赋予委托人与受益人一样的"干预力",但它对二者而言性质并不相同。对受益人而言,该干预力是权利;对委托人而言,"该干预力是权力,具有利益的涉他性、管理性"[3],

---

[1] 我国《慈善法》第47条规定:"慈善信托的受托人违反信托义务或者难以履行职责的,委托人可以变更受托人。"

[2] 我国《信托法》第49条规定:"受益人可以行使本法第20条至第23条规定的委托人享有的权利。受益人行使上述权利,与委托人意见不一致时,可以申请人民法院做出裁定。"

[3] 赵廉慧:《信托法解释论》,中国法制出版社2015年版,第105页。

之所以会赋予委托人有关权力，主要是考虑到受托人管理信托时，存在受托人滥用权力损害受益人利益的可能，因此，除了受益人自己干预之外，还增加了委托人的干预力来强化对受益人权利的保障力。既然如此，建议在二者意见不一致时，尊重利益者，即受益人的意见，而不是简单规定由法院来裁决。毕竟受益人的利益，受益人自己最有权做主。

(三) 未明确受益人行使权利的程序

我国《信托法》没有规定受益人如何行使权利的内容，而《慈善法》也没有规定在受益人权利受损时，如其他国家一样由国家法定机关代受益人以公益方式行使的内容，关于这个问题只能是推断按照惯例和习惯来处理。即受益人可以主动请求交付信托利益，由受托人来决定该受益人是否可以取得信托利益；或者在大部分情况下，由信托监察人根据信托文件规定的内容行使权利。若信托文件没有规定的话，受益人或信托监察人可以根据诉讼法程序向法院要求行使解任受托人权利或者撤销的权利，从而达到监督受托人的目的。但即便有这样的惯例，慈善信托中受益人行使权利依然困难。主要原因在于，其一，依据《慈善法》，是否设置信托监察人属于委托人的自由，对于没有设置信托监察人的慈善信托，受益人如何维护自己的权利是个问题。其二，尽管从字面看，受益权自慈善信托生效时就发生，但慈善信托受益人是不确定的，受益权实际是处于一种不确定的无主状态，只有等到受益人特定时才可以行使受益权，这种受益权的行使就其实质而言是非常被动的，是必须通过受托人行为达到的。为此，建议将有关惯例和习惯进行立法明示以确保受益人权益的实现。

(四) 对受益人范围的特别限定不够科学

《慈善信托管理办法》第10条规定，"慈善信托的委托人不得指定或者变相指定与委托人或受托人具有利害关系的人作为受益人"。从条文表述而言，可算对《慈善法》第58条[①]的演绎，不过由于第58条不是规定在"慈善信托"一章，能否及于慈善信托与前文所述的财产运用事项一样有待商榷。不管《慈善信托管理办法》第10条是否承接了《慈善法》

---

① 我国《慈善法》第58条规定："慈善组织确定慈善受益人，应当坚持公开、公平、公正的原则，不得指定慈善组织管理人员的利害关系人作为受益人。"

的规定,但从《慈善信托管理办法》的立法意图看,应是指出"任何与委托人、受托人具有利害关系的人都不可以成为慈善信托的受益人",即这部分人是被排除于受益人权利享有者之外。只是从内容上,规定似有不妥。

首先,"具有利害关系"存在很大的解释与操作空间,若为了鼓励慈善信托发展、更多地实现救助目的,似乎对于利害关系过于间接的人群不应将其排除于受益人群范围之外。

其次,慈善信托的特点是在设立时没有具体的受益人,或者说受益人只能是不特定的社会公众,如果真如《慈善信托管理办法》第 10 条所言,委托人指定或者变相指定了具有利害关系的人,这样的信托本身就违反了慈善目的之要求,根本就不能被认定为慈善信托。

为此,建议学习英美法系的做法,对此条进行修改后,将其并入慈善信托之慈善目的认定事项中进行综合把握。

第 四 章

慈善信托的监管

　　慈善信托属于特殊类型的信托，在许多方面都有不同于一般信托规则的特殊规定。正如"慈善信托法律关系主体"一章中已经指出的，慈善信托中受益人是不确定的社会公众，而在信托设立之后，委托人又常常退居了幕后，这使得委托人和受益人的权利大大弱化。与之相反，在慈善信托法律关系中，受托人的地位和作用较之私益信托中的受托人增强了许多，其在慈善信托中当然地拥有强大的自由裁量权。孟德斯鸠曾说过："一切有权力的人都容易滥用权力，这是万古不易的经验。有权力的人使用权力一直到遇有界限的地方才休止。要防止滥用权力，就必须以权力约束权力。"[①] 由于人类的贪婪欲望，受托人有可能出现违背社会道德与法律的情况。依据权责一致的法律精神，如果受托人不受有效的监督与制约，难保不造成一些严重的后果。无论在英美法系国家，还是大陆法系有关国家和地区的慈善信托发展历程中，此类教训比比皆是。[②] "按慈善信托系以公益目的而设立，其受益人多为一般社会大众，故尤有予以严密监督及保护的必要。"[③] 为遏制与慈善宗旨相悖的行为，确保慈善信托安全稳定运行，维护社会公共利益，避免和预防可能出现的慈善事业失范现象，各国均认同必须建立完善的慈善信托监管制度。

　　与私益信托的事后制裁性监管不同，慈善信托是社会性事业，运行

---

　　① ［法］孟德斯鸠：《论法的精神》，申林译，北京出版社2007年版，第16页。
　　② 比如1992年时，美国《纽约时报》等几家媒体陆续揭露轰动全美的美国联合劝募会主席阿尔莫尼自占捐款事件和新纪元基金会行骗事件，迅速导致了这两家规模很大的基金会垮台，并使美国慈善事业陷入了相当长一段时间的公众募捐低潮。
　　③ 赖源河等：《现代信托法论》，中国政法大学出版社2002年版，第228页。

涉及了多方主体，所以它的监管属于预防性监管，注重于对信托行为进行积极主动的管理，以避免损害慈善信托行为的发生。为此，慈善信托监管概念中的"监"是监督，"管"是管理，内含慈善信托监督和慈善信托管理双重属性。一般情况下，慈善信托监管是指"对慈善信托从设立、运行到终止实行全过程的内外调控，在调控过程中，通过平衡各方的权利和义务以防范道德风险，促使信托有效运行，从而实现特定慈善目的"[1]。现阶段，各国一般都设置了较私益信托更为严格的慈善信托监管体制。不过，由于各国的法律体系和法治文化存在差异，监管机构的选定及其法律地位和权力大小不尽相同。

第一节 英美法系的集中监管机制

为确保慈善信托目的的实现，英美法系国家以设置专门的独立统一的监管机构为其基本监管模式。

一 英国的专门机构集中监管

（一）慈善委员会的建立历程

早在1601年《慈善用益法》时期，英国便建立了专门的慈善信托监管机构。不过，当时只设立了由若干名慈善专员组成的地方性监管机构，并未形成全国性的统一慈善信托监管机关。19世纪时，由于英国慈善事业和信托领域的丑闻不断，人们意识到有必要对慈善进行监管。根据1853年的《慈善法》，英国建立了全国性的常设监察机构，即慈善委员会（The Charity Commission）。不过，在慈善委员会成立之初，关于其地位和权限的争议使得慈善委员会在发挥监管职能方面受到诸多限制。

如前面章节已经指出的，自20世纪以来，英国又先后颁布了几部《慈善法》，通过这些法律逐渐扩大并明晰了慈善委员会的职权职责。在2006年《慈善法》中，慈善委员会的法律地位有了定论，其目标、功能与职权获得了系统地规定并得到了强化，最引人注目的是被赋予了更多

---

[1] 潘旦等：《国际比较视野下的慈善组织监管机制研究》，《华东理工大学学报》2015年第1期。

的权力。该法对慈善事业监管进行了较为详细的规定,以制定法的形式明确了"慈善委员会是具有特殊独立性的主管民间公益性事业的政府机构,它只对议会负责"[1]。所谓独立的政府机构,指的是虽然慈善委员会领导班子成员是由政府相关的部长任命,且办公经费由财政部全额提供,但其行使职权时"不受任何政府部长或其他政府部门管束"[2]。这种定位,一方面能确保慈善委员会行使职权时更具有权威性与公信力;另一方面能避免其遭受来自政府部门的任何压制,保证职权的独立性与透明性。在不影响法定权力和职责的情况下,慈善委员会一般是通过改进管理方法、为信托人提供可能影响慈善事业的信息和建议等方式来保障慈善资源的有效利用。

据此,英国形成了以慈善委员会为主导的对所有慈善信托全面而具体的监管制度。细而言之,英国的慈善信托监管部门主要由慈善委员会、皇家检察总长及官方慈善管理人三部分构成。慈善委员以"高效(Effective)、专业(Expert)、公正(Fair)、创新(Innovative)、同情(Responsive)"作为价值追求,其目标是增进慈善事业效用和公众对慈善的信心与信任。工作宗旨一是努力使慈善作用最大化。根据不同的慈善类别与受益人各异,采取不同种类的形式进行监管。二是确保慈善组织[3]履行法律义务。把监督重点放在督促受托人,让民众对慈善事业有足够的信赖。三是鼓励慈善事业不断创新和提高办事效率。与他人分享自己在工作中的经验,不断探索新知识应对新的变化需求,提高工作效率。四是捍卫慈善公共利益。"以国家政策为导向,鼓励慈善捐赠;与官员和政府衔接,影响有关慈善政策。"[4] 皇家检察总长[5]是下院的议员,慈善受托人被举报时,由其展开调查,并代表慈善信托受益人对慈善信托受托人提起诉讼。官方慈善管理人负责保管信托财产,是一种消极的管理责任。

---

[1] 解锟:《英国慈善组织监管的法律构架及其反思》,《东方法学》2011年第6期。
[2] 唐钧:《中国社会对慈善的误区》(http://www.chinavalue.net/General/)。
[3] 在英国,慈善信托是慈善组织的一种。
[4] 李勇等编:《英国非营利组织》,社会科学文献出版社2009年版,第88页。
[5] 自1960英国《慈善法》之后,皇家检察总长对慈善信托的监管职能实际上已经名存实亡。不过,需要说明的是慈善委员会监管职能的扩大使得高等法院和皇家检察总长对慈善信托的工作重心转向了司法救济,即为慈善信托的有效运行拉起最后一道防线。所以本书也将其视为监管机制中的一部分。

从职能分工的规定来看，慈善委员会履行的是积极监管义务，皇家检察总长和官方慈善管理人履行的是被动消极监管义务。同时，其他国家权力机关，如"高等法院、国内税务署、遗嘱事务署、英国费用评级机构、公司登记署、地方政府"等亦会同慈善委员会构成对慈善信托的协同共治监管体系。此外，为确保慈善信托监管机关的良性治理，英国还专门设立了慈善特别法庭（Charity Tribunal），"专门负责审理关于慈善委员会决议事项的上诉及接受慈善委员会与首席检察官的咨询"①。

（二）慈善委员会的监管职责

慈善委员会主要从两个方面（慈善信托的注册管理和运作管理）对慈善信托进行监管，具体职权如下：

1. 慈善信托的登记②

慈善委员会对慈善信托实行的是选择性监管。即结合登记制度决定监管的对象，监管对象一般是中大型慈善信托。在"慈善信托设立"一章中，曾经说明慈善委员会对年收入在5000英镑以下的小慈善信托不要求注册登记，所以也就没有有关的审查或监管制度，只是在接到关于此类慈善信托的违法投诉时，才会对其进行监管。年收入在5000英镑及以上的慈善信托需要注册登记并每年提交年度报告；而年收入在1000万英镑以上的慈善信托，是慈善委员会监管的重点，不仅需要注册登记，还会对其进行详细的年度检查，且慈善委员会可以随时对该慈善信托项目进行了解，甚至到组织中进行访问。

2. 知情权、调查权和处置权

知情权、调查权和处置权是监管机关的系列权力，也是监管机关能够施行有效监管的最佳权力。首先，英国的慈善委员会有接受和检查慈善信托账目的权力。慈善委员会可以要求任何人提供与慈善信托财产、信托运行相关的信息；对相关档案和资料有权检查、复制；可以要求现任或已不再担任慈善信托受托人或慈善信托的雇员提供相关资料以及做出必要的说明。

---

① David Horton, "Unconscionabmty in the Law of Trusts", *Notre Dame Law Review*, Vol. 84, No. 2, February 2009.

② 慈善信托登记的内容因在慈善信托设立一章中有过阐述，本章不再赘述。

其次，慈善委员会的调查权贯穿慈善信托存续的整个期间，并可对慈善信托开展多种方式的调查，如"要求提供财务报表、进行书面报告、接受口头质询"等。该委员会有权调查的事项也很广泛，涉及"慈善信托的运行状况、信托财产的情况、受托人的信誉度"[①]等。在行使调查权的过程中，慈善委员会有权以其认为合适的方式公布调查结果。对于那些年度收支额度超过1万英镑的慈善信托，慈善委员会还有权要求其出具年度盈利情况报告书，并将其报告提交专门的会计或审计机构进行审计。慈善委员会既可以直接行使调查权，也可以委托其他人进行调查。

最后，慈善委员会有权中止、解除和任命新的受托人。处置权是对在检查中发现的问题进行纠正和处理，是检查的自然延续。如果不赋予监管机构以处置权，检查权就容易流于形式，监管机构在慈善信托中的监督权就不能得到充分有效的发挥。所以，慈善委员会在以下情况下，对受托人拥有处置权。其一，基于受托人自身的原因。具体情况有：受托人人数不够、没有受托人、受托人破产或正在被清算、依1959年《精神健康法》受托人不具有民事行为能力、受托人没有行使权力、受托人不声明是否愿意行使权力。其二，受托人在信托财产管理方面存在滥用或不当管理的行为，有损信托受益人或第三人利益时，为了保护慈善信托及相关当事人，慈善委员会有权决定变更受托人。据1993年《慈善法》第18条规定，"慈善委员会对慈善信托受托人及其雇员在信托管理中的不端行为（Misconduct）和不当管理（Mismanagement）享有广泛调查权。依据调查情况，慈善委员会有权中止、解除慈善信托受托人及其雇员、代理人等相关人员的职务"。2006年《慈善法》第19条又进一步补充了中止（suspend）与撤销（remove）慈善信托受托人职务的权力。如果受托人或其雇员行为不端、不称职，出于为了实现慈善目的、保护信托财产的考虑，慈善委员会可以中止或撤销上述人员的职务，指定新受托人，并且可以剥夺被中止职务的人员承担慈善事务的资格。当然，新的受托人必须具备法律规定的各种资格要件。

---

① ［英］肯尼斯·蒂博：《英格兰和威尔士的慈善管理：慈善团体与非政府组织的最佳管理制度》，中国慈善立法国际研讨会，北京，2007年7月，第34页。

3. 适用"近似原则"

在英国，适用"近似原则"的权力原来只属于法院。不过，从 2006 年《慈善法》开始，这一权力也赋予了慈善委员会。现在，在信托目的不能实现时，由法院或慈善委员会将信托财产用于与委托人设立信托初始目的最相近似的其他慈善目的。

4. 制订慈善信托的管理方案

在三种情况下，即"使慈善信托得到更好管理、适用近似原则时、在信托未充分明确或实施信托的具体方法欠缺的情况下"[1]，慈善委员会可以依职权就其慈善信托管理范围内的事项制订管理方案，但争议大、难度高的事项则须由法院制订管理方案。

5. 特殊行为的批准权

在慈善信托运行的过程中，对那些有助于慈善信托目的达成，但又超出了慈善信托受托人决定权限的特殊行为，慈善委员会有权依据情况决定是否准予执行。特殊行为一般指以下几种情形，如"在信托文件中既没有禁止也没有允许受托人从事的交易；对慈善机构中永久捐助财产的处分"[2]。

6. 信息服务功能

慈善委员会的信息服务职能主要是通过网站设计来实现，该功能也是发挥公众监督作用的重要平台。第一，公布常用信息。在线公布年度信息是为了改善公众获得信息的途径，也是为建立公众的问责机制提供条件。通过网页显示每年的慈善总收入和总支出、受托人、工作人员和志愿者以及慈善资产的信息，公众可随时了解所查询慈善信托的运行状态和详细记录。第二，提供指导性文献。自 2008 年开始，慈善委员会把与慈善信托相关的规范性文件组建成了一个数据库，内容包括"指导性

---

[1] Morgan G.G., "Public benefit and charitable status: assessing a 20 - year process of reforming the primary legal framework for voluntary activity in the UK", *Voluntary Sector Review*, Vol. 35, No.1, January 2012.

[2] 在英国，如果信托财产属于永久捐助物，一般不得设质、抵押或承担其他责任。如果该财产为土地，不得出卖、出租或进行其他处分。

文件、操作细则、法律解释和民间风俗"① 等大约 90 种文献，这些文献可分类查询和下载，主要用于指导和规范慈善信托的年度报告。第三，警告性公告与通报。当出现某些违规现象时，慈善委员会便及时在网站上发布提醒信息，对可能发生的违规情况发出警告性公告或对已经处理的违规案例进行通报，提醒慈善信托注意相关问题及其法律后果。第四，热线服务。从 2005 年始，慈善委员会即在利物浦市设立了热线服务中心，该服务中心主要是"受理各种各样的问讯、投诉和业务咨询等电话，并且还设置接待中心让公众对慈善信托有直接的了解"②。

二 美国的特定部门集中监管

（一）美国的总检察长制度

1. 美国总检察长制度的建立

与英国类似，早期的美国对慈善信托的监管也不统一。不过，美国起初对慈善信托没有实行统一监管的原因与英国不同。美国是一个联邦制国家，且在美国制定宪法的初期，大部分关乎"公共道德、公众安全以及救济老弱病残"的立法权均计划分配各州自行履行，这使得各州关于慈善的法律制度并不统一。后来美国认识到慈善信托的重要作用，对此种情况进行了改善，1954 年通过了《统一慈善信托受托人监督法》（*Uniform Supervision of Trust for Charitable Purposes Act*）。该法把慈善信托的监督权赋予每个州的总检察长（Attorney General）。总检察长有义务保证信托的良好管理和真正为慈善事业服务，他既是公共利益的保护者，同时又是公共利益的代言人。在实践中，基于慈善信托事业享受税收优惠的规定，美国同级的税务部门也有权依法监督慈善信托。从职能分工看，美国的税务部门主要是判断并确认信托的目的和运营是否与慈善事业的目标相一致，总检察长则主要是防止慈善信托受托人利用优惠政策牟利。另外，当慈善信托的受托人为金融企业时，"还由美国货币管理机

---

① Luxton P., *Making Law, Parliament v The Charity Commission*, Hampshire: Politeia, Policy Series, 2009, p. 64.
② Charity Commission, *Annual Report and Accounts 2012 - 2013*, London: The Stationery Office, 2014.

关或联邦储备银行履行部分的监管职能"①。

2. 总检察长的主要监管职责

总检察长的具体职权主要有以下几项：

（1）登记权②

（2）知情权、调查权

总检察长有权了解受托人经营慈善财产的情况，受托人应按法律规定和总检察长的要求定期向总检察长提供财务报告，报告中应说明慈善信托财产管理与处分的详细情况，包括"资产细目、营运状况、会计报表"等。总检察长还有权要求受托人做出说明。总检察长有权调查慈善信托受托人的交易情况以及它们之间的关系从而确定受托人的行为是否符合慈善信托目的。总检察长有权要求任何代理人、受托人、受益人、慈善机构、社团和信托公司等提供其有关财产的信息。

（3）交易否决权

与英国慈善委员会系统的处置权不同，美国的总检察长只有交易否决权，即"对于慈善信托受托人违反忠诚义务的交易，总检察长有权决定该交易的效力"。当总检察长认定该行为与公益慈善无关时，交易无效。

（4）诉权

由于总检察长不仅承担保护公共利益的职责，而且还是公共利益的"代言人"，因此当其认为存有受托人不当使用或滥用信托财产的情况时，总检察长有权向法院提起诉讼。在诉讼过程中，总检察长有权要求受托人赔偿其在诉讼中的所有实际损失，包括"审计员、顾问、其他专家在调查等过程中的费用以及出庭费用"③。具体损失的补偿由法院的判决决定。

（5）提请适用"近似原则"

美国的总检察长只有有限的"近似原则"运用权，或者说，其没有

---

① ［美］雷门：《美国关于公益信托的做法》，中国公益信托研讨会论文，北京，2005年7月，第16页。

② 该内容已在《慈善信托设立》一章中有过阐述，本章不再赘述。

③ Steven I. Schwarcz, "Commercial Trusts as Business Organizations: Unraveling the Mystery", *Business Lawyer*, Vol. 58, No. 2, April 2003.

单独行使"近似原则"的权力。首先,只有在委托人提出"近似原则"申请的前提下,总检察长才得以行使提请权;其次,此项提请权由总检察长向法院提起,由法院决定是否适用"近似原则"。①

通过上文监管机构具体职权的列举,可以看出,虽然同属英美法系,但英国赋予其专门监管机关的权力明显大于美国。英国的慈善委员会可不经过法院直接对慈善信托受托人及其雇员进行人事任免,也可以直接适用"近似原则"。而美国的总检察长只能通过向法院提起诉讼来行使上述权利,且只有当事人请求总检察长介入时,总检察长才被动地参与慈善信托案件的调查和诉讼。正是由于总检察长对于慈善信托的监督处于一种被动地位,因而常常无法有力地对慈善信托进行监管。而且,"即便是《统一慈善信托受托人监察法》,目前颁行的州也并不多"②。为此,该制度常常被人们所诟病,有学者甚至认为"美国总检察长对慈善信托的监督在现实中是十分软弱的"③。而且从总检察长的具体工作情况来看,州一级的立法近五十年来主要是集中于慈善信托的募捐活动,调控慈善信托管理人员错误行为则属于第二位序的考虑。在各方面条件不充分、不匹配的情况下,各州调控慈善信托是否有效几乎全赖检察长个人履职情况,"作为一个实际问题,很少有检察长有资金与兴趣去从事监控慈善信托的执行"④。"数个世纪以来,检察长独享的监控该部门的地位已沦为一个必须或不可缺少的部分,或者仅仅只是必须存在的一方。"⑤

(二) 美国联邦税务局

在美国,正是基于总检察长制度的软弱性,其他部门的监管作用相对凸显。由于美国将慈善信托放置于非营利组织的名下,慈善信托设立

---

① Katie L. Roeger, Amy Blackwood, and Sarah L. Pettijohn, *The Non-profit Sector in Brief: Public Charities, Giving, and Volunteering* (http://www.urban.org/url.cfm?ID=412434).

② 用益信托工作室:《美国〈统一信托法典〉》(http://www.hztrust.com/newsshow.php?boardid=5&id)。

③ 方国辉:《公益信托与现代福利社会之发展》,博士学位论文,台湾私立中国文化大学三民主义研究所,1992年,第493页。

④ [美] 凯琳·康斯特勒·戈德曼:《美国州政府部门在慈善管理中的角色》,中国慈善立法国际研讨会论文,北京,2007年7月,第57页。

⑤ [美] 布赖特·G.沙夫:《联邦、州以及非正式机制在美国慈善组织管理过程中的融合》,中国慈善立法国际研讨会论文,北京,2007年7月,第89页。

后，如要获得免税地位，便要接受联邦税务局（Internal Revenue Service，简称 IRS）的监管，因此 IRS 逐渐占据了监管的主导位置。IRS 对慈善信托的监管始于"1969 年建立的对私人基金会的监管规则，其次是 1996 年有关纳税人权利的立法"①。

前文提到总检察长和国家税务部门的分工时，已经说明慈善组织在设立时，国家税务部门必须对组织的性质进行检验。"当组织选择慈善信托的形式时，需向国家税务部门提交信托协议。"② 慈善信托"每年必须向国家税务部门提交一次完全资产负债表、信托有关负责人员及受托人的姓名、信托成立目的的文件、所有捐赠款项的列表以及所有管理支出的详细情况，便于国家税务部门审核是否给予或继续给予减免优惠"③。理论上看，IRS 没有权利更换违反受托人义务的理事或管理者，但由于其可以撤销慈善信托的免税资格或对慈善信托适用惩罚性的营业税（excise taxes），所以它能促使慈善信托做出预期的内部管理调整，包括撤换有关管理人员和修改内部运作制度。

同时，慈善信托提供的有关数据必须向社会公开，以便公众查阅。待公众查阅后，通过公众对信息的反馈来检验数据的可信度，以此方便国家税务部门和其他监管机构进行监管。

应当说，美国现有的关于慈善信托的监管机构与职权，包括州检察长与 IRS，都是在社会发展过程中逐步形成的，并非基于总体原则的统一设计，更多的是实践理性的展现。

（三）民间力量的监督

1. 公众和媒体的监督

美国的慈善信托数量较大，无论是国家税务部门还是州司法部门都不可能全面顾及，所以大量的监督工作依靠公众和新闻媒体，基本上每

---

① James J. Fishman, "Who guards the guardians? monitoring and enforcement of charity governance: charitable Accountability and reform in nineteenth-century England: the case of the charity commission", *Chi. -Kent L. Rev*, Vol. 80, No. 6, June 2005.
② 欧阳白果：《公益信托税收优惠制度的立法探讨》，《产业与科技论坛》2006 年第 12 期。
③ 柏坤侠：《公益信托管理制度研究》，硕士学位论文，哈尔滨工程大学，2008 年，第 12 页。

个基金会①都将年度财务情况上网供公众查询。正是有了社会舆论和大众传媒所形成的监督机制，促使基金会的有关活动趋于规范，而且，每年因为传媒曝光而垮掉的基金会不在少数。② 很多时候，"社会选择所缔造的评估和监督机制比法条更有约束力"③。一个美国基金会的社会名声若坏了，无需政府采取措施，便只有关门大吉一条路了。

2. 行业组织的自我监督

正是因为社会公众力量的强大，慈善信托基于改进工作和联合自保的考虑，自发形成了各种行业性自律组织。同业组织一方面研究慈善信托的发展走向，维护慈善信托的利益；另一方面制定行业发展规范，加强组织之间的沟通合作。美国政府亦给予了这些组织较大的独立性。如此，既有利于慈善信托维护合法权益，同时又帮助政府监督管理了慈善信托，促进了慈善信托的健康发展，在一定程度上弥补了政府管理力量的不足，并在政府和慈善信托之间起到桥梁作用。比较著名的行业组织有："基金会理事会（Council of Foundation）、美国慈善信息局（National Charities Information Bureau，NCIB）、基金会中心（Foundation Center）、美国公益咨询服务所（Philanthropic Advisory Service，PAS）等。"

以上这些行业组织的工作各有侧重，以美国慈善信息局为例，作为美国民办的最大的慈善组织评估机构，美国慈善信息局的主要职责是对慈善机构的非营利性进行评估，帮助捐款人更好地掌握信息，使他们更明智地捐款。该组织提出的 9 条评审标准④成为慈善信托走向正确的政策方向和管理方法的导向。再如，基金会中心的主要工作是获取各基金会

---

① 前文已经讲述，美国的慈善信托常常表现为基金会。
② 美国 2013 年时，CNN 与《坦帕湾时报》联手调查一年，通过查阅各州及联邦记录，圈定了将近 6000 家选择营利性招商公司来募集捐赠资金的慈善基金，并对各家机构在过去十年中的管理费用所占比例进行计算，选出了其中最糟糕的 50 家予以公布，警示世人。
③ Thomas P. Gallanis, "The Trustee's Duty to Inform", *NorthCarolina Law Review*, Vol. 85, No. 3. March 2007.
④ 9 条评审标准是"董事会管理职能（Board Governance）、目标（Purpose）、项目（Programs）、信息（Information）、财政资助（Financial Support）、资金使用（Use of Funds）、年度报告（Annual Reporting）、职责（Accountabilities）和预算（Budget）"。

填写的990表①，并整理数据后予以公布。

第二节 大陆法系有关国家和地区的分散监管模式

一 大陆法系有关国家和地区分散监管模式概述

就慈善信托制度而言，英美法系设立了统一的监管机构负责对慈善信托的监管，而大陆法系有关国家和地区则采取了与慈善信托目标受益群体相联系的行政机构对口负责慈善信托的监管。如日本、韩国以及我国的台湾地区均未单独设立慈善信托监管机构，主要由公益目的事业主管机关承担慈善信托的监管事宜。

有关的监管机关，在日本和韩国称为"主管官署"，我国台湾地区称为"目的事业主管机关"。这一监管制度的特点是，基于慈善活动领域的不同，有关主管机关依其行政职能权限分工的不同来进行监管。举例言之，教育领域的慈善信托由教育行政主管部门监管；体育领域的慈善信托由体育行政主管部门监管；促进医疗卫生事业的慈善信托，则由卫生行政主管部门监管等。因此，大陆法系的慈善信托监管总体上是分散监管模式，也称多轨制。

应当说，大陆法系和英美法系的两种监管模式各有特点。分散监管模式的优点是不同的具体监管部门之间可以相互交流慈善信托的监管经验，如各部门实行不同的监管制度时，有时可出现彼此间的制度竞争。通过一段时间的比较，各具体监管部门最终可在几种可能的选择中甄别出最为有效的监管制度。但分散监管模式的缺点也比较明显：首先，容易出现慈善信托设立困难的局面。其次，如慈善目的并非单一，一项慈善信托便要同时承受几个不同部门的监管，如各监管部门之间的职责分工不明，监管的有效性可能会大打折扣。另外，若各监管部门在做出监

---

① 990表是指免税组织（不包括宗教组织如教会或清真寺）必须每年向国税局呈交关于其财务和活动状况的申报表。990表是一个全面、简明、指标化的评估和考核工具，要求基金会对财务信息的披露应包括收入、费用和净资产余额表、职能费用表、资产负债表三张报表，全面反映组织收入、支出、净资产和人员薪金等情况。

管决定之前不能有效协商和沟通，还容易出现监管标准不一，使受托人无所适从的情况。

就这两种模式来看，学者们通常认为英美法系的专门机构集中监管是英美慈善信托监管中最大的优点与特点，英美法系的有关立法体例更具合理性。

二 大陆法系有关国家和地区关于慈善信托监管机关的职权规定

（一）一般性规定

就大陆法系有关国家和地区的《信托法》规定来看，公益目的事业的主管机关对慈善信托的监管权主要有以下几项内容：

1. 审批权[①]

2. 知情权、调查权

如中国台湾地区的《信托法》规定，主管机关得随时检查信托事务及信托财产状况，且在主管机关认为必要时，为维护信托财产，如"受托人有发生损害赔偿、财务危机或其他违反义务行为而情节重大者时，得命受托人提供相当之担保或为其他处置"[②]。而对于受托人而言，其每年至少一次定期将信托事务处理情形及财务状况，送慈善信托监察人审核后，报请主管机关核备并公告之。

3. 处置权

日本、韩国和中国台湾地区均规定，主管机关在检查过程中发现或收到群众举报，认为受托人实施了违反慈善目的的行为，导致慈善信托财产面临损失时，如受托人有正当理由解释自己的行为，并用自身财产进行担保的，慈善信托监管机构应暂缓检查。对于可能造成损失的行为，同样要求受托人提供一定担保。如"受托人的违法行为没有造成信托财产损失的，返还担保财产，若造成了损失的，则从担保财产中扣除"[③]。

[①] 该项内容已在慈善信托设立一章中有阐述，本章不再赘述。

[②] 官有垣：《非营利组织在台湾的发展：兼论政府对财团法人基金会的法令规范》，《中国行政评论》2000年第10期。

[③] 宋锡祥：《现代台湾地区法律制度研究》，上海社会科学院出版社1999年版，第123页。

4. 变更权

当慈善信托发生设立时不能预见的情况，主管机关可以在"不违反或是参照或是根据"信托宗旨的前提下变更信托条款。日本、韩国以及我国台湾地区的《信托法》[1] 均有这样的条款。依大陆法系有关国家和地区的治理模式，慈善信托因所涉公共利益之特质，其信托内容的变更须经主管机关的许可。主管机关既可依职权主动变更信托文件的有关条款，也可依信托法律关系中利害关系人的申请决定是否进行变更。只是与英美法系相比，大陆法系有关国家和地区只规定了慈善信托监管机构有权更改信托条款，相对严格；英美法系的做法则比较宽松。[2] 至于慈善信托条款的变更范围，有关国家和地区均未作任何限制，即全部的信托条款，都可以做出适当的变更。具体而言，财产管理方法、多数受益人收益权等事项都可以变更。

5. 适用近似原则

当慈善信托终止而没有信托财产归属权利人时，主管机关可以依据信托宗旨，使慈善信托以类似的目的继续存在。[3]

(二) 中国台湾地区的特殊监管规定

中国台湾地区的《信托法》在内容上参考了日本和韩国的《信托法》，与日韩信托法的规定有诸多相似之处。不过，因为"台湾地区在制定信托法的过程中还参考了英美国家信托法的原则，其表现出了更大的优越性"[4]，在监管机关的职权上也存在一些权限上的差异。

1. 撤销许可权

主管机关对慈善信托的直接撤销权。我国台湾地区的《信托法》规定，在两种特殊情况下，主管机关可对慈善信托行使撤销许可权。其一

---

[1] 我国台湾地区《信托法》第 73 条规定："公益信托成立后发生信托行为当时不能预见的情事时，目的事业主管机关参酌信托本旨，变更信托条款。"

[2] 在美国，委托人和受托人都可以变更慈善信托的条款。如，委托人可依信托文件的保留条款或在法院的授权下直接变更信托条款；如没有保留条款的，委托人和受托人经过协商也可变更信托条款。

[3] 我国台湾地区《信托法》第 79 条规定："公益信托关系消灭，而无信托行为确定信托财产归属权利人的，目的事业主管机关得为类似之目的，使信托关系存续，或是信托财产移转于有类似之公益法人或公益信托。"

[4] 赖源河等：《现代信托法论》，中国政法大学出版社 2002 年版，第 13 页。

是违反设立许可条件、监督命令或为其他有害公益的行为的，目的事业主管机关得撤销其许可或为其他必要处置。其二是无正当理由连续3年不为慈善信托有关运作活动的。这两种情况，慈善信托的存续要么危害了公益，要么有名无实，均属不符合慈善信托本旨的行为。另外，主管机关为该项处分前，应通知委托人、信托监察人以及受托人于限期内表示意见。但不能通知者，不在此限。中国台湾地区规定的直接撤销权可以省去向法院提起诉讼的环节，有效节约诉讼成本，提高效率。

2. 处罚权

对受托人违反主管机关之命令的，中国台湾地区专门规定了配套的行政处罚措施。其《信托法》第82条规定，当受托人有下列情事的，"账簿财产目录或收支计算表有不实记载；拒绝、妨碍或规避目的事业主管机关之检查；对目的事业主管机关为不实之申报或隐瞒事实；不公告或为不实之公告；违反目的事业主管机关的监督命令的"，由目的事业主管机关处新台币2万元以上及20万元以下罚款。

第三节　大陆法系有关国家和地区的特殊监管制度——信托监察人

一　信托监察人制度概述

(一) 信托监察人制度的缘起

信托监察人是"依照法律和信托文件的规定保全信托受益权、监督受托人处理信托事务的法定常设机关"[1]。此项制度是大陆法系有关国家和地区所独有的信托法律制度，是在大陆法系吸收引进英美信托法的过程中，结合自身国情与法律实践创造出来的一项制度。

众所周知，英美法系信托制度设计的是双重所有权，即"受托人在普通法上享有所有权，受益人在衡平法上享有所有权"[2]，法律制度本身就可以保护受益人的利益。当受托人违背信托目的致使信托财产受到侵犯时，受益人除了能够请求受托人赔偿外，还可以基于公平、正义等基

---

[1] 陈向聪：《信托法律制度研究》，中国检察出版社2007年版，第303页。
[2] 周小明：《信托制度：法理与实务》，中国法制出版社2014年版，第63页。

本的法律理念提起诉讼,凭借"衡平法上的所有权"直接向第三人要求返还财产,具有物权的性质。

大陆法系的法理精神则与之迥异,严格奉行"一物一权"的所有权制度,即信托财产所有权归受托人所有,受益人对受托人享有债权,未设置受托人与受益人相互制衡的双重所有权制度。也可以说大陆法系的法院既没有灵活的衡平法规则可依据,也没有英美法院那样大的自由裁量权。在大陆法系的民事法律制度中,一般情况下,"受益人需要通过其自身的行为或者其代理人的行为保护其受益权"[①]。然而,由于慈善信托的受益人并不特定,当信托受托人不能妥善履行受托义务,损及受益人的应得利益时,受益人难以通过自己的行为加以纠正。为了保证信托财产的独立性、维护受益人的权益,日本在从英美法系引入信托制度时,便创造性地设立了信托管理人制度。日本信托法规定,受益人不特定或者尚不存在时,法院可根据利害关系人的请求或依其职权选任信托管理人,但依信托行为另有指定的信托管理人时,不在此限;"信托管理人就信托事宜得以自己的名义,为前项受益者行使诉讼上或诉讼外行为的权限"[②]。这表明依据日本的《信托法》,信托管理人可以根据自己的判断独立地思考,实施法律行为。他是一个独立的法律主体(并非法律意义上的受益人的代理人)。信托管理人独立的法律主体地位改变了原本信托关系中的三方格局(委托人、受托人和受益人)。

从设立慈善信托管理人的目的来看,慈善信托管理人与公益目的事业管理机构的监管侧重点不同,公益目的事业管理机构的监督是在宏观层面保障慈善事业的纯粹性,而慈善信托管理人更加侧重于受益人受益权的保护。信托管理人在法律上存在的意义是"为了受益人的利益去监督受托人的行为,以自己的名义行使权利,保证慈善信托的顺利运行"[③]。需要指出的是,因韩国《信托法》是直接效仿《日本信托法》,其规定与日本基本一致。而我国台湾地区在引进信托管理人制度时做了一些改动,

---

① 徐卫:《信托监察人的法律设置及完善——评〈台湾信托法〉第五章》,《天津政法管理干部学院学报》2003年第3期。

② [日]中野正俊、张军建:《信托法》,中国方正出版社2004年版,第123页。

③ 方国辉:《公益信托与现代福利社会之发展》,博士学位论文,台湾私立中国文化大学三民主义研究所,1992年,第528页。

将"信托管理人"表达为"信托监察人"①，在立法中明确规定慈善信托必须设置信托监察人。② 这个制度后被我国信托立法所沿用。

（二）设置信托监察人的意义

尽管大陆法系有关国家和地区对信托监察人的称谓不完全相同，但设立信托监察人的意义基本一致。

1. 信托监察人与公益事业管理机构形成了彼此独立又平行配合的监管机制

总体而言，信托监察人可以定位为慈善信托中为维护受益人的利益而设立的，专门负责对受托人管理信托事务进行监督的必设机构。大陆法系有关国家和地区引进信托法时之所以规定慈善信托监察人制度，其目的不是建立带有公权力色彩的监管机构，而是在慈善信托外部设置一个独立的、平行的监督体系。这一体系设立的理论基础在于，之所以对慈善信托受益人给予保护，体现的是法律对于信托所指向的具体社会公共利益的呵护。因此，慈善信托监察人的角色不交由公益事业管理机构或其他公权力的主体行使，否则这一制度设立的初衷将无法实现。慈善信托监察人监督与公益事业管理机构监管是完全不同的程序设计，"前者是对慈善信托运行事务的常规、具体的监督，监察人随时可以对受托人的信托财产运作情况进行监督；而后者则是通过受托人对信托事务处理情况及财产状况的年度报告进行的监督，是一种事后监督"③。作为行政机关的公益事业管理机构，不太可能对所有的慈善信托受托人进行全程的、事无巨细的监督，而监察人制度的设置恰好可以解决这一问题。正因如此，监察人是否能够积极履行其监督的职能，对于维护受益人的利益至关重要。如果监察人不能有效地履行监督职责，一味地依靠公益事业管理机构的监督，等到发现问题时，可能已经给受益人利益造成较大的损失。

---

① 我国台湾地区《信托法》第 52 条规定："受益人不特定、尚未存在或其他为保护受益人之利益认有必要时，法院得因利害关系人或检察官之申请，选任一人或数人为信托监察人。但信托行为定有信托监察人或其选任方法者，从其所定。信托监察人得以自己名义，为受益人为有关信托之诉讼上或诉讼外之行为。"

② 为了表述的统一，本书将日本的信托管理人统一称为信托监察人。

③ 谢哲胜：《信托法》，台湾元照出版有限公司 2007 年版，第 123 页。

2. 信托监察人制度对慈善信托的促进作用

首先，有助于慈善信托委托人信托目的的实现。慈善信托成立后，虽然委托人是以自己的资产设立了信托，但当信托资产被委托人转移给受托人后，委托人已经不再是慈善信托关系的当事人，此时委托人对于信托资产不再拥有直接管理、支配的权利。为了保证受托人能够管理好信托资产，实现慈善信托目的，委托人可能会采取在与受托人签署的信托文件中，约定自己有权干涉受托人管理信托资产的行为，但是较多的干涉可能会违背设立慈善信托原本的初衷，也可能给受托人怠于履行职责找借口，反而对慈善信托的顺利运行加设了牵绊。而当委托人在与受托人签订信托文件时，根据自己的意愿指定信任的慈善信托监察人对慈善信托进行监督的话，一方面可以利用慈善信托运行慈善事业的优势，另一方面又可弥补委托人脱离慈善信托关系而不能够有效监督慈善信托的不足。

其次，有助于保全信托的受益权。慈善信托生效之后，受益权随之产生，但慈善信托中受益人的确定尚需时日。如此，在慈善信托生效后，具体的受益人确定前，慈善信托受益权的归属便处于不确定状态。为了保护受益人的利益，法律有必要设置特定的人，赋予他以自己的名义，提起诉讼或者实施其他法律行为的权利以保全受益权的价值。因此，设置信托监察人制度有利于维护受益人的利益，确保受益权的实现。

再次，有助于强化对受托人的监督。在私益信托中，委托人和受益人一般都是特定的人，对受托人的监督主要是由委托人和受益人进行的。但在慈善信托当中，受益人在实际享有受益权之前，都只是潜在的受益人，不能以受益人的身份对受托人进行监督。即便受益人确定后，慈善信托的受益人往往势单力薄，具有较强的分散性、流动性和不稳定性，这样使得受益人很难做出有效监督。同时慈善信托中的委托人也可能由于各种原因，无法实现对受托人执行信托情况的监督。因此，在慈善信托中，通过设立信托监察人制度，由信托监察人与委托人、受益人共同来行使信托监督权，有利于强化对受托人的监督。

最后，有助于保护公共利益，促进公益慈善事业的健康发展。慈善信托事关公共利益，对受托人的行为监督不力，不仅会给受益人的利益造成损害，使委托人设立慈善信托的目的不能实现；同时也会给社会公共利益造成损害，阻碍公益慈善事业健康发展。通过设立信托监察人制度，由信托监察人代表公众对受托人的行为给予专门监督，既有利于公共利益的实现，也有益于促进公共事业的可持续开展。

二　信托监察人制度的主要内容

（一）信托监察人的选任和变更

尽管大陆法系有关国家和地区都有信托监察人制度，但在具体要求上并不完全相同。

1. 监察人设立的要求

日本、韩国的《信托法》没有限定可以设立信托监察人的信托领域，只要是受益人不特定或尚不存在都可以设立信托监察人，以此行使保全受益权的职权，保护受益人的权益。另外，基于慈善信托的特殊性，对于慈善信托是否应强制设立信托监察人，其做法也具有自身特点。日本《信托法（修订版）》采取了分情况考虑的方式。日本信托法把慈善信托称为"受益人不特定"的信托，而该种不特定主要指两种情况。其一是受益人未来一直不可能确定的情形，比如治理河流污染的慈善信托；其二是受益人未来会被确定下来的情形，比如鼓励学生的奖学金项目。在第一种情况下并不一定要设立慈善信托监察人，而后一种情况法律规定必须设立慈善信托监察人。[①] 这样的分类设置主要是以受益人权益保全为考虑基础。在第一种情况下，没有具体的受益人，信托按照委托人的意志设立，委托人可以自己监督信托目的的执行或委托其他人代其监督信托目的的执行。"若受托人完全按照委托人的意志执行即使没有人获利，也不会使未来某个特定的第三人的权益受损。"[②] 而在后一种情况下，委托人的意旨不能代表信托行为的全部目的，而应该设立相应机制保护未来的受益人的受益权，因此必须设立信托管理人。

中国台湾地区《信托法》则是明文要求慈善信托必须设立信托监察

[①] 日本 2006 年《信托法》（修订版）第 258 条。

[②] 赵廉慧：《目的信托制度比较研究：以日本〈信托法〉为参考》，《法学杂志》2011 年第 8 期。

人，① 且只对慈善信托做要求。在慈善信托设立之初，"台湾地区法务部要求的登记文件中就必须包含信托监察人的履历书、愿任同意书及身份证明文件，而信托监察人是否确有监督信托事务执行的能力也是法务部进行审查的事项之一"②。

2. 选任方式

日本、韩国关于慈善信托监察人的选任是"当受益人处于未特定或尚没有的情况下，法院可以依照其职权或利害关系人的请求，具有在审核请求通过后选任一位监察人的权利，但是已经通过具体行为明示或默认选定了监察人时，该监察人就为选定之人"③。而我国台湾地区信托法规定，"除信托利害关系人之外，检察官也可以向法院申请指定信托监察人"④。

3. 任职资格

在信托监察人的任职资格上，日本《信托法》未专门对慈善信托和私益信托做出区别性规定，对慈善信托监察人也没有提出更高的要求。日本的《信托法》对于信托监察人只做了两项要求，第一，未成年人或禁治产者或准禁治产者不能成为信托监察人；第二，该信托的受托人不能成为信托监察人。⑤ 此两项要求均为消极资格要求，这侧面说明只要具备民事行为能力，且不是信托的受托人，即有可能成为信托监察人。

我国台湾地区对慈善信托监察人的资格要求比日本的要求为高。其《信托法》规定"未成年、受监护或辅助宣告人及破产人，不得为信托监察人"⑥。从内容上看，台湾地区信托法要求慈善信托监察人具备完全的

---

① 我国台湾地区《信托法》第 75 条。
② 参见我国台湾地区《法务公益信托许可及监督办法》第 3 条第 1 款第 6 项，第 4 条第 1 款第 5 项，1996 年 12 月 4 日"法务部"令。
③ ［日］道垣内弘人：《信托法入门》，中国法制出版社 2014 年版，第 37 页。
④ 杨鹏慧：《试论台湾地区"信托法"的本土化》，《台湾法研究学刊》2001 年第 2 期。
⑤ 日本 2006 年《信托法》第 124 条。
⑥ 我国台湾地区《信托法》第 53 条。该法 1996 年的规定原为："未成年、禁治产人及破产人，不得为信托监察人。"随着台湾地区禁治产人制度的废除，1998 年修正案对该条作出修改，将"禁治产人"改为"受监护或辅助宣告人"。受辅助人是指因精神障碍或其他类型的心智缺陷，致其做出意思表示、接受意思表示，或辨识其意思表示效果的能力有欠缺，且经法院宣告并登记的人，实际上即为无民事行为人或者限制行为能力人。

民事行为能力和民事责任能力。与日本信托法不同的是，我国台湾地区还要求慈善信托监察人不能是破产人，换言之应具备民事责任能力。此外，前文曾指出，我国台湾地区要求将慈善信托监察人的履历提交至法务部审批和备案，[①] 这也是隐性地要求慈善信托监察人需具备一定的专业背景和相关经验。

4. 慈善信托监察人的变更、辞任、解任以及新管理人的选任

慈善信托监察人在执行信托监督职务期间，可能会因为某些情况的出现而导致职务的终止，这时即需要处理监察人的变更、辞任、解任以及新管理人的选任等事项。

(1) 监察人的变更

依日本《信托法》，慈善信托管理人职责自然终止的情况下，慈善信托管理人可以变更。自然终止的情况包括"信托管理人死亡、丧失民事行为能力、被宣告破产、作为信托管理人的法人解散"。如果作为信托管理人的法人在其合并或分立之后，继承了信托管理人权利和义务的，仍然需要履行慈善信托管理人的职责。台湾地区《信托法》的规定则是信托监察人拒绝或不能接任时，[②] 可变更信托监察人。

(2) 监察人的辞任

一般情况下，信托监察人一旦承诺担任该职务，就负有依照信托文件规定监督受托人行为的义务。在慈善信托存续期间或慈善信托文件规定的任职时间内，信托监察人不能自行辞去职务。之所以不允许监察人自行辞任，原因在于慈善信托涉及了公共利益，信托监察人的辞任需经有关机关的许可方可为之，不过不同国家和地区的批准机关不同。依日本《信托法》，"慈善信托监察人在具有不得已之请求时，获得法院许可后可以辞任"。而我国台湾地区《信托法》则规定，"若有正当事由，且经指定或任选该信托监察人的人同意或公益事业管理机构许可，信托监察人可辞任"[③]。

---

① 参见我国台湾地区《法务公益信托许可及监督办法》第 3 条第 1 款第 6 项，1996 年 12 月 4 日"法务部"令。
② 我国台湾地区《信托法》第 59 条。
③ 我国台湾地区《信托法》第 57 条。

(3) 监察人的解任

解任权是"对监察人在履行职责过程中，做出不合理或对信托不利行为时所设立的防范制度"①。按日本《信托法》，"委托人可以随时解任信托监察人，且若慈善信托监察人违反任务，给信托财产造成显著损害，或存在其他重要理由时，法院可根据委托人提出的申请，解任信托管理人。法院解任信托管理人时，必须听取信托管理人的陈述；对法院的裁决，委托人、管理人或受益人可即时抗告"②。而依我国台湾地区《信托法》的规定来看，"若信托监察人怠于执行职务或有其他重大事由，指定或选任该监察人的人可以解任该监察人；法院也可依利害关系人或检察官的申请解任监察人"③。

(4) 新监察人的选任

日本《信托法》规定，"出现监察人辞任或解任时，可由委托人选任新的慈善信托监察人，或由法院根据利害关系人的申请选任新信托监察人，或根据信托行为的规定选任新信托监察人"。"与任命一样，利害关系人可向新信托监察人发出是否同意出任的催告。"④我国台湾地区《信托法》则规定，"信托监察人辞任或解任时，除信托行为另有规定外，由指定或者任选之人选任新的信托监察人；若其不能或不为任选，由公益事业管理机构依利害关系人或检察官的申请任选信托监察人"⑤。

(5) 监察人的表决制度

在有两人以上的慈善信托监察人时，日本的《信托法》坚持一致性原则，即"全体信托监察人必须共同为权限中的行为，但信托行为另有规定的，从其规定"⑥。台湾信托法与日本信托法上的一致原则截然相反，它实行慈善信托监察人为多数人时过半数同意的表决制度。"如果存在数个信托监察人，除法院另有指定或信托行为另有约定外，只要表决过半

---

① 徐孟洲主编：《信托法》，法律出版社2006年版，第200页。
② 参见日本2006年《信托法》（修订版）第56条至第58条，第129条。
③ 我国台湾地区《信托法》第58条。
④ 参见日本2006年《信托法》（修订版）第62条，第123条，第129条。
⑤ 我国台湾地区《信托法》第59条。
⑥ 日本2006年《信托法》（修订版）第125条。

数即可决定实施职权，但实施保全信托财产的行为可以单独决定。"[1]

(二) 信托监察人的权利和义务

1. 信托监察人的权利

(1) 日本关于信托监察人的权利规定

日本《信托法》采用概括加列举的方式规定了慈善信托监察人的权利。首先，该法在信托管理人一节中规定了"信托管理人有权以自己的名义为实现信托目的行使与受益人权利相关的一切法庭上和法庭外的行为"[2]。然后，该法另外在"受益人不特定的信托的特例"（即慈善信托）一章中规定了在必须设立慈善信托管理人的情况下，"具有委托人的全部监督权（用列举的方式表示），且不得因信托的变更限制慈善信托监察人行使上述权利"[3]。最后，该章再用表格的形式列举该章之前的条文中哪些委托人和受益人权利可以由慈善信托监察人行使。总体而言，日本的慈善信托监察人拥有以下几种权利：

第一，监督权。监督权主要包括"对强制执行信托财产行为的异议权，对受托人不当处分信托财产的撤销权以及选任监察人的申请权，受托人违反勤勉义务的执行请求权以及损失补偿或恢复原状请求权，对处理信托事务相关文件的阅读或誊写的请求权，对受托人违法或违约行为的禁止请求权，对信托财产缺损额的金钱补偿或支付请求权"等，[4] 而且上述行为不得因信托变更而受到限制。此外，最终清算也应获得慈善信托监察人的同意。

第二，知情权。知情权主要包括"受托人应定期将信托事务处理情况制作资产负债表、损益计算书以及各省规定的其他文件向监察人报告，法律规定应向受益人发出的通知，在有信托监察人的情形下，必须发给信托监察人"[5]。

第三，变更信托权。变更信托的权利主要包括"与委托人或具有委

---

[1] 我国台湾地区《信托法》第 55 条。

[2] 参见日本 2006 年《信托法》第 123 条第 1 款，第 125 条第 1 款，以及 161 条第 1 款附表。

[3] 日本 2006 年《信托法》（修订版）第 145 条。

[4] 同上。

[5] 日本 2006 年《信托法》（修订版）第 125 条第 3 款。

托人地位的人达成合意即可解任和变更受托人、变更信托以及终止信托，受托人的辞任应经委托人和信托监察人的同意等"①。

第四，费用、报酬和损害赔偿请求权。费用、报酬和损害赔偿请求权主要指"处理事务的必要费用及利息、因处理信托事务产生的损害赔偿以及信托行为中规定的报酬请求权"。"法院亦可对其裁决设立的信托监察人裁定报酬金额，同时信托监察人和受托人可提起抗告。"②

综合而言，日本《信托法》中，慈善信托监察人可以变更基础信托法律关系，并且其权利只有下限而无上限，可以最大化地发挥慈善信托监察人的作用，从而使慈善信托受托人的行为得到必要之约束，使慈善信托的目的得到实现。在慈善信托监察人的报酬问题上，法律也是肯定信托行为的规定，"有规定的有报酬，无规定的无报酬，有规定但无计算方法的，给予适当金额的报酬"③。

(2) 中国台湾地区关于信托监察人权利的规定

中国台湾地区的《信托法》与日本的规定类似，也采用概括加具体的方式规定了慈善信托监察人的权利。主要有以下几个方面：

第一，一般意义上的监督权。台湾地区《信托法》规定，"信托监察人得以自己名义，为受益人为有关信托之诉讼上或诉讼外之行为"④。但同时规定了如果有受益人，受益人可以监督监察人的行为，对监察人行为的行使具有请求权。

第二，重要事项认可权。慈善信托监察人应"定期审核受托人对信托事务的处理情形及信托财务状况（每年至少一次）；信托关系消灭时，对于受托人处理信托事务所做的结算书及报告书，慈善信托监察人有权予以承认"⑤。

第三，报酬请求权。报酬由信托行为规定；若信托行为未规定，由公益事业管理机构依信托监察人的请求，就信托监察人职务的轻重及信托财产状况，酌情给予相应报酬。

---

① 日本 2006 年《信托法》（修订版）第 261 条第 1 款附表。
② 日本 2006 年《信托法》（修订版）第 127 条。
③ 文杰：《信托法专题研究》，中国社会科学出版社 2012 年版，第 78 页。
④ 我国台湾地区 1996 年《信托法》第 52 条。
⑤ 李振华：《论我国信托监管法律机制的构建》，《经济问题》2005 年第 10 期。

2. 信托监察人的义务

日本《信托法》概括地规定了信托监察人具有善良管理人的义务和诚实且公平地行使权限的义务。信托监察人的善良管理人义务与受托人的义务类似,要求信托监察人以高度的注意义务行事。诚实指"按照诚实信用的原则行事",如向委托人、受托人和受益人反映真实的情况。公平指"平等公平地处理事务",如对所有受益人一视同仁等。

不过,日本《信托法》未对信托监察人的责任做出明确的规定。一般情况下,只要信托监察人在其权限范围内行使了职权,就不需承担任何责任。如,"当委托人和信托监察人在对受托人不利时解任受托人,给受托人和其他人造成损失的,仅由委托人承担赔偿责任"①。当然,这并不能得出在任何情况下信托监察人都不需要承担责任的结论。有义务即有责任,首先,慈善信托监察人如违反了善良管理人义务以及诚实且公平行使权限义务,给信托财产造成损失的,应承担损害赔偿责任;其次,慈善信托监察人的其他违约或侵权行为对信托财产造成损失的,也应赔偿损失。而且委托人、受托人或受益人均有权对其提起诉讼。

就慈善信托监察人的义务,我国台湾地区《信托法》仅仅规定了受托人的"善良管理人的注意义务",没有专门提出慈善信托监察人也应尽到诚实信用和公平的义务。另外,我国台湾地区《信托法》也没有规定慈善信托监察人应承担的责任以及责任的承担方式。与日本的做法相比,缺憾之处较为明显。

第四节 我国的慈善信托监管制度

一 我国慈善信托监管的基本制度

正如第一章已经指出的,在对慈善信托立法时,《慈善法》总结了多年来公益信托发展的瓶颈,做出了一些突破,其中一个很重要的破题就是对慈善信托的监管制度进行了重新规定和考量。

(一)明确了民政部门为主的专门机构集中监管模式

依据《慈善法》,慈善信托的监管机关不再是模糊的公益事业管理机

---

① [日]能见善久:《现代信托法》,赵廉慧译,中国法制出版社2011年版,第178页。

构，而是明确了一个专门监管机构为主的集中监管模式，即采取了以民政部门为主，其他部门为辅的监管体制。之所以选择民政部门作为慈善信托的主要监管单位，原因在于民政部门的主要职责之一是社团的登记、监督和管理，而且民政部门还承担着"优抚安置、救灾救济、SOS 儿童"等大量社会公益性事务，由其作为专门的慈善信托监管机构应是自然而然的事情。具体来说，我国民政部及县级以上民政部门成为各级慈善信托的主要监管机构；银行业监督管理部门也承担部分的监管职责。

就两者的分工来看，依据《慈善信托备案管理办法》第 47 条，县级以上人民政府民政部门负责"慈善信托备案和相关监督管理工作"；银监部门负责"信托公司慈善信托业务和商业银行慈善信托账户资金保管业务的监督管理工作"。同时结合《慈善信托备案管理办法的》第 49 条、第 50 条、第 51 条、第 54 条和第 55 条的规定，两大部门的具体监管事项可做如下厘清：第一，对慈善信托的受托人应当履行的受托职责、管理慈善信托财产及其收益的情况、履行信息公开和告知义务以及其他与慈善信托相关的活动进行监督检查。第二，两大部门联合或委托第三方机构对慈善信托的规范管理、慈善目的的实现和慈善信托财产的运用效益等进行评估。第三，可以与受托人的主要负责人和相关人员进行监督管理谈话，要求就受托人的慈善信托活动和风险管理的重大事项做出说明。第四，接受并及时调查处理对于受托人的投诉和举报。第五，应当及时向社会公开下列慈善信托信息："慈善信托备案事项；慈善信托终止事项；对慈善信托检查、评估的结果；对慈善信托受托人的行政处罚和监管措施的结果；以及法律法规规定应当公开的其他信息。"

另外，国家鼓励行业组织加强行业自律，反映行业诉求，推动行业交流；同时还鼓励公众、媒体对慈善信托违法违规行为进行监督，发挥舆论和社会监督作用。

(二)《慈善法》对信托监察人制度的新发展

慈善信托脱胎于公益信托，其对于信托监察人的规定是公益信托中信托监察人规定的新发展。

1. 信托监察人的设置体现了当事人的意思自治，信托的设立更为便利依据《慈善法》第 49 条①，慈善信托的委托人根据需要可以确定信托监察人，属于任意性规范。与《信托法》强制设立信托监察人的刚性规定不同，慈善信托监察人完全是根据委托人的意愿决定是否设置，体现了委托人的意思自治，这使得慈善信托的设立简便易行。诚然，彼时的《信托法》对具有公益性质的信托实行特殊保护是希望有效保障处于不特定状态或不具有保障自己权益能力的受益人，这与当时我国信托事业初步建立，信托尤其是公益信托发展不成熟，人们对信托缺乏正确的认识密切相关。但是随着社会的发展，人们越来越看重运用信托方式开展公益慈善活动。在这样的发展趋势下，慈善信托作为一种特殊的融资方式，需要平衡受益人的保护和信托设立效率。即便是涉及公益慈善的特殊信托，亦必须尊重委托人的意愿。也正是基于这个原因，委托人作为自己利益的决策者，对于是否需要设置信托监察人的判断更为合理。

不言而喻，设置信托监察人是需要成本的。对于有些小型的慈善信托，其本身的资金和规模较小，委托人可能不愿，也无力承担设置信托监察人的成本。对于这样的慈善信托，如果给予是否设立信托监察人的自由，则可将善款更多地用于公益慈善目的。这是在衡量慈善信托受益人的保护和慈善信托设立效率以及鼓励慈善信托发展前提下所做出的权衡，可见，在立法取向上，《慈善法》已经从单纯强制保护受益人利益转为方便信托的设立以及信托运行成本的减少。法律的生命在于实施，由委托人根据自己的实际需要自愿自由选择是否设立监察人，不仅可极大地节约慈善信托的设立成本，也可提高慈善信托设立的效率。

2. 细化了信托监察人的职责，强调对委托人权益的保护

依据《慈善法》第 44 条第 2 款，信托监察人对受托人的行为进行监督，依法维护委托人和受益人的权益。信托监察人发现受托人违反信托义务或者难以履行职责的，应当向委托人提出，并有权以自己的名义提起诉讼。原来的《信托法》只规定了监察人需要维护受益人的权益，并

---

① 我国《慈善法》第 49 条规定："慈善信托的委托人根据需要，可以确定信托监察人。信托监察人对受托人的行为进行监督，依法维护委托人和受益人的权益。信托监察人发现受托人违反信托义务或者难以履行职责的，应当向委托人报告，并有权以自己的名义向人民法院提起诉讼。"

未提及委托人权益的维护。而《慈善法》还强调了监察人对委托人权益的保护。慈善信托的委托人多为有社会责任感的爱心人士，其投入是否能够按照信托目的约定的方式使用是保障其权益的关键所在，因此，《慈善法》的这一规定能够强化委托人信托目的的实行并保证了必要的制权。

另外，与《信托法》只是原则性规定信托监察人有权起诉或实施其他法律行为相比，《慈善法》增设了监察人在发现受托人违反信托义务或者难以履行职责时，向委托人报告的义务，这更为细致地规定了监察人起诉的条件，同时也加强了委托人在慈善信托中的重要地位。

二 我国现行慈善信托监管制度的进一步完善

在制度设计中，慈善信托监管制度的最高目标在于不影响被监管人行为的效率，同时注意保持行为效率和行为合法、合规之间的平衡。慈善信托因其信托目的和逻辑起点的特殊性，应将其监管重点放在"慈善资产的安全、目的限制规则的遵循和慈善宗旨的实现"上。[1] 而且，当今社会，对慈善信托的监管早已不能局限于对慈善信托及其活动的规制，应是在保障慈善信托参与者符合有关法律法规之外，尽可能地通过"信息的提供、指导性意见的给予、支持性架构的建设"等方式来践行监管机关的支持功能。为此，我国关于慈善信托监管还需从以下几个方面加以改进：

（一）慈善信托的监管机制应形成一元制下的多部门协调机制

我国虽然主要由民政部门对慈善信托业务进行监督，但由于慈善信托的特殊专业知识要求、实践经验的欠缺以及监管力量的薄弱，民政部门作为主管部门将面临一系列的挑战，有关监管职责的履行需要一系列配套的规范性文件来落实，任务十分艰巨，而且有许多监管事宜是需要其他部门助力的。

为此，第一，在民政部门层面，建议一方面必须细化内部的处室分工，明确处室职责边界；另一方面还需赋予民政部门更多的具体权力。目前，各国关于慈善信托监管部门的权力都存在扩大化的趋势。与其他

---

[1] 金锦萍：《慈善信托的规制之道——兼评〈慈善信托管理办法〉》（http://www.chinadevelopmentbrief）。

国家和地区相比，我国关于慈善信托监管机关的监管权限还不够细致。如我国台湾地区信托法规定了主管机关在有关慈善信托违反设立许可条件、监督命令或为其他有害公益的行为以及无正当理由连续不为活动的，享有撤销许可权和处置权。但是我国《信托法》未对此做出规定，而《慈善法》[①] 赋予民政部门的权力主要是"警告，责令限期改正；有违法所得的，由民政部门予以收缴，转给宗旨相同或者相近的慈善组织或者其他慈善信托；对直接负责的主管人员和其他直接责任人员可以处一万元以上五万元以下罚款"。建议在出现有些有违慈善信托目的的行为时，应赋予民政部门以撤销权。另外在无正当理由不为活动的，也应赋予民政部门以相应的撤销权。因为一旦出现以上情形，如监管机关没有权力对这种许可予以撤销，最终的解决就只得诉之于法院。如此，既耗费时间又增加了诉讼的成本，对社会资源也是一大浪费。

第二，在有关协作部门层面，建议加强与有关部门的沟通，重点要与财政、税务、银监、金融、司法等部门建立沟通协调机制。慈善信托发展涉及社会生活的许多方面，财政、税务及司法部门亦为法定的慈善信托管理部门。这当中，财政部门应实施有效的会计监督，对慈善信托的财务状况进行检查；税务部门应审核慈善信托是否符合减税、免税资格而对其进行监督；司法部门负责对涉嫌违法犯罪的受托组织以及组织负责人进行刑事的和民事的制裁，以便使慈善信托的发展得以规范。另外，如果慈善信托涉及了募集资金的行为，则其行为需受公开募集资金相关规定的制约，此时中国证监会监管十分重要。因此，对于此类慈善信托，需要细化民政部门和证监会自身的职责范围以及职能边界，防止出现监管重叠以及监管真空。

第三，应考虑设立国务院慈善委员会。鉴于民政部门在政府各个部门体系中的地位以及当下的执法力量不足的情况，如何协调涉及各个部门对慈善信托的监督管理，如何加强事中事后监管，都会成为一个问题。

[①] 我国《慈善法》第101条规定："慈善组织担任慈善信托的受托人，有下列情形之一的，由民政部门予以警告，责令限期改正；有违法所得的，由民政部门予以收缴，转给宗旨相同或者相近的慈善组织或者其他慈善信托；对直接负责的主管人员和其他直接责任人员可以处一万元以上五万元以下罚款：（一）将信托财产及其收益用于非慈善目的的；（二）未按照规定将信托事务处理情况及财务状况向民政部门报告或者未向社会公开的。"

建议考虑仿照英国《慈善法》中慈善委员会或者我国《中华人民共和国反垄断法》中国务院反垄断委员会的做法，为慈善信托设立国务院慈善委员会这样一个机构，由其负责组织、协调、指导全国的慈善工作。

(二) 慈善信托人监察制度的进一步发展

《慈善法》对信托监察人自由设立的新规定降低了慈善信托设立的门槛，的确有利于慈善信托的设立，但是对慈善信托受益人的保护不能因此而减少，而是需要在其他环节进行补正。

第一，信托监察人的自由设立制度存在对受托人监督弱化的可能以及对信托财产监督出现缺位的风险。因此，对于未设立信托监察人的较大规模的慈善信托，政府主管机关尤其不能缺位，务必强化信息公开，做好信息披露。该类慈善信托在性质上类似于募集行为，如放任不管，不实施有效监管，将难以保障信托目的的实现。因此，需要加强慈善信托的信息公开力度，在政府指定的平台上充分披露慈善信托财产的运营和使用情况，让该类慈善信托充分置于社会公众的监督之下。除了法律明文规定不能公开的信息外，其他信息，如"对慈善信托所为的所有财产处分情况、人员的聘任情况、善款去向以及所有涉及慈善信托的事项"均应在公开平台实时公开。即便是不能公开的信息，也应交由民政部门审核，核实有关信息是否属于不能公开的内容。而且应当对其披露的文件进行定期审核，以确保其合规运营，符合信托目的以及信托受益人的保护。同时，还要注意引入第三方中介机构，对慈善信托的运作和使用进行多方监督，从而充分保障其合规运营，防止运营过程中出现的道德风险。

第二，无论是《慈善法》，还是《信托法》都没有对监察人任职条件做出明确规定。但信托监察人既是受益人和公共利益的保护者，又是受托人行为的监督者。既要实施诉讼行为，又要实施法律行为，其任职资格不能不受限制。建议我国应在立法中明确"根据慈善信托目的、信托财产数额大小、信托监督的难度"[①] 等情况，确定能够胜任的监察人。监察人的任职条件可从积极和消极两个方面作出规定。通常认为，慈善信

---

① 陈博文：《公益信托监察人选任、辞任和解任标准探究》，《法治与社会》2011 年第 10 期。

托监察人的任职条件应要高于一般的法人管理及监督机构成员的条件。比如，除了必须具备完全民事行为能力的起码条件外，从专业角度上讲，信托监察人还须具备履行其监督职责的专业素养和技能，这主要涉及"财务、法律和财产管理"等内容。如监察人不具备必要的能力和水平，将很难达到对慈善信托实施有效监督的要求，也不能较好地维护受益人利益。再者，如信托监察人为自然人，应要求其具有较好的道德品性（未受过刑事处分，尤其是未有过经济犯罪），如此才不致做出谋取私利、损害受益人利益的行为；如是单位或组织，应未有过不良记录，不会对信托财产构成威胁。考虑到慈善信托对信托监察人的专业性和独立性要求，特别是对于那些规模大、影响深远的慈善信托计划，可以选择在全国或地区有良好社会影响的会计师事务所或者律师事务所担任信托监察人，借助其专业知识和影响力监督受托人处理信托事务的情况，为慈善信托保驾护航。比如，要求具备财务背景或法律专业背景等。同时，还要对有可能损害慈善信托的监察人设置限制性条件。比如，慈善信托的受托人、其他信托事务执行人及其利害关系人不能够成为慈善信托监察人。

第三，纵观大陆法系有关国家和地区的《信托法》，对于信托监察人的辞任和解任均有明确规定。我国《信托法》只规定了信托监察人的选任，并未对其辞任和解任做出明确规定。应当说，信托监察人并非一经选定就能一劳永逸，合理的变更及退出机制既可以使慈善信托监察人在任职时具有灵活性，又有助于形成监管制度的内部约束体制。建议结合大陆法系有关国家和地区的规定明确我国信托监察人的辞任和解任。首先，慈善信托监察人辞任、被解任后，如信托文件有规定的，依其规定选任新的信托监察人。信托文件没有规定的，可由民政部门指定新的信托监察人。其次，为了保护受益人的利益，当信托监察人出现怠于执行职务或有其他严重影响受益人受益权的情况出现时，应当赋予信托监察人的选任者以解任权。如在信托监察人不履行或者不正当履行其权利，从而对受益人的权利造成损害时，应当取消信托监察人的资格，以保护受益人的利益以及利害关系人的权益。当信托监察人出现患病、外出等正当事由，不拟继续担任该职务时，应当赋予其辞任权。

第四，在慈善信托的委托人不复存在或者不能履行设定与变更的情况下，慈善信托是否需要设置监察人以及监察人向谁报告，也是我国慈善信托制度需要研究设计的规则。现阶段，我国《慈善法》和《信托法》均未对此做出规定，但由于慈善信托不仅涉及社会利益也涉及信托财产的增值收益，有其特殊性，这种情况下的设定或者变更，应根据慈善信托协议、委托人的最佳利益和意愿，由慈善信托备案管理机关（民政部门）决定是否把"设置以及变更信托监察人"的问题提交有管辖权的法院裁判定夺。同时我国的诉讼法系统应为《信托法》和《慈善法》中这样的规则留下操作的空间。

  第五，合理配置慈善信托监察人的权利与义务。其一，要明确慈善信托监察人的权利。作为慈善信托的监察人，其权利应该包括两大类：一类是为了监督受托人，保护受益人利益而必须具备的基本职权；另一类是与其职务相关的自身权益。建议借鉴日本《信托法》和我国台湾地区《信托法》的规定，对我国慈善信托监察人的基本权利作出明确界定。慈善信托监察的基本职权应包括：知情权，慈善信托监察人应该拥有与委托人一样的知情权。撤销权，慈善信托设立后，如受托人违背慈善目的处分慈善信托财产的，慈善信托监察人有权申请法院对慈善信托财产进行保全。变更受托人的权利，委托人与受托人签署的信托文件中可约定当受托人有违背慈善信托目的时，可授权慈善信托监察人变更受托人；在受托人主动退出对慈善信托的管理或不再具备受托人资格时，慈善信托监察人有权更换受托人。与职务有关的自身权益主要是报酬请求权。慈善信托监察人在履行职务时获得合理的报酬有助于提高他的工作积极性，所以可在委托人与受托人签署的信托文件中事先对监察人的报酬数额和给付方式加以约定，如信托文件中未约定的，监察人可向民政部门提出申请，由民政部门依据其工作情况进行综合考虑。其二，应明晰慈善信托监察人的应尽义务。建议明确下列义务：勤勉义务，慈善信托监察人应以高于一般人的注意，审慎、勤勉地工作。忠实义务，慈善信托监察人应当忠于职守，不得做出有损受益人利益的行为；当其自身利益和信托财产的利益发生冲突时，须优先考虑受益人的利益；禁止关联交易行为。公正义务，在慈善信托中，慈善信托受益人不确定且人数众多的人，有可能在利益分配上产生摩擦，慈善信托监察人应公正地看待受益人，不得偏袒。

（三）加强信息平台的建设与监管

"阳光是最好的防腐剂"，随着《慈善法》的全面铺开，过往以入口审批为主的门槛式监管体制必然转变为以信息公开为基础的全过程监管体制。如要发动最广泛的力量监督慈善信托，必须做好三类信息平台的建设和管理工作。三类信息平台主要是指"民政部门统一建立的信息平台，民政部门统一指定的信息平台，慈善信托的自建网络平台"。这三类信息平台的建设与监管不仅是政府职能的体现，也是《慈善法》赋予社会大众的重要使命，为此建议学习英国的做法建设好慈善信托信息平台。第一，建立健全三类信息平台统一协调的机制；第二，加强三类信息平台的标准化数据建设，为慈善大数据定好基础；第三，积极培育民政部门统一指定信息平台和慈善信托自建网站，将部分监管职能下沉，委托这些平台代行；第四，尽快盘活慈善大数据，发挥社会公众的作用。

（四）建立行业自律、评级准则制度

目前我国的慈善信托业既没有统一的行业自律标准，也没有精准的级别评定机制，因此，目前的慈善信托行业可算没有危机的领域。不过，需要认识到的是与社会需求比较起来，慈善资源总是稀缺的。慈善信托如不能持续吸引慈善资源，更有优势地运作慈善项目，增进社会利益，必然不能实现其长效发展。因此，建议建立有效的行业自律机制，借助富有权威性和独立性的机构，由它们制定关于慈善信托的科学工作标准，并严格按照标准进行检查、核实和监督，得出公正客观、具有普遍说服力的评价结果，并使之长期延续下去。同时，还需建立等级评价标准，对于级别高的慈善信托可以在慈善资源方面做一些引导，从而激活慈善信托的自我完善机制，进而全方位提高慈善信托的业务水平。

第五章

慈善信托的税收优惠

第一节 税收优惠与慈善信托

一 税收优惠的价值

（一）税收优惠的内涵

众所周知，政府运转需要耗费大量资源，现代社会更是如此。亚当·斯密曾说："每个国家的国民都必须按照各自的能力，也就是说，按照各自在国家保护下所获得收入的比例，尽可能地缴纳税赋以确保政府运转。"[①] 税收能够有效地"提供公共物品，满足公共欲望，缓解市场失灵，实现国家职能"[②]，税收权力是一个国家财政的核心内容。一般情况下，国家的发达程度、社会福利制度的发展状况与国家收取的税赋成正比。

税收征收通常需遵循"税收法定原则、公平课税原则和比例原则"。根据公平原则，"公众应该依照自身承担赋税的能力，从而平等地履行纳税义务，也就是说对具有相同赋税责任能力的人课征相同责任范围内的税"[③]。但是，现代国家从自由法治国家转型为社会福利国家后，已不可能将税收严格限定在以获取收入为目的上，政策目的不断渗入税收目的，通过税收来调整与变更经济上所得与分配的情形越来越多。或者说，由于产业发达，社会财富之分配业已形成不平等状态，学者们开始倡导社

[①] ［英］亚当·斯密：《国富论》，唐日松等译，华夏出版社2005年版，第581页。
[②] 朱为群：《中国税制教程》，上海财经大学出版社2003年版，第56页。
[③] 葛克昌：《行政程序与纳税人基本权》，北京大学出版社2005年版，第123页。

会改良主义，他们主张采用财政手段、实行社会政策来调整社会的财富分配，此种社会政策之税收概念引起了国家财政政策之变革与累进税制之引进。"除了社会政策目的之外，税收也常被用来做增加就业机会、促进经济发展，或增强企业竞争力的财政工具。"① 正如孟德斯鸠所说："要把国家收入规定得好，就应该兼顾国家和国民两方面的需要。当取之于民时，绝对不应该因为国家想象上的需要而排除国民的需要。没有任何东西比规定国民应缴纳若干财产，应保留若干财产更需要智慧与谨慎了。"② 正是为了社会治理之需要，国家有时希望直接或间接地影响纳税人在经济、社会领域的行动计划，实现引导纳税人生产、生活的预定目的，自然而然，税收优惠就成为国家宏观调控的重要手段。

税收优惠是指"政府利用税收制度，为了达到国家在一定时期的政治、经济和社会发展总目标，通过税法在税收方面实现对某些纳税人给予鼓励、激励和照顾的相应措施"③。大致而言，税收优惠的内容是保持社会总供给与社会总需求在总量和结构上的基本平衡，为微观经济的运行创造有利的宏观环境。其目的在于促进整体经济发展和整体经济效益提高或者是为了实现社会公平而提高社会整体福利，并在此基础上提升社会个体的福利水平。不过，从规定的内容上看，税收优惠是与宪法规定的量能课税④原则中的平等纳税相冲突的。"对于赋税能力相同的纳税人，由于税收优惠措施的出现，使得处于同一状况之下的纳税义务者在税负的承担上产生了区别。"⑤ 正是因为税收优惠是税收负担的差别待遇，必然导致形式上的不公平和税收特权的产生，所以其施行的正当性就显得至关重要。换言之，税收优惠必须承载某种价值追求、反应国家政策的认同，方能为国家所实行。

---

① 葛克昌：《国家学与国家法》，元照出版有限公司1997年版，第185页。
② [法] 孟德斯鸠：《论法的精神（上册）》，张雁深译，商务印书馆1987年版，第213页。
③ 刘剑文、熊伟：《税法基础理论》，北京大学出版社2004年版，第78页。
④ 量能课税原则是指为实现水平的公平，必须对具有同等经济能力的人课征等额的税收；为实现垂直的公平，必须对具有不同经济能力的人课征不同数额的税收，纳税能力愈强者所负担的税收也愈多。
⑤ [日] 金子宏：《日本税法》，战宪斌、郑林根译，法律出版社2004年版，第156页。

（二）税收优惠的价值所在

按照价值目标的导向，税收优惠的价值目标可分为三大类。第一，实现公益目的；第二，实现社会目的；第三，实现经济目的。以此为依据，税收优惠举措可以简化为两大类。一是"为了社会目的的税收优惠"，这类税收优惠以科教文卫体等事业为优惠对象，以此促进公益慈善事业发展，达到执行社会政策、促进社会和谐发展、实现公平正义的目的。二是"为了经济目的的税收优惠"。这类税收优惠以促进经济发展为目的，大多数情况下集中在涉外税收优惠和区域性税收优惠两个范畴。当然，"这两类税收优惠并没有详尽地概括所有的税收优惠类型"[①]。

就"为了社会目的的税收优惠"而言，其指向或者说其所"干预"的几乎都为非竞争性领域，内容上也比较繁杂。不过，不论是为了什么社会目的，它都是政府执行社会职能的一种职能手段，是为了保障公民的基本权利。慈善信托所蕴含的社会内容恰好在"为了社会目的的税收优惠"所关涉的范围之内；慈善信托所承载的"平衡个人利益与社会利益"的基本法律价值与"为了社会目的的税收优惠"所表达的"以纳税人为本、平衡协调和社会责任本位"的价值追求则是刚好契合。

二　慈善信托与税收优惠

（一）慈善信托的价值追求与税收优惠的价值相契合

第一，慈善信托的属性与财政支出相似，两者的目的均为发展各项公益慈善事业，而且慈善信托业务与财政所鼓励的业务有很多的重合。国家财政预算支出的内容通常是"经济建设支出，教育、科学、文化、卫生、体育等事业发展支出，国家管理费用支出，国防支出以及各项补贴支出和其他预算支出"[②]，"社会公益慈善事业正是财政支出的重要方面"[③]。从传统经济学角度来看，社会公共产品和社会公共福利都属于政

---

① 刘剑文主编：《财税法论丛》，法律出版社2005年版，第21页。
② 熊伟：《财政法基本问题》，北京大学出版社2012年版，第198页。
③ 欧阳白果等：《公益信托税收优惠制度的立法探讨》，《产业与科技论坛》2006年第12期。

府职责的范畴，这些"物品"不可能由追求利润的营利性机构提供，也很难由政府事无巨细地悉数加以供给。而慈善信托可以从科学、文化、卫生、教育、艺术和扶贫助残等方面提供各种适应社会需要的"公共物品"或"半公共物品"。因此，作为促进公益慈善事业发展的一项重要举措，慈善信托在具体支付项目上同国家财政支出具有共同属性，"与社会福利具有共同的价值取向"[①]。另外，如果对慈善信托进行征税，即使将收取的税款用于公益慈善事业支出，但这除了改变支出结构、增加行政收支成本外，并不具有任何直接的社会意义。就其本质而言，对慈善信托实行税收优惠实际上是一个使税收事业和社会公益事业在公平基础上兼具效率的衡平举措。

第二，与其他的公益慈善事业不同，慈善信托并不是以消耗社会公共资源的方式来实现社会福利的增加，它获取资金的渠道主要是私人捐赠，这就决定了慈善信托的日常运营并不需要靠政府财政来维持，具有非政府性。而且慈善信托是透过受托人对信托财产的管理营运实现信托财产的保值增值。鉴于慈善信托一方面能够实现资金融通和资产管理，发挥经济职能；另一方面又可以增加社会公共资源，促进社会整体福利，具有服务社会、辅助政府的职能，所以按照税法中的受益原则，[②] 也理应获得税收支持。

综上所述，由于慈善信托涉及广泛的公共利益，因而具备了享有优厚税收利益的正当性。如对慈善信托税收优惠制度进行引入与构建，则"既关注了社会经济发展的宏观走向，又贴近了人本理念的微观脉络"[③]。并且，从世界各国慈善信托的发展实践来看，"发达国家均不同程度地利用税收的杠杆效应来引导社会力量推动慈善事业更快、更好发展，在慈

[①] 赵磊：《公益信托法律制度研究》，法律出版社2008年版，第123页。
[②] 税收公平的一个标准是受益原则，即通过纳税人在公共产品中所获得利益来衡量应缴纳的税款多少。多受益者多纳税，少受益者少纳税。根据受益原则，纳税人的纳税数量与其消耗的公共福利呈正相关关系，照此逻辑，若某行为能够增加公共福利，则其应减少纳税数量，即应享受到税收优惠。
[③] 王忠：《我国公益信托发展受阻的原因分析》，《特区经济》2006年第9期。

善信托设立、运作等环节都实行了不同程度的税收优惠政策"[①]。也可以说,"对慈善信托的信托财产及其收益在税收方面给予优惠,减免各种税收,已成为各国税法的一个惯例,而扶植和促进慈善信托同样构成了信托税制设计时的一项重要原则"[②]。具体言之,慈善信托的税收优惠涉及了慈善信托委托人及慈善信托本身,受益人获取的收益也可以享有免税待遇;优惠税种则主要涉及"个人及企业所得税、遗产税、资本利得税",部分国家还涉及"增值税、房产税"等。

(二)慈善信托税收优惠对慈善事业发展的促进作用

慈善信托的发展受多种政策和制度性因素的制约与影响,而税收在各种激励慈善信托发展的举措中,是最有效的影响杠杆。"完善、合理的慈善信托税制有利于确保慈善信托在宽松和公平的环境下稳健发展;不合理的慈善信托税制则可能造成慈善信托经营困难、风险增大,甚至扭曲社会经济资源的合理配置。"[③]

1. 对慈善信托实行税收优惠,可以有效发挥社会导向作用

从慈善信托运作过程来看,委托人出于慈善目的,将财产捐赠给慈善信托项目;然后,受托人对信托财产进行支配和管理,再将信托财产及信托收益转移给相关的受益主体。整个运作过程涉及了委托人捐赠财产和慈善信托产生的信托收益税收问题。慈善信托的资金主要来源于社会大众的捐赠,是否给予慈善信托税收优惠直接影响了社会大众的财富流向。现实生活中,国家只要在税收方面给予慈善信托一定的优惠,即表达了国家对其的鼓励和肯定,这样必然会对人们的慈善行为起到相当的引导作用。以我国为例,有学者做了一个估算,如慈善信托税收优惠达到理想状况,"捐赠将占到 GDP 比重的 2% 左右,也就是捐赠量将从现有的年度 1000 亿元左右增加到 10000 亿元,就业贡献率达到整个就业人口的 10% 左右,将解决几千万人的就业问题"[④]。

---

① 邓智毅:《完善慈善信托税收优惠安排》,《21 世纪经济报道》2017 年 3 月 7 日第 6 版。
② 中国人民大学信托与基金研究所:《中国信托业发展报告》,中国经济出版社 2007 年版,第 179 页。
③ 李青云:《我国公益信托税收政策研究》,《税务与经济》2006 年第 5 期。
④ 贾西津:《慈善法是有待支点的杠杆》,《浙江工商大学学报》2016 年第 3 期。

2. 对慈善信托实行税收优惠，有助于政府职能的实现

我们知道公民对私益的需求可以通过自身力量实现，对公益的需求则必须靠政府提供。但是政府本身不是经营者，就税收基本原理而言，国家征税的目的是满足社会公共利益的需要，也是向人们提供公共产品。不过，由于本身机构的复杂性以及不直接参与市场经济，政府与市场一样存在失灵的可能，社会民间力量便需要发挥其应有的价值，矫正政府失灵之处。慈善信托的基本功能决定了其可以满足这个层面的需要，为此，给予慈善信托税收优惠正是不浪费税收征纳资源，服务于公共利益需要，帮助政府实现社会公共职能。

3. 对慈善信托实行税收优惠，有助于公益慈善事业的扩大发展

国家如直接从事公益慈善事业，其消耗成本是较为昂贵的，而且还有可能影响公益慈善事业的发展速度和效率。但如果对慈善信托实行税收优惠政策，就提高了社会公众设立慈善信托的积极性，等于社会大众直接将财物和资金用于发展社会公益事业，也意味着社会大众代替政府完成了社会公益慈善事业的投入。如若把相关配套税收优惠措施做到完善，必然能促进社会公众从事慈善信托的良性循环，这样不仅可以增加公益慈善事业的收益，而且还可以促使更多的慈善信托收益投入到公益慈善事业中去，去帮助更多需要帮助的对象，公益慈善事业也能够得到进一步的扩大发展。

第二节　英美法系的慈善信托税收优惠制度

英美法系国家均建立起了比较成熟的慈善信托税制，而且英美所制定的信托税制不仅在慈善信托设立方面起着重要的激励作用，而且是监督慈善信托的重要利器。

一　英国的慈善信托税收优惠制度

（一）英国慈善信托税收优惠的认定

1. 英国对慈善信托税收优惠的一般认定条件

在英国，对慈善信托享受税收优惠未规定特殊条件，仅用慈善信托

的成立要件加以约束。即一要满足信托成立的基本要件；二要满足信托目的的慈善性；三要为了社会公共利益；四要信托具有绝对的公益性。

2. 英国对慈善信托税收优惠的认定程序

在程序上，慈善信托如欲获得税收优惠支持，需要到慈善委员会申请登记，成为"注册慈善组织"[①]。由于慈善信托是基于慈善宗旨设立，所以成立后便自动享受免税待遇，如此则省去了税务机关的资格审查和登记流程。在具体操作流程中，"注册的慈善组织，拥有印章和编码，可以直接提交给税务部门，享受税收优惠。未注册的慈善组织，需要向税务部门提交符合要求的证明材料之后才能享受税收优惠"[②]。

（二）英国关于慈善信托的主要税收优惠举措

关于慈善信托税收制度，英国的有关规定散见于"所得税、遗产税和资产收益税"等一系列关联税种的法律规定之中。总体而言，英国对被认定为具备慈善目的和公益性的慈善信托给予了很多税收优惠，它的慈善信托税收优惠制度可以分为两个部分，"一是对慈善信托机构自身的优惠，二是对向慈善信托机构捐赠的机构和个人以税收优惠"[③]。

1. 英国对慈善信托捐赠者的税收优惠

对捐赠者的税收优惠属于慈善信托设立阶段的税收优惠。在英国，对于向慈善信托捐赠的自然人或团体在纳税方面没有统一的免税规定，但在捐赠的合同行为等方面享有个人所得税和公司所得税的优惠，在遗产税和资产收益税中也有一些减免税的规定。对于捐赠者的税收激励主要体现在"超过3年（代表第4年度的、所有应付款项的总金额，可以立刻被存在银行，而且每年解除1/4的债务）的自然人慈善合同，能得到基本和较高税率所得税的豁免（一般是通过源头扣除和各自的税收返还），每年可享受最多达3000英镑的所得税抵扣权"[④]。捐赠者为自然人时，一般可按照工资扣除计划，雇员通过授权他的雇主从他的所得税扣

[①] 该问题在《慈善信托设立》一章中已有阐述，本章不再赘述。
[②] 孙卫东：《英国慈善组织监管及思考——中英慈善项目代表团关于英国慈善监管的考察报告》，《中国民政》2017年第1期。
[③] 蔡磊：《非营利组织基本法律制度研究》，厦门大学出版社2005年版，第191页。
[④] ［英］D. J. 海顿：《信托法》，周翼、王昊译，法律出版社2004年版，第114页。

除前的毛收入中扣除一定的金额,并把这些金额支付给慈善代理机构,此计划须由国内税务部门批准,代理人须向雇员选择的慈善机构支付被扣除的资金。

2. 英国对慈善信托运作的税收优惠

通常情况下,慈善信托作为慈善组织可豁免"财产转让税、所得税(除股息收入)、增值税、资本利得税、公司税、遗产税和印花税"等。

(1) 财产转让税

若为生存时设立的慈善信托,则可免除财产转让税。

(2) 所得税[①]

慈善信托不需为它所从事的商业活动支付所得税,这些商业活动包括"纯粹以慈善为目的的活动和主要目的为慈善的活动"。但是,当慈善信托的收入或可支配的资金每年超过 1000 英镑,且这些财产所得用于 1986 年《英国金融法》第 7 条规定的"非许可花费"时,则这类收入不享受税收减免优惠。

(3) 增值税[②]

在英国,慈善信托需缴纳增值税。但英国的慈善信托增值税存在一个申报登记临界点(Registration Threshold),如果慈善信托运行中的商业交易行为超过了增值税起征点则有义务进行申报,不然会面临处罚。如果交易额在该临界点之下,可以自愿选择是否申报,不申报即不会承担任何增值税税负。同时,税法规定,"慈善信托受托人有义务定期检查是否超过了临界点"。不过,如果该信托的目的是救济贫困,据 1992 年《英国慈善收益税收法》,只要信托财产用于慈善目的,该信托在出售其捐赠物时,无论以何种形式均可免除增值税。目前,"这项优惠已经扩大到纳税人出售慈善组织获得的捐献物品(包括新、旧物品),只要该纳税人书面承诺将全部销售利润捐献给一家慈善组织"[③]。慈善组织出售特定

---

① 所得税是以所得为征税对象并由获取所得的主体缴纳的税收。
② 主要是慈善组织出售他人捐献的物品,包括新、旧物品。
③ 何宝玉:《英国信托法原理与判例》,法律出版社 2001 年版,第 303 页。

的物品或提供特定服务①的，可能获得增值税的减免，无论该慈善组织是否进行了增值税的申报。当这些情况发生时，如果想获得增值税的减免，慈善组织必须做出确定供应者的资格宣言。

(4) 土地税

首先，"若信托财产为不动产，可免除转让时的印花税"②。其次，慈善信托有权要求对其所占有的土地及土地上的建筑减免50%的税费，慈善信托占有的宗教性质的建筑可以享有完全免税；并且可以向地方政府提出要求对剩余50%的税费减免，如果经过批准则可以享有全部税费的减免。1992年《英国地方政府财政法》把土地税改为地方税，由地方政府自由裁量。

---

① 这些物品和服务包括："第一，募捐的广告和货品。为了慈善的广告是零税率的。为了募捐使用而购买的诸如收集箱、信封等办公用品也是零税率的。第二，对残疾人的帮助。为了帮助残疾人而提供给慈善组织的物品和服务是零税率的。第三，建筑。不是为了商业目的而是提供诸如乡村礼堂之类的设施的，建造房屋和完成其他保护建筑的工地，是零税率的，不过这要符合特定标准。在某些情况下，享受零税率的慈善"建筑"行为甚至包括建造台阶、加宽门口或小路、建造或修葺盥洗间等。第四，药物和化学制品。从事研制人用或兽用药品的慈善，为了实验而购买物品的享受零税率。不管这些物品是天然的还是人造的，是固体、液体还是气体。如果是气体，那么储存该气体的容器的租赁费都适用零税率。第五，节约能源的材料。为了慈善目的在居民区安装诸如集中供热等节约能源的材料的，可以减征增值税。第六，生产有声读物的设备。慈善组织和志愿组织为了救助盲人和那些有严重视觉障碍的人，购买录音和专为这类人设计的复制设备，享受零税率，但是那些同时可以被正常人使用的设备不包括在内。零税率还适用于慈善组织免费提供给盲人的收音机、录音机的购买。上面所提到的设备的维修、保养也是免税的。无论作何用途，录音带始终是适用标准税率的。第七，救生艇、下水滑道以及使船下水和回收设备。提供海上救助设施而购下列物品的慈善，享受零税率。一是救生艇的购买、维修和保养。二是救生艇的下水和回收设备的购买、维修和保养。三是救生艇滑道的建造、改进、维修和保养。四是上述物品的消耗和配件。五是救生艇上设备的正常安装、组装和适用。第八，医疗技术设备。慈善组织捐献给合适主体，诸如卫生健康当局、医院、研究机构或其他公益组织的物品医疗技术设备的供应享受零税率。如果一个慈善组织是一个合适的主体，也可以购买这些物品自己适用。而购买这些物品的唯一目的必须是为残疾人提供一定的照顾或者交通服务。第九，有治疗功效的产品。从事治疗、看护人或者动物，或者人用、兽用药品研究的慈善，购买有治疗功效的产品，享受零税率。第十，营救设备。为了提供给人道救援使用，而购买通讯、增强照明和热探测设备的慈善，享受零税率。第十一，复活训练模型。对于提供训练抢救濒死的人使用的模型的慈善，适用零税率。"

② 何宝玉：《英国信托法原理与判例》，法律出版社2001年版，第303页。

(5) 遗产税①

在遗产税方面,无论捐赠者是生前或者死后进行捐赠,只要捐赠是确实的,都可以依据该慈善信托的社会意义与价值,在全部额度内减免或者在一定额度范围内适当减免该种以遗嘱方式设立之慈善信托的遗产税。

此外,就收益和资本税的豁免,无论是利息收入、租金收入或投资所得,只要所得均用于慈善,则全额免税。而且"英国允许慈善信托视具体情况,将收益用于累积信托财产而暂时不分配给受益人,且不必依一般的累积信托适用较高税率的纳税"②。这实际上是国家允许慈善信托通过累积收益,规避一般的累积信托本应缴纳的较高税金。③ 可见,在对慈善信托的税收优惠中,英国税法是最为典型的。

二 美国的慈善信托税收优惠制度

(一) 美国慈善信托税收优惠的认定

1. 美国慈善信托税收优惠认定的特殊条件

在美国,一个慈善信托要想获得免税资格,除了其信托身份之外,还必须满足有关条件。第一,必须以非营利为目的,即具有《美国国内税收法典》501(C)3项下列举的一项或多项目的。④ 第二,其成立完全出于非营利目的。第三,其经营主要为达到规定的非营利目的。第四,不得为个人谋取利益,即不给控制该慈善信托或能对该信托施加实质性影响的人提供任何不适当的利益。第五,不得参与竞选,即不支持或反对任何公共职位候选人。第六,"不得参与实质性游说活动,即不对立法

---

① 遗产税是对自然人死亡后遗留下来的财产而征收的一种税。
② 张天民:《信托税制研究》,《经济导刊》2000年第4期。
③ 在英国累积信托和自由裁量信托长期以来一直被需要以较高税率缴纳所得税的人用作转移收入的手段,为了打击这种做法,英国规定对累积信托和自由裁量信托进行分配的收益按34%的统一税率缴纳所得税外,还需缴纳11%的附加税。但这一规定不适用于慈善信托,也不适用于信托管理的收益。
④ 获得免税资格的慈善组织必须符合以下目的,包括:"宗教、慈善、科学、公共安全测试、文学、教育目的,或为促进国家和国际业余体育竞技比赛,以及为预防虐待儿童、动物"。

2. 美国慈善信托税收优惠的认定程序

经注册登记的慈善信托可以向美国国内税务局（IRS）申请成为具有免税资格的慈善信托。申请者在网上下载格式化申请表，需填写的内容②主要是围绕慈善信托免税的条件展开。如果该慈善信托符合规定条件，即可获得免税资格，由 IRS 颁发认定证明。在美国，税收征管部门专设了一个负责审查免税资格的执行机构，由其对慈善信托的税收优惠申报者予以严格认证与细致管理，"只有真正符合慈善信托设立条件和税收优惠享受条件的主体才会被征税部门批准并授予相应免税资格，同时还需要接受定期复核，并非一劳永逸，税收管理部门拥有法定撤销权和处罚权"③。

（二）美国慈善信托税收优惠的具体内容

现代美国，税收的激励作用对于慈善事业的发展至关重要，其关于慈善信托税收极富特色的一点即为传统的慈善界定在很大程度上是被税法方面的界定所取代的。美国税法对慈善组织给出的定义是"收入无须交税，且其捐助者因其捐款而获得税收减免的组织"，税法对慈善组织的界定使得"非营利"和"免税"这两个术语在实际应用中已无差别。正如《美国慈善法指南》中所指出的，"在美国，能够规范慈善信托的不仅仅只有信托法，还有更多的名目繁杂的税法以及非营利组织法都能为慈善信托的组织形式提供依据，而且更重要的是刺激了慈善信托委托人的

---

① ［美］贝奇·布查特·阿德勒：《美国慈善法指南》，NPO 信息咨询中心译，中国社会科学出版社 2002 年版，第 34 页。

② 申请表需要填写的主要内容包括：（1）名称、地址；（2）联系人；（3）网站地址（如果没有网站，可不填写）；（4）法人类型；（5）注册登记的文件；（6）业务范围；（7）机构内部前 5 名最高收入的员工的姓名，报酬金额；（8）理事成员名单及理事成员是否与该机构有关联的说明；（9）针对利益冲突的内部规定；（10）父母、子女、配偶等亲属是否与该机构有利害冲突的情况说明；（11）非营利组织的前身；（12）是否参与政治游说活动（如果参与，要说明如何在法律允许范围内参与游说活动）；（13）是否与营利性组织有联合活动；（14）是否有海外活动；（15）资金来源；（16）是否是教会组织。此外，申请成立学校、医院等，还需填写其他特殊事项。

③ ［美］维克多·瑟仁伊：《比较税法》，丁一译，北京大学出版社 2006 年版，第 75 页。

积极性"①。这些法律规范一方面通过提供税收减免促进慈善信托捐赠者的积极性，另一方面则为慈善信托的组织形式提供有效的法律依据。

1. 美国对慈善信托捐赠者的税收优惠

根据《美国国内税法法典》第170条（a）及（b），如是自然人捐赠信托财产成立慈善信托资助公益慈善事业的，视捐助对象的重要程度和对社会公益的影响程度，可依法不列入课税所得，以此来减免所得税，最高可按经调整后总收入的50%的个人所得税应税额扣除；如是公司捐赠信托财产成立慈善信托资助公益慈善事业的，视捐助对象的重要程度和对社会公益的影响程度，可依法不列入课税所得，以此来减免所得税，但"仅在该公司所缴纳税收总额5%的范围内减免，超过最高减免额的部分可向以后的纳税年度结转"②。另外，美国税法还规定，可以在税前扣除的捐赠物包括"现金、带有长期资本增益或长期资本利得性质的财物和带有普通所得性质的财物"。对于企业来讲，税前扣除比例由10%到50%，有的州甚至高达100%；对于个人捐赠来说，税前扣除的比例从50%到70%，同时，慈善捐赠一旦超过了捐赠计税年度规定的税前扣除比例的，还可以向后顺延5年进行税前扣除，"对于一次性大额捐赠不能在当年全部被作为税前扣除的金额可以选择向后顺延相应的年度进行税前扣除，以便能够充分享受税收优惠补贴"③。

2. 美国对慈善信托运行的税收优惠

在慈善信托存续期间，由信托财产收益衍生出的其他收益，如"投资收益或由信托财产产生收益进行的其他投资行为"，只要该衍生出的收益使用对象也是慈善目的的公益事业时，对该收益可以免除全额的所得税。

3. 美国慈善信托税法规制的一个重要原则："禁止私人受益"（the bar against "private benefit" doctrine）

---

① 丁成强：《美国公益信托的税法扶持与制度及对我国的启示》（http://www.xzbu.com/3/view-478761）。

② 许多奇：《公益信托灾害救济的税法扶持与规制》，《法学》2010年第7期。

③ Gabrielle Fack, "Are Tax Incentives for Charitable Giving Efficient?" *American Economic Journal Economic Policy*, Vol. 64, No. 2, April 2010.

"禁止私人受益"原则源自 1859 年英国信托法上的 Ashton's Charity[①]一案。依据该案,禁止慈善信托向受益人过度分配利益,以确保慈善信托目的的公益性。美国法与英国法的不同或者说美国对该原则的发扬之处在于:"禁止私人受益"的规定更为充分详尽地以法条规定在了《美国国内税收法典》及税收实施条例中。根据其《国内税收法典》第 501 条(c)款(3)项的规定,"私人股东或个人均不能从慈善组织的任何净收益中获益"。税法实施条例又细化了此条,规定慈善组织的实际运营必须"服务于公众利益而非私人利益"。这样英国信托法上禁止慈善信托受益人获取超额私人利益的规定就演变为美国税法规制慈善组织的"利益分配禁止"(The Inurement Ban)原则[②]。换言之,从狭义上看,该原则是阻止享受税收优惠待遇的慈善信托内部人员从组织中获取不正当利益;从广义上看,则是免税的慈善信托不可以向任何私人团体或个人(包括组织的外部人员)提供过多的利益。

对于违反此原则的慈善信托,1996 年以前,美国政府唯一的补救办法是取消该信托的慈善资格。但这种做法不利于慈善信托所服务的社区,反而使那些私分慈善财产并从中获利的人逃脱法律的惩罚。为此,1996 年时,议会为《美国国内税收法典》增加了第 4958 条的规定,即对违反"禁止私人受益"原则的行为设置了相应的处罚措施。根据 1996 年《美国国内税收法典》第 4958 条的规定,符合第 501 条(c)款(3)项下规定的慈善机构(私立基金会除外)、第 501 条(c)款(4)项下的社会福利机构或可以归为上述类型的组织,接受超额利益的"不适格(dis-

---

[①] 该案中,委托人于 1728 年以遗嘱的方式创设了以救济不特定的 6 名穷困女人为目的的慈善信托,除了每年给予其总额为 6 英镑的资金救助外,还赋予其均等享受特定时产生的收益的权利。然而 130 多年后,其中的一些财产价值高达 6000 英镑,法院此时需要应对如何分配该 6000 英镑的难题,若将其分配给 6 名穷困的女人,那么受益人将因获得了过多的私人利益而摆脱贫困地位,这违背了信托设立时救济贫困的慈善目的,法院最终适用了近似原则,将 6000 英镑的财产分配给一所英格兰教会学校,以维护其慈善目的。

[②] "利益分配禁止"原则在美国 1989 年的 American Campaign Academy & Commissioner of Internal Revenue 一案中得到了法院的明确阐释。著名的法官波斯纳则在 1999 年的 United Cancer Council, Inc. vs Commissione 一案中更明确地指出,禁止私人受益原则提供了一种"运用税法处理慈善组织虽然未向内部人分配利益,却存在不谨慎或挥霍性开销问题"的路径。

qualified)的个人或组织"①、在知情情况下批准或参与交易的慈善机构内部管理人员将受到惩罚税的处罚。接受超额利益的不适格的个人或组织将受到相当于超额利益25%的税金惩罚,若违规交易没有及时纠正,还须缴纳200%所得利益的处罚性税金。在知情情况下批准或参与超额利益交易的机构管理人(包括理事、高级职员、受托人及组织内部其他具有同样权力和责任的人),应缴纳相当于超额利益10%的税金,但最高不超过1万美元。为了确保执行的准确,《美国国内税收法典》第4958条(c)款(1)项还对超额利益进行了界定。超额利益通常指超额利益交易所得。超额利益交易是指"在任一交易中,一个免税组织直接或间接向不适格的个人或组织,或为其使用的目的所提供的经济利益,超过了慈善组织获取该经济利益所付出的对价的价值"。除了指上述交易中所获利益之外,超额利益还包括"不合理的薪酬、福利和财产转移以及分红活动中不成比例的所得"。

由此,以慈善信托形式运营的慈善组织受制于以上条款规制,除了不得向受益人过度分配利益外,慈善信托的受托人也不得利用慈善信托的税收优惠谋取私人利益。这样不但能够有效遏制慈善腐败现象,确保慈善信托税收优惠的正当性和合理性,还可以保持人们参与慈善的热情,从税法的角度保障慈善信托的良好运行。

第三节 大陆法系有关国家和地区的慈善信托税收优惠制度

一 日本关于慈善信托的税收优惠

(一)日本慈善信托税收优惠的认定

日本早在1922年《信托法》就对慈善信托的有关税务问题进行了较为详细的规制,后来又分别于1987年、1988年两次对税法进行了修改,慈善信托的税制得以逐步完善。

---

① 不适格的个人或组织是指在超额利益交易结束前5年内的任一时间,对组织事务有重大影响的个人或组织(决策机构中有表决权的成员;总裁、首席执行官及其他任何拥有上述权力和职责的人,等等);或不适格人的家庭成员;或不适格人拥有的超过35%控制权的实体。

日本关于慈善信托税收优惠认定的条件比较特殊。日本把慈善信托分为一般慈善信托和特定慈善信托,实现不同的税收待遇。一般慈善信托是指"符合日本1922年《信托法》第66条有关慈善信托规定而成立的"信托,该种慈善信托成立的限制性规定极少,只需要信托目的符合规定的条件便可,且受托人无论是个人还是法人,一般慈善信托均可成立。但是此种信托,仅以信托财产的所得免征所得税,税法优惠很少。而特定慈善信托是指"以1987年修正的法人税法第37条第5项26规定而成立的信托,且符合法人税法实行令第77条之2及法人税法施行规则第23条之3的规定"而成立的特定慈善信托。特定慈善信托享受的税收优惠要广泛得多。

具体而言,如认定一项慈善信托为特定慈善信托,需达到以下规定条件:

第一,受托人应为信托银行等机构,换言之,受托人必须是具有法人地位的慈善组织。之所以要求给予税收优惠的受托人为信托银行,主要原因在于"日本的信托业务已被信托银行所垄断经营,而信托银行又处于财政部的严控之下,因而使得避税信托业务无法开展"[1],这样可避免税收优惠的滥用。

第二,信托业务各项行为必须满足有关条件。其一,在信托关系解除、终止或消灭时,信托公司应确定信托财产移转于各级政府或者有类似目的的慈善信托;其二,信托公司不得擅自以合意之名终止慈善信托,信托条款的变更须经目的主管机关的许可;其三,信托公司所接受的用于组织运行的信托财产仅限于货币,即信托财产以金钱为限;其四,信托财产应以"存储款、集合运用金钱信托;国债、地方债、依特别法规定所发行的债券或贷款信托的受益证券"等方式营运;其五,指定信托管理人;其六,受托人处分信托财产时,必须听取营运委员会的意见;其七,支付给信托管理人和营运委员会的报酬,金额不得超过完成任务所需正常情形下的金额;其八,信托报酬作为处理事务的经费,应以不超过正常必要的金额为准。

第三,在满足以上两项要件后,还需主管慈善信托大臣给予证明。

---

[1] 柏高原:《日本公益信托及其税收优惠与滥用防范制度》,(http://www.king-capital.com/content/details181)。

(二) 日本关于慈善信托的税收优惠举措

1. 日本对慈善信托捐赠者的税收优惠

委托人将财产转移给"特定慈善信托",视为委托人已经将相应财产实际捐助给了慈善项目或团体,享受所得税税前扣除优惠。日本对捐赠者的税收优惠采取了区别对待的态度,慈善信托委托人如为法人的,依捐赠对象的不同,享受不同程度的税收减免优惠,对公益性很强、政府认定的"特定慈善信托"的捐赠全额在税前扣除;对普通捐赠和特定公益捐赠,最高免税额度为法人全部资本的0.25%加上赢利金额的2.5%。慈善信托委托人如为自然人的,对认定特定慈善信托的出捐款项视为特定捐款,可以扣除捐款额度。比较而言,个人捐款享有的税收优惠待遇少于团体捐款且有门槛要求。首先,"只有向中央或地方政府或隶属于大藏省的部门以及特殊公益促进组织提供捐款的情况下才有优惠"[①]。如委托人为继承人或受遗赠人时,因继承或遗赠所取得之金钱,于遗产税申报期限以前捐赠给特定慈善信托时,其财产价格不计入遗产税课税价格的计算基础。其次,对个人的免税优惠,要求其捐赠额必须超过1万日元,最高扣除额为综合课税所得总额的25%。

2. 日本对慈善信托运作的税收优惠

在收益发生时的所得课税环节,围绕委托人的课税关系,不管是个人委托人还是法人委托人,对由慈善信托的信托财产所发生的收益,均不予课税。

对于作为受托人的慈善信托机构,原则上只对其从事经营性活动获得的收入进行征税,但较之一般企业的税率要低很多,享受27%的低税率[②];对诸如"捐款、应付款、补贴或者资助"等予以免税。同时,在慈善信托的运营阶段,受托的土地、房屋不征固定资产税,也无须因信托财产的转移而缴纳登记税、商品流转税以及契税、印花税等税种。而且,在慈善信托终止时,"信托各关系人均没有申报缴纳所得税的义务"[③]。

---

① [美] 托马斯·西尔克主编:《亚洲公益事业及其法规》,中国科学基金研究会主译,科学出版社2000年版,第154页。
② 在日本,一般企业团体税率高达37.5%。
③ 李惠芹:《借鉴各国经验推进我国公益信托事业发展》,《社团管理研究》2009年第1期。

3. 日本对慈善信托受益人的税收优惠

与英美法系的税收优惠措施相比,日本还有针对慈善信托受益人的税收优惠举措。

(1) 慈善信托的受益人为个人时,关于由信托财产给付的资助金的课税情况:委托人为个人时,可征赠与税,但60万日元以内的赠与则免课税。委托人为法人时,作为临时所得可征所得税;作为税制上的特殊规定,"有关来自财务大臣指定的学术贡献表彰或以学术研究奖励为目的的特定慈善信托的金钱物品、来自于财务大臣的指定和以学费资助为目的的特定慈善信托的金钱物品,不课征赠与税和所得税"[①]。

(2) 慈善信托的受益人为法人时,收益事业相关者为法人税课税对象。慈善法人和无法人人格的社团或财团,除收益事业相关者之外,不课征企业所得税。

此外,当委托人死亡时因继承而发生的课税关系。日本的遗产税法并没有就设立慈善信托的委托人的死亡而发生的继承做出明文规定。一般认为,委托人的地位应由继承人继承;当设立慈善信托的行为中没有就剩余财产的归属做出明确规定时,视其剩余财产的权利归属人为继承人和一般继承人,而有关信托的权利也应由继承人及其他一般继承人取得。因此,在受益人不特定的信托方面,在继承委托人地位时,有关信托的权利由委托人的继承人通过继承而取得财产。但是,"在满足特定慈善信托要件的慈善信托方面,对继承人而言,并不会产生与信托财产相关的任何经济利益,因此,其信托权利被视为'零'价额"[②]。

二 台湾地区的慈善信托税收优惠制度

(一) 台湾地区对慈善信托税收优惠的认定

台湾地区以《信托法》及《信托业法》构成信托的基本法,以此为基础,台湾地区于2001年对有关的税法进行了修订。涉及的税法主要有《所得税法》《遗产及赠与税法》《加值型及非加值型营业税法》《土地税

[①] [日] 金子宏:《日本税法》,战宪斌等译,法律出版社2004年版,第102页。

[②] 方国辉:《公益信托与现代福利社会之发展》,博士学位论文,台湾私立中国文化大学三民主义研究所,1992年,第26页。

法》《平均地权条例》《房屋税条例》以及《契税条例》等。

总体而言,"台湾的信托税制并非对于信托本身课税,而是对于信托行为所衍生出的法律行为及财产的管理、处分课税"①。为此,在台湾地区的信托税制中,"所有税种都明确制订了对于慈善信托的税收减免"②。

粗略而言,台湾地区对于慈善信托税收优惠的认定吸收了两大法系的认定做法。第一,要求受托人必须为台湾地区《信托业法》所称之"信托业"③。第二,慈善信托"只在其为了设立目的而举办业务同时支付了费用时,才可以享受该税收优惠,且不得以其他任何方式对特定的人给予特殊利益"④。第三,要求信托业确定信托关系解除、终止或消灭时,信托财产应当移转给各级政府或者有类似目的的慈善法人或慈善信托方可享受税收优惠。

(二) 台湾地区关于慈善信托的税收优惠内容

1. 台湾地区对慈善信托捐赠者的税收优惠

依我国台湾地区《所得税法》第 6 条第 1 款规定,社会公众或组织通过捐赠等方式将财产转移给受托人,同时该财产符合该法第 4 条各款规定的慈善信托财产条件的,其税收问题适用捐赠的规定。

捐赠者为个人时,适用我国台湾地区《所得税法》第 17 条关于综合所得税列举扣除额的规定。在所得总额 20% 的额度内,申报以捐赠的方式扣除,不过,对各级政府的捐赠扣除的所得税额度不受金额限制。捐赠者为营利企业时,适用我国台湾地区《所得税法》第 36 条关于申报捐赠费用规定。"在所得总额 10% 的额度内,申报以捐赠的方式扣除,但对各级政府的捐赠及经财政部专案核准的捐赠扣除的所得税额度不受金额限制。"⑤

另外,我国台湾地区在慈善信托设立过程中,针对不同的捐赠财产

---

① 王志诚等:《信托课税实务》,台湾金融研训院 2009 年版,第 32 页。
② 参见庄昆明《信托应用要诀》,台湾龙凤凰 2007 年版,第 110 页。
③ 我国台湾地区 2000 年《信托业法》第 2 条规定,"本法称信托业,谓依本法经主管机关许可,以经营信托为业之机构"。
④ 张成龙:《简评我国台湾地区〈信托法〉》,《台湾法研究学刊》1998 年第 4 期。
⑤ 吕佩珊:《台湾应用公益信托促进社区环境营造之研究》,硕士学位论文,台湾"国立"台北科技大学建筑与都市设计研究所,2005 年,第 14 页。

设立了有关税收优惠政策。其一，遗产税优惠。遗赠人、受遗赠人或继承人提供财产、捐赠或加入被继承人死亡时已成立的慈善信托，并符合了中国台湾地区《遗产及赠与税法》第 16 条第 1 款各项规定的，该财产金额不计入遗产总额。其二，赠与税之优惠。"因委托人提供财产成立、捐赠或加入慈善信托，并符合中国台湾《遗产及赠与税法》第 16 条第 1 款各项规定的慈善信托，受益人从该慈善信托取得的利益，依《遗产及赠与税法》第 20 条第 1 款规定，不计入赠与总额。"[①] 其三，房屋税优惠。依我国台湾地区《房屋税条例》第 15 条第 1 款和第 11 款规定，委托人通过捐赠等方式将房屋转移给受托人，且经房屋事业主管机关许可，符合设立慈善信托的条件的，免征房屋税。

2. 我国台湾地区对慈善信托运作的税收优惠

慈善信托在进行实际分配信托利益活动时，应以受托人为扣缴义务人，依规定办理扣缴。依我国台湾地区《所得税法》第 88 条，扣缴义务人给付慈善信托之所得时，除短期票券利息所得、政府举办的奖券中奖奖金外，可以免于缴纳规定的扣缴税款。

3. 我国台湾地区对慈善信托受益人的税收优惠

与日本相似，我国台湾地区也对受益人实行免纳所得税的做法。依中国台湾地区《所得税法》第 4 条第 4 款规定，"委托人通过捐赠等方式将财产转移给受托人，同时该财产符合该条各款规定的慈善信托财产的性质，该受益人从慈善信托获得的利益免收所得税"。

第四节 我国关于慈善信托的税收优惠制度

正如前文已经指出的，我国的慈善信托将进入快速发展阶段，慈善信托的规模也将不断扩大。2016 年是《慈善法》的颁布初期，管理部门、受托人以及社会大众对慈善信托的关注焦点主要集中在设立和备案环节，即如何有效促成慈善信托的设立。但是，当信托公司联合慈善组织抢注第一批慈善信托产品后，便处于沉寂状态，更多的组织机构仍在岸边观

---

① 吕佩珊：《台湾应用公益信托促进社区环境营造之研究》，硕士学位论文，台湾"国立"台北科技大学建筑与都市设计研究所，2005 年，第 16 页。

望，慈善信托事业的蓬勃发展还需等待。而"阻碍慈善信托进一步发展的主要原因就是推动慈善信托落实的相关配套政策尚未出台"[1]，其中以慈善信托税收优惠政策的影响为主。

一　我国慈善信托所处的基础税收环境

（一）我国慈善信托税收制度的立法供给不足

1. 高位阶立法缺乏对慈善信托的专门性规定

慈善信托因其特殊的公益性区别于私益信托，且其作为从事公益慈善事业的新模式更是有别于传统的慈善基金会和慈善捐款，但我国目前却没有针对慈善信托建立起与之相适应的税收制度，特别是中央层面关于慈善信托税收制度建设的缺失构成了目前慈善信托税收优惠制度缺位的根本原因。

据不完全统计，从1988年至2011年有11部法律法规[2]规定了公益慈

---

[1] 李荣华：《配套政策暂缺　慈善信托遇冷》，《南方日报》2017年3月7日第8版。
[2] 这些法律法规具体包括：1.1988年国务院的《中华人民共和国印花税暂行条例》第4条规定，"下列凭证免纳印花税：（二）财产所有人将财产赠给政府、社会福利单位、学校所立的书据"。2.1986年国务院的《中华人民共和国房产税暂行条例》第5条规定，"下列房产免纳房产税：……三、宗教寺庙、公园、名胜古迹自用的房产"。3.1997年国务院《中华人民共和国契税暂行条例》第6条规定，"有下列情形之一的，减征或者免征契税：（一）国家机关、事业单位、社会团体、军事单位承受土地、房屋用于办公、教学、医疗、科研和军事设施的，免征"。4.1997年财政部《中华人民共和国契税暂行条例细则》第12条规定，"条例所称用于办公的，是指办公室（楼）以及其他直接用于办公的土地、房屋。条例所称用于教学的，是指教室（教学楼）以及其他直接用于教学的土地、房屋。条例所称用于医疗的，是指门诊部以及其他直接用于医疗的土地、房屋。条例所称用于科研的，是指科学试验的场所以及其他直接用于科研的土地、房屋。……本条所称其他直接用于办公、教学、医疗、科研的以及其他直接用于军事设施的土地、房屋的具体范围，由省、自治区、直辖市人民政府确定"。5.1999年全国人大常委会《公益事业捐赠法》第24条规定，"公司和其他企业依照本法的规定捐赠财产用于公益事业，依照法律、行政法规的规定享受企业所得税方面的优惠"。第25条规定，"自然人和个体工商户依照本法的规定捐赠财产用于公益事业，依照法律、行政法规的规定享受个人所得税方面的优惠"。第26条规定，"境外向公益性社会团体和公益性非营利的事业单位捐赠的用于公益事业的物资，依照法律、行政法规的规定减征或者免征进口关税和进口环节的增值税"。第27条规定，"对于捐赠的工程项目，当地人民政府应当给予支持和优惠"。6.2001年财政部、国家税务总局、海关总署关于发布《扶贫、慈善性捐赠物资免征进口税收暂行办法》的通知第2条规定，"对境外捐赠人无偿向受赠人捐赠的直接用于扶贫、慈善事业的物资，免征进口关税和进口环节增值税"。7.2006年国务院《中华人民共和国城镇土地使用税暂行条例（修订版）》第6条规定，

善税收优惠，但均是针对公益捐赠。具体言之，我国关于公益慈善事业的税收优惠主要体现在《中华人民共和国个人所得税法》（以下简称《个人所得税法》）《中华人民共和国企业所得税法》（以下简称《企业所得税法》）《中华人民共和国公益事业捐赠法》（以下简称《公益事业捐赠法》）等法律，尚没有关于慈善信托的单独立法。而关于信托的一些规章，如《信托公司管理办法》《信托公司集合资金信托计划管理办法》中，也未就慈善信托的税收制度做出规定。另外，就《慈善法》而言，该法仅明确了慈善组织、捐赠人和受益人的税收优惠，却没有条款对慈善信托的税收优惠做出说明，而为做好慈善信托执行工作的《慈善信托管理办法》虽然在第44条规定"慈善信托的委托人、受托人和受益人按照国家有关规定享受税收优惠"，但规定仍然是笼统规定，毫无可操作性，因为"国家有关规定"并不存在，这导致慈善信托的税收优惠在实际操作中还是处于不确定的状态。

换言之，我国现行的慈善税制涉及了"慈善组织的免税资格与税前扣除资格的取得；慈善组织自身活动的税收优惠；企业、个人等捐赠者的税收优惠；受益人的税收优惠"等事项，但从法律法规的角度，我国关于信托税收的法律制度几近空白，因而，对慈善信托税收优惠制度的建设可以说找不到法律法规层面的支撑。现阶段，委托人设立慈善信托时，并不能如同慈善捐赠一样享受所得税前抵扣等税收优惠，而慈善信托存续期间和信托利益分配至受益人时的税收优惠也不明确。

（接上页脚注）"下列土地免缴土地使用税：……（三）宗教寺庙、公园、名胜古迹自用的土地"。8. 2007年全国人民代表大会《中华人民共和国企业所得税法》第9条规定，"企业发生的公益性捐赠支出，在年度利润总额12%以内的部分，准予在计算应纳税所得额时扣除"。9. 2008年国务院《中华人民共和国营业税暂行条例（2008修订版）》第8条规定，"下列项目免征营业税：（四）学校和其他教育机构提供的教育劳务，学生勤工俭学提供的劳务"。10. 2011年全国人大常委会《中华人民共和国个人所得税法（修订版）》第6条规定，"六、利息、股息、红利所得，偶然所得和其他所得，以每次收入额为应纳税所得额。个人将其所得对教育事业和其他公益事业捐赠的部分，按照国务院有关规定从应纳税所得中扣除"。11. 2011年国务院《中华人民共和国个人所得税法实施条例（修订版）》第24条规定，"税法第六条第二款所说的个人将其所得对教育事业和其他公益事业的捐赠，是指个人将其所得通过中国境内的社会团体、国家机关向教育和其他社会公益事业以及遭受严重自然灾害地区、贫困地区的捐赠。捐赠额未超过纳税义务人申报的应纳税所得额30%的部分，可以从其应纳税所得额中扣除"。

虽然在《慈善法》出台前，2008年银监会的《93号通知》[①] 规定："信托公司开展公益信托业务，可以争取公益事业、税收等管理部门的支持"；2014年底，国务院也曾印发了《关于促进慈善事业健康发展的指导意见》（61号），其中第2点（4）中也要求了"落实和完善减免税政策"。但这些都是指导性规定，可操作性不强，也无强制力。这使得慈善信托的税收优惠处于事实上的无法落实。正是由于慈善信托税收优惠尚无明确的制度指引，所以信托业和慈善领域有些专家提出了一项折中的建议："对慈善信托适用慈善捐赠方面的税收优惠。"

2. 过往的有关实践案例中，欠缺可以借鉴和遵循的有益经验

慈善信托属于公益信托，公益信托税收优惠的做法本应对慈善信托税收优惠的落实有所助益。但从近年来的公益信托案例看，没有明确的税收优惠举措的展现，可资借鉴的操作经验同样匮乏。本书第一章曾指出，慈善法出台前，真正意义上的公益信托屈指可数，而与这些信托相关的税收优惠信息也并未在公开资料上披露。比如，作为业界认同的国内第一支公益信托产品："西安信托5·12抗震救灾公益信托计划"，从未披露过税收优惠方面的有关信息。而唯一一项公开披露了税收信息的"百瑞信托·郑州慈善公益信托计划"[②] 也仅表述了一句："依据我公司与郑州慈善总会于2008年11月15日签署的《合作协议》，我公司在捐赠资金额度内，为部分委托人开具了抵税票据和荣誉证书。"[③] 除此之外，再无更多信息透露。至于抵税票据开具的流程、税收优惠是多少，如何落实，一无所知。

（二）现行关于公益捐赠的税收法规存在诸多问题

前文提到有些专家建议参照公益捐赠的规定来落实慈善信托的税收

[①]《中国银监会办公厅关于鼓励信托公司开展公益信托业务支持灾后重建工作的通知》银监办发〔2008〕93号。

[②] "百瑞信托·郑州慈善公益信托计划"成立于2008年11月17日，其中自然人委托人71名，机构委托人5名；受托人为百瑞信托有限责任公司；信托财产采用资金形式；托管人为郑州市商业银行；信托资金的监察人为郑州慈善总工会；信托受益人为江油市新兴学校；信托期限10年；信托初始规模为158万余元。

[③] 百瑞信托责任有限公司：《百瑞信托·郑州慈善（四川灾区及贫困地区教育援助）公益信托计划信息披露公告（一）》（http://www.brxt.net/product.php?fid=29&fup=3&pid=&id=1756#）。

优惠，但即便参照公益捐赠的规定操作，问题依然较多。

1. 现行税收制度对公益捐赠的激励程度较低

对企业和个人用于公益慈善捐赠的收入给予税收优惠是世界各国的通行做法，我国税法中也有类似的规定。但是与其他国家相比，我国的激励力度较低。如2007年《企业所得税法》第9条规定，"企业发生的公益性捐赠支出，只对年度利润总额12%以内的部分，准予在计算应纳税所得额时扣除"。而2017年的《企业所得税法》（修正本）对企业捐赠的税收优惠改变不大，只是在原规定的基础上增加了"超过年度利润总额12%的部分，准予结转以后3年内在计算应纳税所得额时扣除"。另外，2011年《个人所得税法实施条例》第24条规定，"个人捐赠，捐赠额未超过纳税义务人申报的应纳税所得额30%以内的部分，可以从其应纳税所得额中扣除"。总体而言，与其他国家的税法规定相比，无论是对企业还是个人，我国关于公益慈善捐赠的扣除限额都比例过低。[1]

2. 基于受赠人身份差异，我国税收政策向特定受益人的倾斜导致委托人之间处于不公平的税收境遇

由于我国慈善信托的税收大多只能参照公益慈善捐赠的相关规定执行，公益慈善捐赠因政策导向引导社会资金流向特定受益方的弊病同样也易发生在慈善信托之中。具体言之，虽然税法和有关行政法规对企业、个人的公益慈善捐赠税前扣除限额做出了有关的基础性规定，然而"一些效力层级较低的行政规章和规范性文件中对公益慈善捐赠规定了更为详细具体的税收优惠标准，这使得面向某些特别受赠人的捐赠能够享受到与一般优惠额度不同的税前全额扣除的特别优惠措施"[2]。比如，企业通过非营利性社会团体和国家机关向有些慈善组织[3]做出的捐赠在计算应

---

[1] 如前文论及国外的税收优惠时，曾指出日本税法中有一种混合计算方法，即对特定的公益性捐赠，可享受免税的最高额度为法人全部资本的0.25%加上营利金额的2.5%。若为自然人捐赠于公益信托资助公益事业，根据美国的税收制度，可不列入课税所得而减免所得税。另外，还有些国家的优惠比例更高。如俄罗斯税法规定，企业、团体捐赠人为慈善目的捐赠，可从应纳税所得额中扣除，扣除额不得超过应纳税所得额的50%；而加拿大的这一比例则高达75%。

[2] 李子顺：《公益信托的性质与税收优惠》，《法律适用》2009年第2期。

[3] 这些慈善组织一般为：红十字事业、青少年活动场所、教育事业捐赠以及像中华健康快车基金会、孙冶方经济科学基金会、中华慈善总会、中国法律援助基金会、见义勇为基金会、宋庆龄基金会等。

纳税所得额时，没有扣除上限，即无论捐赠额是多少都可享受全额扣除的税收优惠。而个人向科研机构、高等学校捐赠的研发费用，向有些慈善组织①做出的捐赠亦可以享受在缴纳个人所得税前全额扣除的待遇②。显然，纷繁复杂、优惠程度不一的税收政策自然造成了各慈善捐赠者税收待遇的区别，这不仅违背了税收的法定原则与公平原则，限制慈善信托的自由发展，也极易影响纳税人投身公益慈善事业的热情，难以促进社会公益慈善事业的有序发展。

3. 重复征税现象严重

重复征税从根源上探究，主要还是因为信托特殊的双重所有权结构与我国一贯的"一物一权"原则之间的冲突。据《慈善法》规定，慈善信托的当事人主要包括委托人、受托人和受益人，三者均为慈善信托相关税收的纳税主体。同时，慈善信托业务又包括设立、存续以及终止三个基本环节。在现行税制下，"我国对信托实行了与其他经济业务相同的税收政策，未考虑所有权的二元化问题，重复纳税也就成为必然"③。这使得慈善信托的纳税主体划分混乱、信托财产界限不明；如严格执行现有法律规定，慈善信托需多次缴税。

首先，就设立环节而言，慈善信托主要涉及委托人和受托人。慈善信托在本质上属于他益信托，慈善信托的设立行为将导致委托人把财产的经济所有权（或部分经济利益）转移给受益人。如信托财产是货币型资产，据我国目前的业务实践，委托人和受托人无须缴纳税款。如信托财产是非货币型资产，则可能会视同交易，缴纳增值税及附加、企业所得税或个人所得税等。如信托财产是不动产，除了前面所列有关税种，还会涉及契税。简言之，目前的慈善信托委托人不但不能享受慈善信托财产的税前扣除优惠，还会有因设立非货币型资产慈善信托而缴纳增值

---

① 这些慈善组织一般为：红十字事业、青少年活动场所、教育事业捐赠以及像中华健康快车基金会、孙冶方经济科学基金会、中华慈善总会、中国法律援助基金会、见义勇为基金会、宋庆龄基金会等。

② 这些优惠措施散见于一些行政规章和规范性文件中。如《关于企业等社会力量向红十字事业捐赠有关所得税政策问题的通知》《关于对青少年活动场所电子游戏厅有关所得税和营业税政策问题的通知》《关于对老年服务机构有关税收政策问题的通知》等。

③ 王家俊：《日本信托税制的改革与监管以及对我国的启示》，转引自王卫国《金融法学家》，中国政法大学出版社2011年版，第313页。

税、所得税甚至契税的可能。[1]

其次，就存续环节而言，慈善信托主要涉及受托人和受益人。受托人负责管理运用慈善信托财产，可以根据信托合同约定适当收取一定的合理报酬，这将涉及增值税及附加以及企业所得税。而受益人一般是信托收益的纳税义务人，又将涉及所得税。

最后，就终止环节而言，慈善信托主要涉及受益人。当慈善信托出现了《信托法》规定的有关终止情形时，慈善信托终止。受益人必须就其取得的慈善信托财产和信托收益确认纳税所得额，并缴纳所得税。此外，在慈善信托的三个环节，如涉及了书立、领受应税凭证的，还会涉及印花税。

（三）慈善信托落地过程中，已产生的一些税收优惠落实问题

正是因为当前慈善信托税收政策尚未落实，只能在既有税收体制下开展权宜性操作，所以除了以前公益信托操作过程中的历史问题会延宕至慈善信托之外，在慈善信托落地过程中也出现了一些新问题。

1. 提请慈善信托税收优惠的程序尚不清楚

《慈善法》规定慈善信托实行备案制，并明确指出未按照相关规定将相关文件报民政部门备案的，不享受税收优惠。但这并不意味着按照《慈善法》设立的慈善信托，就能获得税收优惠。从目前慈善信托的实践来看，由于缺乏国家层面的税收优惠政策支持，慈善信托的当事人无法直接凭借信托文件到税务部门实现税收优惠。慈善信托若想享受税收优惠政策，只能就个案逐一向相关税务部门申请，而是否准予由税务部门确定。因此，事实上慈善信托到底如何才能达到免税条件，信托当事人在申请前无从知晓。

2. 慈善组织很难在银行开设信托资金专户，面临着"有门票，没座位"的尴尬

本书第一章已经阐述，截至 2016 年年底，全国共计 11 个省（市）民政部门办理了慈善信托 22 单，但慈善组织作为单一受托人的慈善信托

---

[1] 如福耀集团董事局主席曹德旺 2011 年向河仁慈善基金会捐赠的 35.49 亿元股票就被课以超过 5 亿元的税金。

只有 1 单（2016 阿拉善 SEE 公益金融班环保慈善信托①）。之所以出现慈善组织作为单一受托人如此少见的情形，根本原因在于慈善组织难以在商业银行设立"慈善信托专用资金账户"而"导致无法进行慈善信托备案"。②

2016 年，民政部会同银监会下发了《151 号通知》。该通知明确规定，慈善信托备案的申请材料之一是"开立慈善信托专用资金账户证明"③。作为受托人的信托公司，因其原来设立各类信托时就具有在商业银行开立信托财产专户的资格，慈善信托为信托的一种，不存在开设信托专户的法律障碍。而慈善组织作为受托人则不同，它们在去商业银行开设"慈善信托专用资金账户"时普遍遇冷，很难开设专门的信托财产账户，也便无法提供申请备案的必要材料。慈善组织开设专用资金账户遇冷，主要在于各大商业银行需要遵循中国人民银行制定的规章《人民币银行结算账户管理办法》（以下简称《账户管理办法》）来开展开设账户工作。《账户管理办法》规定"存款人可以就一些特殊资金的使用和管理，申请开立专用存款账户④"，"信托基金"即为其中一种，或者说，信托公司为每一个信托在商业银行设置专用的存款账户（信托财产专户）。另外，中国人民银行还根据《账户管理办法》专门下发了一项通知来供信托公司和商业银行在相关事务中参照执行。

根据国家关于中国人民银行和银监会的职能分工，中国人民银行对有关银行账户行使管理权限。此次对慈善信托的运作，尽管民政部会同银监会下发了《151 号通知》，但还未与中国人民银行达成相关共识。在没有中国人民银行专门配套文件的情况下，商业银行不愿为慈善组织设立信托财产专户，也没有违反有关规定；而且《151 号通知》也没有对商业银行为慈善组织开设信托财产专户有较为明确的措辞。

---

① 在阿拉善 SEE 公益金融班环保慈善信托的设立过程中，广发银行为该单信托的受托人阿拉善 SEE 基金会设立了信托财产专户，作为备案主管部门的北京市民政局在此过程中也起到了很好的推动作用。

② 相惠莲：《慈善法落地 公益组织观望》，《财经》2016 年第 10 期。

③ 就"开立慈善信托专用资金账户证明"的内容，《慈善信托管理办法》作为后颁行的法律文件，其第 18 条依然是重复了《151 号通知》，未做任何调整。

④ 专用存款账户是存款人按照法律、行政法规和规章，对其特定用途资金进行专项管理和使用而开立的银行结算账户。

另外,《151号通知》中关于账户设立的术语使用也具有特殊性。根据相关法律文件,信托财产在商业银行开设账户,通常使用的规范名称是"信托财产专(用存款账)户",很少使用"信托专用资金账户"的表述。在既有的法律文件中,只有银监会对信托公司在证券公司开设账户时使用了"信托专用资金账户"的术语,① 而在银监会发布的其他文件中,信托公司在商业银行开设账户时使用的主要还是"信托财产专户"②、"信托财产专用账户"③。让人不解的是,《151号通知》使用了"信托专用资金账户"这一使用频率较低的术语来指称慈善组织和信托公司在银行开设的专用存款账户,商业银行在一定程度上也感觉陌生。

当然,慈善组织很难在商业银行开设信托专用资金账户,也有相关单位机械、僵化地理解法律条文,在没有相关文件明确指示时便对法律实施抱有拖延态度,不愿主动进行法律推理和论证的原因。④

3. 税收优惠缺失,在一定程度上扭曲了慈善信托的业务模式

根据现行财政票据制度的有关规定,对于通过公益性社会团体发生的公益慈善捐赠支出,企业或个人如希望实行税前扣除,需提交"加盖了接受捐赠单位印章的《非税收入一般缴款书》的收据联或省级以上(含省级)财政部门印制并加盖了接受捐赠单位印章的公益捐赠票据"⑤。也就是说,当慈善组织作为执行人开展慈善信托业务时,可以提供公益性捐赠票据;但当信托公司作为受托人时,由于其不是公益性社会团体,

---

① 仅有几个文件为《中国银行业监督管理委员会、中国证券业监督管理委员会关于信托投资公司开设信托专用证券账户和信托专用资金账户有关问题的通知》;《中国银行业监督管理委员会办公厅关于规范信托投资公司证券业务经营与管理有关问题的通知》和《中国银行业监督管理委员会关于进一步加强信托投资公司内部控制管理有关问题的通知》。

② 《信托公司集合资金信托计划管理办法》和《中国银监会关于印发〈银行与信托公司业务合作指引〉的通知》等。

③ 《中国银行业监督管理委员会办公厅关于信托投资公司人民币银行结算账户开立和使用有关问题的通知》。

④ 这主要是指根据《人民币银行结算账户管理办法》规定,存款人可以就"信托基金"向商业银行"申请开立专用存款账户",只需要出具相关文件即可,而《慈善法》有关慈善信托受托人的规定,已经足够证明慈善组织可以合法地成为"信托财产专户"的存款人,即慈善法就是"相关文件"。

⑤ 吴雨等:《慈善信托试水积极 全国备案22单》(http://news.eastday.com/index.html?6467?6467)。

不符合公益捐赠票据使用的主体资格要求，则难以提供此类票据。而且慈善信托本身既不属于我国现行税收制度所认可的公益性社会团体，也没有法人资格，所以同样不具备开具捐赠票据的资格。毋庸置疑，如没有捐赠票据的提供，势必会挫伤部分企业和个人的捐赠积极性。另外，在过往捐赠票据的取得中，由于实行"凭证领购、分次限量"等政策，常常让捐赠票据难以进行合理开具，许多参与慈善活动的社会大众难以通过规范的方式获取相关的捐赠票据，造成了一定程度捐赠票据取得的混乱。

从慈善信托自身架构模式来看，结构关系相当清晰，由委托人、受托人和受益人三方构成，但正是因为慈善信托在设立过程中，存在较为严重的税前扣除票据问题，税收优惠不好运作，所以现阶段，在委托人要求实现税收优惠的前提下，为了解决税收优惠问题特别是委托人慈善信托财产的税前抵扣问题，不论受托人是慈善组织还是信托公司，都不得不通过慈善组织发挥其可开具捐赠发票的职能，在正常的信托关系之外，嫁接捐赠或项目执行环节，使业务模式发生一定扭曲，导致慈善信托的许多制度优势难以充分发挥。

总结已经设立的慈善信托基本情况，这些慈善信托或者是通过引入委托人捐赠以及慈善组织捐赠的方式（方案一：捐赠加信托）来解决税收优惠问题；或者是在项目执行时，引入慈善组织作为项目执行人（方案二：信托加项目执行人），用打擦边球的方式为委托人开具捐赠票据；或者是实行双受托人结构（方案三）来便利捐赠票据的开具。但以上这些方法，在实施过程中，又引发了新的争议。

第一，慈善组织可能面临的几种争议。

如果按照方案一，在慈善信托中引入慈善组织发挥其开具捐赠发票的作用，那么当慈善组织作为委托人时，其一，慈善组织将接受捐赠的财产设立慈善信托，该部分财产的性质是什么？有的观点认为，"该部分财产应界定为慈善组织的慈善支出"[①]。原因在于慈善信托属于他益信托，慈善财产及其有关收益需全部用于慈善事业，所以慈善组织用于设立慈

---

① 詹成付：《关于慈善组织的几个问题——在全国民政系统慈善法培训班上的讲解》，《中国社会组织》2016年第9期。

善信托的财产,其所有权和信托受益权已从慈善组织剥离,并且未来必然全部给予符合慈善信托目的的不特定受益人,这符合慈善支出的本质要求,算作慈善支出较为妥帖。但与之相反的观点认为,在慈善信托的存续期内,存有部分没有进行分配的信托财产和收益,这些并未实现其慈善目的,因此存续的部分信托财产和收益应另外认定,不能被认为是慈善组织的慈善支出。其二,慈善组织接受捐赠的财产,究竟按照谁的意愿运作?有的观点认为,从表面看,慈善组织拥有了对其接受的捐赠财产的所有权,所以该部分财产是慈善组织持有之财产,可以用来设立慈善信托。但对立的观点认为,慈善组织接受的捐赠财产,虽然表面上是慈善组织拥有的财产,但实际上这些财产仍要根据捐赠者意愿用于指定的慈善目的,慈善组织并不能违背捐赠者的意愿而自行设立慈善信托。

如果按照方案二,慈善组织作为项目执行人,并向慈善信托的委托人开具捐赠发票,那么对于慈善组织而言,慈善信托财产和收益的分配可能会被认为是一个特定的接受捐赠行为。依慈善信托受益人不确定性原则,慈善信托受益人必须是不确定的;但从方案二的受益人情况来看,慈善组织名义上为项目执行人,但由于资金首先进入的是慈善组织的账户,然后再分配给不特定的受益人,如此会引发对慈善信托受益人是否是特定的认知分歧。

第二,委托人可能面临的几个问题。

如果按照方案一,慈善信托财产的原所有者不是慈善信托的直接委托人,而是慈善信托财产的捐赠人,因此可一次性获取捐赠票据,从而方便实现税收优惠。但是在方案二中,即使通过慈善组织,委托人取得了捐赠票据、实现了税收优惠,也还可能面临三个问题:其一,委托人可能无法一次性取得全额捐赠票据。慈善信托的一个特点是可以约定灵活的慈善支出比例,因而委托人交付的慈善信托财产及收益可以依约分期分配。这对委托人来说会产生新问题,当委托人一次性交付了慈善信托财产,但又分为多期甚至多年进行分配时,作为项目执行人的慈善组织,无法一次性开具全额捐赠票据,只能分期提供。因此,在方案二下,委托人可能无法一次性实现全额税收优惠。其二,委托人慈善信托财产的财务处理问题。与慈善捐赠相比,当委托人为企业时,其设立慈善信托可能面临一些财务处理问题。比如,企业的慈善捐赠作为捐赠支出将被列入营业外支出,通过一次性取得捐赠票据来完成财务处理。而企业作为委托人设立慈善信托时,如能一次性取得所有捐赠票据,那么可参照慈善捐赠完成财务处理;但如不能一次性取得捐赠票据,剩余的财产是计入支出还是计入资产,需要委托人财务与审计部门达成共识。其三,委托人可能要出具相关说明文件。如按照方案二,作为项目执行人的慈善组织直接为委托人开具捐赠票据,为了使票据开具行为合法合规,一些慈善组织可能会要求委托人提供说明文件,将设立慈善信托的行为解释为通过慈善信托来对慈善组织进行捐赠。尽管该做法可以为慈善组织开具票据以及委托人实现税收优惠提供一定的依据,但已经导致了慈善信托属性的严重扭曲。

  现阶段,在三种方案中,业界人士一般认为方案三的"双受托人[1]模式是比较好的运作方式"[2],但以上列举的问题同样可能出现。比如,在慈善组织未能开立信托专户的情况下,如采用双受托人模式,慈善信托的信托财产只能先交付给信托公司,待慈善信托成立之后,信托财产及收益再通过慈善组织的账户分配给受益人,这依然是由慈善组织为委托人开具捐赠票据,与方案二的问题是基本一致的。如信托财产先进入慈善组织的账户,但由于慈善组织目前没有信托账户,所以本质上还是捐赠行为,慈善组织可以开具捐赠票据;只有当财产从慈善组织的账户转移到信托公司的慈善信托专户时,才形成了信托行为,慈善信托才正式设立。而这种情况的实质还是方案一,并非真正的共同受托人模式。

  纵观当下的慈善信托业务实践,无论哪一种模式都存在法制困境。尽管这些方案或多或少地解决了部分税收优惠问题,但都对慈善信托的业务架构产生了一定程度的扭曲,甚至混淆了清晰的法律关系、人为地增加了交易成本,还拉长了监管的链条、衍生了不必要的风险。总而言之,慈善信托税收优惠规范的不足导致了实务操作依据的滞塞模糊,而外源的激励制度更是无法建立。如不从根本上解决制约慈善信托发展的

---

  [1] 2016 年,万向信托和宁波鄞州银行公益基金会、宁波善园公益基金会三方首次联合发布了企业慈善信托,该信托共同受托人为万向信托和宁波善园公益基金会,是全国首款双受托人慈善信托。

  [2] 施娜:《慈善信托接连推出"双受托人"助力解决税收优惠问题》(http://bank.hexun.com/2016 - 09 - 29/)。

税收问题，慈善信托将很难做到长远健康的可持续性发展。

二 建立与完善慈善信托税收优惠制度的建议

一直以来，信托被认知为"高端私募"金融产品，"包括政府部门在内的社会大众均对信托缺乏清晰完整的认识，这导致出台一套科学完备的慈善信托税收优惠制度的难度极大"①。可以认为，慈善信托面临的税收优惠困境，除了法律制度自身构建不完备之外，还与强制性制度变迁过程中主导者的兴趣偏好、知识结构差异、立法水平有限等因素密切相关。"未来如打算逐步消除制度安排失衡、无效的原因，使得强制性制度变迁的供给适应现实需求，进而激发制度效用的发挥"②，就必须转变思想观念，以更加开放的态度，在权利和义务对等的核心原则下，建立起一套既适合我国国情，又能有效利用其他国家和地区有益经验的慈善信托税收引导系统。同时，在当前配套政策不完善，但慈善信托需求十分旺盛的情况下，依然要鼓励慈善信托继续探索新模式以解决税收问题。或者说，只要信托设立是为了慈善目的、运行管理符合法律以及政策的要求且总体风险在可控范围内，有关部门就应鼓励其设立。只有现实案例增多了，才能通过总结经验、探索规律，推动税收优惠政策的落地。

（一）启动慈善信托税收优惠基本制度的建设

在具体立法过程中，建议财政、税务以及民政等相关部门之间充分协调，分工协作，尽快组织制定并发布慈善信托税收优惠具体制度文件。

立法实践中，慈善信托税收优惠的落实必然涉及多个政府主管部门，实际协调难度较大，因此，有必要构建独立的慈善信托税收法律体系。在构建过程中，首先，需明确中央是制定慈善信托税收优惠法律法规的关键主体，只有把关涉慈善信托税收立法的层次提高，才能够保持慈善信托税制的稳定性、强制性和普遍性，才可以避免各种法律法规之间的相互抵触。在立法过程中，有关慈善信托的税收立法权必须由全国人大

---

① 赵艳萍：《慈善信托税收优惠制度建设亟待"破冰"》（http://trust.hexun.com/2016-10-17/186443209）。

② 林毅夫：《诱致性制度变迁与强制性制度变迁》，载盛洪主编《现代制度经济学》（下卷），北京大学出版社2003年版，第266—272页。

行使，即使基于行政机关征收管理经验与信息的丰富实行了授权立法，也不应范围过大或持续时间过长。其次，根据各部门的职责分工来做好慈善信托税收优惠制度建设。具体言之，财政部门主要负责组织起草有关税收法律、行政法规草案及实施细则和税收政策调整方案，由其对慈善信托的减免、抵免、收益方案和制订方案给出具体的税收优惠意见；税务部门主要负责对有关税收法律法规执行过程中的征管和一般性税政问题进行合理解释，由其做好税收优惠的执行工作；民政部门则主要负责就备案和税收优惠的操作问题与税务部门做好有效衔接。

当然，系统化的制度体系非一日可成，亦与我国社会发展、法治建设密切相关。短时间内，应在慈善信托税收优惠的基本法律问题上寻找突破口，为将来的制度完善打下基础。由于信托制度本身的特殊性及复杂性，具体的税收优惠应做到以下几点：

第一，既有惠泽的力度、能调动社会大众的积极性；又应当有效规避委托人利用慈善信托实现其私益目的或进行避税的问题。

第二，统一关于公益慈善类税收优惠的相关规定，避免税收优惠不一致现象的产生。

第三，沿袭有关公益捐赠税收优惠的管理经验，保证慈善信托税收优惠方案的科学性和实际可操作性。

第四，简化征税环节，避免各个征税环节和各种税种的重复叠加，形成有效的运作机制。

（二）明确慈善信托的分税制规制模式

目前，关于慈善信托税制的立法模式主要有两种：一种为分税补充模式，该模式是指在慈善信托行为有效成立后，"只要信托有关当事人之间以及与信托财产间形成的各种法律关系关涉到现行各税法的课税范围，纳税义务人以及征缴程序便分门别类地制定于各税法中"[①]；另一种为单一制的专门税法模式，即"用一部法律对与慈善信托相关的主要税收问题进行综合规范"[②]。

由于信托税制几乎涉及了所有的税种和信托业务的各个环节，从国

---

① Victor Thuryoni, *Comparative Tax Law*, Netherlands: Kluwer Law International, 2004, p.66.
② ［日］川崎诚一：《信托》，刘丽京等译，中国金融出版社1989年版，第67页。

外经验来看，一般以第一种模式为慈善信托的课税税制。即对慈善信托各个环节的减税或者免税，没有单独设立慈善信托税种，而是把有关慈善信托的征税规定根据税种的关联性分散于各税收法律规定中。

虽然我国需要建立独立的慈善信托税收法律体系，但这个独立不是指有关法律规定形式体系上的单列，慈善信托税收制度体系应该是整个信托税收体系的组成部分，只是慈善信托的税制建设要根据国家政策需要和慈善信托的慈善目的，在信托税收体系基础上给予有针对性的特别规制。应与其他公益慈善事业的税制规定有所区别，应在"税收立法上应更好地体现国家对慈善信托的政策"[1]。考虑到我国的慈善信托业还处于起步阶段，运作尚不成熟，制定单一的专门慈善信托税法的条件也不具备，所以，较为理想的做法是在既有税制基础上修订或增加与慈善信托相关的税法条文，尽可能使我国现行的税法适应慈善信托的治理与促进需要。

（三）慈善信托税收优惠给予的理论基础选择

由于慈善信托独特的制度架构与我国传统物权的冲突，我国目前的税收优惠制度需要克服其引入过程中的现实困境。为此，有必要对关涉信托课税的两种基本理论，即"信托导管理论"和"信托实体理论"进行分析，以此确定税收优惠的给予对象、名目以及力度。

1. 信托导管理论

信托导管理论是把"信托视为委托人向受益人输送财产及收益的导管，认为信托财产和信托收益基于其实质应归属于受益人"。该理论注重区分信托财产的"实质移转"与"形式移转"，"将设立时委托人转移财产给受托人的行为以及信托存续或终止时受托人将收益分配给受益人以及将财产转移给受益人的行为，均认定为形式转移，因此应对受益人课税"[2]。信托收益形成后，即构成受益人的应税所得，该所得的性质、类别、税收待遇不因为信托导管的存在而改变。

据此理论，在整个信托过程中，不会因各种形式的财产转移而加重税负，能有效消除重复课税，还可保持税收中性，鼓励信托业务的创新。

---

[1] 张守文：《略论第三部门的税法规制》，《法学评论》2000 年第 6 期。
[2] 刘继虎：《论形式移转不课税原则》，《法学家》2008 年第 2 期。

2. 信托实体理论

信托实体理论将"信托项目视为一个独立的纳税主体,信托收益一旦形成,即归属于拟制主体,使其具备纳税资格,具体则由受托人代表信托履行纳税义务"[1]。当信托收益经受托人代表信托纳税后分配给受益人时,受益人可享受税收抵免,或者不再缴纳所得税。该理论节约了国家征税成本,但容易造成信托避税,不利于信托课税的公平、效率。

比较而言,信托导管理论"重实质弱形式"的课税思路与财税法中量能课税原则和实质课税的理念不谋而合,因此被广为采纳,成为"当今信托制度发达国家税收制度设计的理论根基"[2]。目前,如美国、日本、我国台湾地区都采纳了信托导管理论作为信托税制的基础。但该理论有个致命缺陷,即不能适用于受益人不确定的情形。因此,在这种情况下,需要采用信托实体理论进行补充。所以,我国在对慈善信托进行税制构建时,应以信托导管理论为基础,同时,引入信托实体理论的有益做法。

(四) 慈善信托的税收优惠认定

1. 税收优惠的申请主体

建议依信托实体理论,把慈善信托作为拟制纳税主体来看待。慈善信托作为拟制主体具有独立的财产,有规范其运作的信托文件,受托人也可视为其意思表示机构从事管理运作活动。所以,将具体的慈善信托项目作为独立的纳税主体,把操作事宜交由受托人执行,具有现实的可行性。即慈善信托的受托人应当于慈善信托纳税义务发生之日起的规定期限内,向慈善信托备案地主管税务机关办理税务登记。针对信托公司提供捐赠票据的困难,同时为保证政策的统一性,无论受托人是慈善组织还是信托公司,均应确定用以税前扣除的依据为正式的慈善信托合同文件。同时,税务机关应制定统一的捐赠票据,由受托人提供给捐赠者作为税收抵扣的依据。当地的国税局与地税局还需建立沟通机制,实行联合登记或分别登记,以落实对慈善信托的税务管理。

2. 税收优惠的认定程序

目前各国主要通过两种方式来对慈善信托给予税收优惠,一种是登

---

[1] 李鹏等:《信托所得课税的国际比较与经验借鉴》,《财会研究》2004 年第 3 期。
[2] 李青云:《信托税收政策与制度研究》,中国税务出版社 2006 年版,第 115 页。

记（备案）重合制。如，英国明确规定慈善信托设立登记完成后，其自动享受税收优惠。另一种是把登记（备案）作为获得有关税收优惠的前置条件。如日本要求满足了登记条件的慈善信托，还需经过有权机关的认定后才可享受税收优惠。这两种不同的税收优惠认定途径体现着政府对慈善信托税收优惠的态度，政府通过对激励和监督的力度进行衡量，寻找出其中的平衡点，决定实行宽松抑或严格的方式。

我国的慈善信托制度刚刚起步不久，国家对备案与税收优惠如何衔接还未有明确的态度。另外，根据现有的其他相关规定，我国的慈善组织如希望取得所得税优惠资格和税前扣除资格，需通过有关部门[①]的审查才能获得。所以对于慈善信托，目前还是采取较为严格的慈善信托税收优惠认可方式更为适宜。待慈善信托经过一段时间的发展，各项制度得到完善后，可借鉴英国的做法，实行重合制，节约税收优惠执行的成本。

3. 税收优惠的认定条件

就慈善信托税收优惠的认定条件，建议参考其他国家和地区的做法，也可适当引用我国对慈善组织给予企业所得税减免的条件。我国对慈善组织的税收优惠资格认定主要是以《财政部、国家税务总局关于非营利组织免税资格认定管理有关问题的通知》第 1 条为基础，[②] 并辅以其他要求。该税收优惠资格认定的条件可分三步。第一步，强调税收优惠的前提是组织的公益性和财产的公益用途。第二步，申请人在申请前 3 年内未受过行政处罚，即没有违法行为。第三步，当非营利组织是基金会和公益性社会团体时，在年度检查上还有更高的要求。这一具体列明若干项认定要求的做法与美国、日本的做法也颇为类似，慈善信托不妨采取拿来主义。

结合慈善信托言之，若想取得税收优惠资格，需满足以下条件：第

---

① 根据现有法律规定，慈善组织要取得企业所得税的减免资格，需向所在地税务部门提出免税申请，并由财政、税务部门进行联合审查。要取得税前扣除资格，慈善组织需分别向财政、税务、民政部门提出申请，由民政部门进行初审，再由财政、税务部门会同民政部门进行联合审查确认。

② 《财政部、国家税务总局关于非营利组织免税资格认定管理有关问题的通知》第 1 条规定的具体条件包括：依法设立并登记；从事的是公益性活动；收入全部用于公益事业；财产和孳息不得用于分配；组织注销后的剩余财产用于公益目的；慈善组织对自有财产享有完整所有权；员工薪酬需控制在规定比例内；年度检查为"合格"；应纳税收入与免税收入分别核算。

一，依法设立并备案。第二，慈善信托的财产及收益，除支付必要报酬外，应完全排他地全部用于慈善目的。第三，受托人的报酬应在法律规定的合理范围内。第四，未经主管部门（即民政部门）批准，不得任意变更受托人。第五，慈善信托终止后，剩余财产应用于近似目的或转移给近似目的慈善信托。第六，除新设慈善信托外，应通过历次主管部门的年检。第七，建立慈善信托专项账户，并进行独立的会计核算制度。

在这个过程中，首先，税务机关应尽快出台慈善信托税收优惠的申报办法和程序，还应设计出能够反映慈善信托运行特征的纳税登记和申报表。其次，负责慈善信托备案的民政部门应与税务机关建立信息共享机制，形成及时有效的沟通体制，在民政部门收到慈善信托受托人报送的年度报告、财务报告及审计报告时，需及时抄送税务机关。最后，慈善信托受托人申报税收优惠时，应由民政部门和税务部门共同审查。民政部门基于其职能分工，对慈善信托的慈善性进行实质审查，出具审查证明文件；然后由税务机关进行形式审查，待确认后，由其颁发税收优惠资格凭证，并予以公告。在获得税收优惠资格后，慈善信托受托人应报财政部门备案。当受托人为信托公司时，还应报银监会备案。

（五）慈善信托税收优惠的具体方案

按照慈善信托的运行环节，结合不同的纳税主体，明确慈善信托税收政策的基本框架。

1. 慈善信托设立环节

（1）优惠的税目

首先，慈善信托的设立涉及委托人转移信托财产与受托人接受财产这两个步骤，从本质上来看是一种形式资产转移的行为，故而对该行为不能收取流转税。其次，委托人将信托财产交付给受托人，可视为委托人对社会公益慈善的捐赠行为，对此应进行税额抵免，并适度扩大税收优惠幅度，以鼓励和保护委托人的慈善行为。在扩大税收优惠幅度时，要针对不同主体，如个人、企业等分别予以细化规定。其一，为鼓励个人对公益慈善事业的捐赠，建议取消捐赠限额的比例限制，在计算个人应纳税所得额时将捐赠额度全额扣除。其二，对其他捐赠者，尤其是针对企业所得税的税前扣除标准，为更好地体现慈善信托公平理念、避免慈善捐赠的人为操控，应取消具有差别待遇的税前全额扣除标准，逐步在全国范围内统一慈善信托的税前扣除标准。同时，出于促进慈善信托的考虑，应当免征此环节的印花税、契税等税收。具体来说，如果委托人用货币设立慈善信托，不涉及缴税问题；如果委托人用不动产设立慈善信托，则涉及增值税、土地增值税和印花税；而用股权设立慈善信托，则涉及印花税。当然，需要指出的是在涉及非货币类的慈善信托财产时，"由于关系了财产所有权归属判断、财产价值的认定、财产登记等较为复杂的问题，实际上现阶段开展非货币慈善信托业务的实践难度还是较大的"①，不可冒进。在制度建设还不到位的情况下，若对非货币类慈善信托财产适用视同销售并征收增值税及附加，以及企业所得税或个人所得税的，建议适当采取"免税、先征后返或即征即退"等税收优惠措施。

（2）对慈善信托设立过程中的相关问题进行明确认定

第一，建议把慈善组织设立慈善信托的财产全部视为慈善支出。

第二，就已在运行之中、由营利性信托公司推出的慈善信托产品而言，社会大众加入信托计划应视为对公益慈善事业的捐赠，建议享受相应的税收抵免优惠。

第三，慈善信托接受信托财产，免征企业所得税；当信托财产为房屋、土地等不动产时，还应免征契税、印花税。

2. 慈善信托存续环节

慈善信托存续过程主要涉及受托人和受益人，对此阶段设置配套的税收优惠既可以提高受托人的管理积极性，又可有效促进信托财产的保值增值。

第一，对管理运作慈善信托财产过程中所产生的收益，建议根据收益取得的目的判断是否给予税收优惠，即对信托过程发生的营利性活动与非营利性活动进行适当区分，如收益目的是慈善信托之目的，则免除收益所得税；若收益目的不是为了慈善信托之目的或差别很大，则应当正常征收所得税。对于货币投资、不动产转让与租赁、股权分红及转让获得的收益，因为这些收益均与慈善信托的慈善目的无关，应按规定缴纳所得税。但当信托财产为货币时，其存入银行产生的孳息收入，应当

---

① 赵艳萍：《慈善信托税收优惠制度建设亟待"破冰"》（http://trust.hexun.com/2016-10-17/186443209）。

免征所得税。

第二，受托人从事慈善信托事务管理所收取的报酬[①]，应当正常缴纳增值税和企业所得税。不过，因其从本质上不同于普通的经济获利行为，也应适当享受一定限度的减税待遇。我国《慈善法》第84条也规定了对扶贫济困的慈善活动应给予特殊优惠政策。所以，对受托人而言，劳务报酬原则上严格依税法进行征税，但对于此类报酬应给以减税，减税要按照所从事慈善信托事业的慈善类别和公益属性划定具体的减征比率范围。对于管理运作以扶贫济困为目的的慈善信托的受托人，应当免除其增值税和所收报酬的所得税，以扶持和促进扶贫济困类慈善信托的发展。对扶贫济困类之外的慈善信托，其经营管理慈善信托所获得的信托报酬可适当减征营业税、企业所得税等，同时对托管人由于托管信托资金业务带来的收入给予营业税和所得税优惠，以提高相关机构经营慈善信托的积极性。

第三，慈善信托的受益人实质上属于受捐赠人，是慈善活动的受益对象，对其获得的慈善信托财产和收益采取一定的税收优惠符合慈善事业的发展需要。对于受益人的税收优惠，同样也要结合慈善信托目的实现分类征收，分别予以减征、免征。对于涉及救济贫困、救助灾民和扶助残疾人的慈善信托，受益人获得的来自慈善信托的收入不属于普通所得，而是必要的补偿性所得，这些收入通常表现为"基本生活费用或者医疗费用"等，在不考虑道德风险的前提下，受益人不可能通过慈善信托收入成为具有纳税能力的纳税人，因而受益人应该享有全额免税的待遇。对于涉及发展教科文卫体及环保等公益慈善事业的慈善信托，基于其紧迫性的减弱，则可享受减税及相应税收返还待遇，超额部分适当给予低税率优惠。

另外，在慈善信托业务各个环节中，委托人和受益人在涉及印花税、契税等其他税种的情况下，建议适当采取"免税、先征后返或即征即退"等税收优惠措施。

[①] 从过往公益信托实践看，信托公司在公益信托项目中的报酬率为1%，部分甚至不收取信托报酬。

3. 慈善信托终止环节

与以上环节一致，出于鼓励慈善信托的考虑，慈善信托终止时，应免征相关的所得税、商品流转税以及契税、印花税等税种。

(六) 建立避免税收优惠滥用的税法监管制度

为贯彻税制公平，一味强调慈善信托税收优惠政策的赋予难免有失偏颇，尤其在我国税收征管水平不高、税收监管缺位的现实国情之下，税收政策应既是促进也是制约。应当说，税法专门就慈善信托设置配套的税收优惠仅仅是第一步，如何防止税收优惠不被滥用、激励作用不被扭曲、慈善目的不被背离更关系着社会公平的实现。税收优惠是慈善信托税收制度完善的基础与根本，而反避税则是税收优惠能否发挥其作用的关键。如果没有健全的反避税应对机制，税收优惠势必会被滥用、税收激励作用更难以见效，最终会导致慈善信托背离慈善目的之价值追求。

1. 援引禁止私人受益原则

禁止私人受益原则长久以来一直被美国税务机关用来规制享受税收优惠待遇的慈善信托活动，对于我国慈善信托中税收优惠的正确利用亦颇具借鉴意义。具体来说，可从以下几方面入手：

第一，应在出台慈善信托税收优惠法律法规的同时，明确规定慈善信托的受托人不得利用慈善信托的税收优惠地位为自己及受托人以外的任何人（个人或团体）提供过多的私人利益。

第二，在明文规定禁止私人从慈善信托中获取超额利益的基础上，根据慈善信托制度的特性，设计出反映慈善信托财产支出状况、受助人财务需求情况、服务项目成果、职能费用支出等的表单，由受托人按年度或按期向税务机关提交报告，接受税务机关的审查。

第三，为保证慈善信托的效率以及各受益人公平地获取援助，应赋予慈善信托的受托人对信托财产及收益分配的自由裁量权，由其自主决定救助对象的资格标准。税务机关只需审查提交的报告内容是否准确、是否存在滥用税收优惠使私人获取超额利益的情形即可。

2. 税收优惠资格的丧失

合理的资格取消是税收优惠精准赋予的一项有力措施。建议规定慈善信托在下列情况下，丧失税收优惠资格：（1）因信托自身的具体情况变化无法满足税收优惠条件；（2）未参加年检或年检不合格；（3）存在私吞、滥用慈善信托财产等违背信托文件的情况；（4）存在弄虚作假、逃税或帮助逃税等违规行为或因违规行为受到行政处罚；（5）其他法律规定情形。

3. 设置配套的税收处罚机制

除了取消税收优惠资格之外，还应设置相应的税法"装置"来防止慈善信托违背其慈善目的，使私人获取不正当的或超额利益而导致税收优惠的正当性被侵蚀。具体来说：

第一，对受托人关于信托财产管理与处分的报告，税务机关进行审查时若发现信托财产的用途违反税法关于禁止私人受益原则的规定，批准或参与的受托人内部管理人员将接受相当于超额利益一定比例的惩罚税金。

第二，不符合法定条件、接受超额利益的受益人（个人或组织），需返还所接受的超额利益，否则应缴纳相当于超额利益一定比例的惩罚税金。

参考文献

一 中文类

（一）中文著作类

1. 全国人大法工委组织编写：《中华人民共和国慈善法释义》，法律出版社 2016 年版。
2. 王振耀主编：《中华人民共和国慈善法评述与慈善政策展望》，法律出版社 2016 年版。
3. 中国信托业协会编著：《慈善信托研究》，中国金融出版社 2016 年版。
4. 何宝玉编著：《信托法案例评析》，中国法制出版社 2016 年版。
5. 郑功成主编：《慈善事业立法研究》，人民出版社 2015 年版。
6. 何宝玉：《信托法原理研究》，中国政法大学出版社 2015 年版。
7. 周小明：《信托制度：法理与实务》，中国法制出版社 2014 年版。
8. 张淳：《信托法哲学初论》，法律出版社 2014 年版。
9. 王众：《信托受益人保护研究》，法律出版社 2014 年版。
10. 张淳：《中国信托法特色论》，法律出版社 2013 年版。
11. 何宝玉：《信托法原理与判例——英国法研究三部曲》，法律出版社 2013 年版。
12. 徐卫：《慈善宣言信托制度构建研究》，法律出版社 2012 年版。
13. 文杰：《信托法专题研究》，中国社会科学出版社 2012 年版。
14. 高凌云：《被误读的信托——信托法原论》，复旦大学出版社 2012 年版。
15. 解锟：《英国慈善信托制度研究》，法律出版社 2011 年版。
16. 于海涌：《英美信托财产双重所有权在中国的本土化》，中国政法大学出版社 2011 年版。
17. 杨崇森：《信托法原理与实务》，三民书局股份有限公司 2010 年版。
18. 李智仁、张大为：《信托法制案例研习》，元照出版有限公司 2010 年版。
19. 张军建：《信托法基础理论研究》，中国财政经济出版社 2009 年版。
20. 王名、李勇、黄浩明编著：《英国非营利组织》，社会科学文献出版社 2009 年版。
21. 赵磊：《公益信托法律制度研究》，法律出版社 2008 年版。
22. 康锐：《我国信托法律制度移植研究》，上海财经大学出版社 2008 年版。
23. 余卫明：《信托受托人研究》，法律出版社 2007 年版。
24. 余辉：《英国信托法：起源、发展及其影响》，清华大学出版社 2007 年版。
25. 徐孟洲主编：《信托法》，法律出版社 2006 年版。
26. 李青云：《信托税收政策与制度研究》，中国税务出版社 2006 年版。
27. 唐义虎：《信托财产权利研究》，中国政法大学出版社 2005 年版。
28. 王志诚：《信托法》，台湾五南图书出版公司 2005 年版。
29. 方嘉麟：《信托法之理论与实务》，中国政法大学出版社 2004 年版。
30. 张天民：《失去衡平法的信托——信托观念的扩张与中国信托法的机遇和挑战》，中信出版社 2004 年版。
31. 吴弘、贾希凌、程胜：《信托法论》，立信会计出版社 2003 年版。
32. 赖源河、王志诚：《现代信托法论》，中国政法大学出版社 2002 年版。
33. 施天涛、余天然：《信托法》，人民法院出版社 1999 年版。
34. 周小明：《信托制度的比较法研究》，法律出版社 1996 年版。
35. 周小明：《财产权的革新——信托法论》，贵州人民出版社 1995 年版。

（二）中文译文著作类

1. [日] 道垣内弘人：《信托法入门》，姜雪莲译，中国法制出版社 2014 年版。
2. 葛伟军译：《英国信托法：成文法汇编》，法律出版社 2012 年版。
3. [日] 能见善久：《现代信托法》，赵廉慧译，中国法制出版社 2011 年版。
4. [美] 贝希·布查尔特·艾德勒等著：《通行规则：美国慈善法指南》，

金锦萍等译，中国社会出版社 2007 年版。

5. ［日］金子宏：《日本税法》，战宪斌、郑林根译，法律出版社 2004 年版。

6. ［日］中野正俊、张军建：《信托法》，中国方正出版社 2004 年版。

7. ［英］D. J. 海顿：《信托法》，周毅、王昊译，法律出版社 2004 年版。

8. ［美］托马斯·西尔克：《亚洲公益事业及其法规》，中国科学基金研究会译，科学出版社 2000 年版。

（三）中文论文类

1. 周贤日：《慈善信托：英美法例与中国探索》，《华南师范大学学报》2017 年第 2 期。

2. 杨道波：《慈善法中的公益——基于英美法的考察》，《温州大学学报》2016 年第 1 期。

3. 姜雪莲：《信托受托人的忠实义务》，《中外法学》2016 年第 1 期。

4. 赵廉慧：《慈善信托的误解与未来》，《中国慈善家》2016 年第 1 期。

5. 李喜燕：《慈善信托近似原则在美国立法中的发展及其启示》，《比较法研究》2016 年第 3 期。

6. 栾东庆、魏艳：《慈善信托监管方式之嬗变：基于慈善法草案的思考》，《中国民政》2016 年第 4 期。

7. 黎颖露：《关于股权捐赠和慈善信托的税收问题》，《中国民政》2016 年第 6 期。

8. 王作全：《解读〈慈善法〉：过程、内容、亮点与问题》，《中国农业大学学报》2016 年第 6 期。

9. 栗燕杰：《我国慈善信托法律规制的变迁与完善》，《河北大学学报》2016 年第 5 期。

10. 赵廉慧：《慈善信托税收政策的基本理论问题》，《税务研究》2016 年第 8 期。

11. 王涛：《论慈善信托对力求近似原则的适用》，《聊城大学学报》2015 年第 1 期。

12. 李芳：《我国建立慈善组织认定制度的基本构想》，《山东社会科学》2015 年第 3 期。

13. 杨道波：《英国慈善目的事业立法及借鉴意义》，《北京行政学院学报》2015 年第 4 期。

14. 谢琼：《欧洲慈善监管模式及对我国的启示》，《苏州大学学报》2015 年第 5 期。

15. 栗燕杰：《我国慈善税收优惠的现状、问题与因应——以慈善立法为背景》，《国家行政学院学报》2015 年第 6 期。

16. 金锦萍：《论公益信托之界定及其规范意义》，《华东政法大学学报》2015 年第 6 期。

17. 张淳：《信托期间：信托法的态度》，《社会科学》2015 年第 11 期。

18. 潘乾、尹奎杰：《英国慈善组织监管法律制度及其借鉴》，《行政论坛》2014 年第 1 期。

19. 王众、叶品华：《英国信托受托人投资行为规范及其对我国的启示》，《经济问题探索》2014 年第 4 期。

20. 赵磊：《信托受托人的角色定位及其制度实现》，《中国法学》2013 年第 4 期。

21. 黄冠豪：《略论我国非营利组织的税收制度改进》，《税务与经济》2013 年第 4 期。

22. 杨道波：《新中国慈善立法的回顾、评估与展望》，《河北法学》2013 年第 5 期。

23. 刘迎霜：《公益信托，慈善事业新模式》，《社会观察》2013 年第 10 期。

24. 邱唐：《构建和完善我国公益信托税收制度研究》，《金融经济》2013 年第 14 期。

25. 张学博：《中国现行减免税制度之反思》，《西部法学评论》2012 年第 2 期。

26. 杨思斌：《我国慈善事业发展的法治困境及路径选择》，《法学杂志》2012 年第 3 期。

27. 李正辉：《公益信托与基金会的关系：基于融合的视角》，《甘肃政法学院学报》2012 年第 4 期。

28. 徐孟洲：《论我国公益信托的设立》，《广东社会科学》2012 年第 5 期。

29. 胡卫萍、杨海林：《我国公益信托法律制度的完善》，《江西社科学》2012 年第 7 期。

30. 王世强：《英国慈善组织的法律形式及登记管理》，《社团管理研究》2012 年第 8 期。
31. 何新容：《美国对灾难救济信托的法律规制及其对我国的启示》，《河北法学》2012 年第 9 期。
32. 沈国琴、魏朝晖：《非营利组织税收监管问题探析》，《中共山西省委党校学报》2011 年第 1 期。
33. 刘坤：《英国慈善法律制度对我国慈善立法的启示》，《社团管理研究》2011 年第 2 期。
34. 张淳：《信托财产独立性的法理》，《社会科学》2011 年第 3 期。
35. 王建军、燕冲、张时飞：《慈善信托法律制度运行机理及其在我国发展的障碍》，《环球法律评论》2011 年第 4 期。
36. 解锟：《英国慈善组织监管的法律构架及其反思》，《东方法学》2011 年第 6 期。
37. 薛智胜：《论我国公益信托监管机制的完善——以提升公益信托的公信力为核心》，《政法学刊》2011 年第 6 期。
38. 梁洋：《浅析美国慈善税收制度的监管模式》，《法制与社会》2011 年第 32 期。
39. 解锟：《从判例法到成文法：力求近似原则在英国的起源和演变》，《中共青岛市委党校青岛行政学院学报》2010 年第 1 期。
40. 郝琳琳：《我国公益信托发展中的税法缺失》，《河北法学》2010 年第 12 期。
41. 刘士国、高凌云、周天林：《信托登记法律问题研究》，《政府法制研究》2009 年第 1 期。
42. 高亚红：《公益信托监管制度比较研究》，《西安社会科学》2009 年第 1 期。
43. 沈煜：《我国公益信托发展缓慢的原因》，《山西高等学校社会科学学报》2009 年第 1 期。
44. 刘正峰：《美国信托法受托人谨慎义务研究》，《当代法学》2009 年第 3 期。
45. 彭插三：《信托制度谨慎投资人规则浅析》，《中南林业科技大学学报》2009 年第 3 期。

46. [德] 海因·克茨、邓建中：《信托——典型的英美法系制度》，《比较法研究》2009 年第 4 期。

47. 翟伟静、孙学华、杨留强：《论我国公益信托受托人制度的完善》，《河南机电高等专科学校学报》2009 年第 5 期。

48. 陈娟艺、李晨：《探讨我国公益信托发展模式》，《时代金融》2009 年第 396 期。

49. 何江恒：《中国公益信托与公益事业捐赠制度的衔接》，《学会》2008 年第 1 期。

50. 刘继虎：《论形式移转不课税原则》，《法学家》2008 年第 2 期。

51. 刘继虎：《公益信托税收激励制度之管见》，《法制与社会》2007 年第 3 期。

52. 刘继虎：《非营利组织所得税优惠制度比较与借鉴》，《河北法学》2008 年第 4 期。

53. 郭晓霞：《论信托的价值与功能》，《山东社会科学》2008 年第 7 期。

54. 朱志峰：《公益信托的法律特征及我国模式的探索》，《当代法学》2008 年第 6 期。

55. 李青云：《我国公益信托发展中存在的问题及对策》，《经济纵横》2007 年第 8 期。

56. 康锐、吴俐：《公益信托法律保障机制研究》，《法制天地》2007 年第 11 期。

57. 李青云：《我国公益信托税收政策研究》，《税务与经济》2006 年第 5 期。

58. 王忠：《我国公益信托发展受阻的原因分析》，《特区经济》2006 年第 9 期。

59. 徐宇珊、刘华电：《国外非营利组织税收制度介绍》，《涉外税务》2007 年第 11 期。

60. 欧阳白果等：《公益信托税收优惠制度的立法探讨》，《产业与科技论坛》2006 年第 12 期。

61. 葛克昌：《量能原则为税法结构性原则》，《月旦财经法杂志》2005 年第 1 期。

62. 赵学刚：《信托财产独立性价值研究》，《西南民族大学学报》2005 年第 1 期。
63. 胡启忠：《我国信托人权力制度之思考》，《现代法学》2005 年第 6 期。
64. 孙静：《德国信托法探析》，《比较法研究》2004 年第 1 期。
65. 耿利航：《信托财产与中国信托法》，《政法论坛》2004 年第 1 期。
66. 李鹏、李丕东：《信托所得课税的国际比较与经验借鉴》，《财会研究》2004 年第 3 期。
67. 林岚：《我国公益信托发展面临的困境及解决思路》，《福建法学》2004 年第 4 期。
68. 安体富、李青云：《英、日信托税收制度的特点及对我们的启示》，《涉外税务》2004 年第 6 期。
69. 张淳：《大陆信托法的增补》，《月旦民商法杂志》2003 年第 2 期。
70. 徐卫：《信托监察人的法律设置及完善——评〈台湾信托法〉第五章》，《天津市政法管理干部学院学报》2003 年第 3 期。
71. 陈江华：《公益捐赠与公益信托法律问题初探》，《江西金融职工大学学报》2003 年第 4 期。
72. 张淳：《〈美国统一谨慎投资人法〉评析》，《法学杂志》2003 年第 5 期。
73. 赵俐：《我国应尽快实施公益信托制度》，《实事求是》2003 年第 5 期。
74. ［日］中野正俊、张军建：《从比较信托法看中国信托法的立法及其解释》，《中南大学学报》2003 年第 9 期。
75. 余辉：《近现代英国信托法律制度的确立》，《法律科学》2003 年第 6 期。
76. 沈佩玲：《信托——公益事业的最佳选择》，《中国民政》2003 年第 9 期。
77. 徐孟洲、席月民：《论我国信托税收制度构建的原则和设计》，《税务研究》2003 年第 11 期。
78. 尹田：《论一物一权原则及其与"双重所有权"理论的冲突》，《中国法学》2002 年第 3 期。

79. 张守文:《收益的可税性》,《法学评论》2001 年第 6 期。
80. 张军奎、蔡从燕:《功能扩张、工具创新与英美信托法之受托人制度——兼评我国〈信托法〉草案(第五稿)》,《东南学术》2001 年第 6 期。

二 外文类

(一) 外文著作类

1. Don Quante, Rudy Beck, *Don't Go Broke in a Nursing Home*, New York: AFFC Publications, 2013.
2. William M. Mc Govern, Sheldon F. Kurtz, David M., *Wills, Trusts & Estates*, English: West, 2012.
3. Hubert Picarda, *Law and Practice Relating to Charities*, West Sussex: Bloomsbury Professional, 2010.
4. Robert Pearce, John Stevens & Warren Barr, *The Law of Trusts and Equitable*, London: Obligations Oxford University Press, 2010.
5. A. J. Oakler, Parker and Mellow, *The Modern Law of Trusts*, London: Sweet & Maxwell Ltd., 2008.
6. Con Alexander, *Charity Governance*, London: Jordan Publishing Ltd., 2008.
7. Alastair Hudson, *Equity and Trusts*, London: Routledge Cavendish, 2007.
8. Kerry O'Halloran, *Charity Law and Social Inclusion: An International Study*, London: New York: Routledge, 2007.
9. Fishman J. J., *The Faithless Fiduciary: And the Quest for Charitable Accountability*, North Carolina: Carolina Academic Press, 2007.
10. Victor Thuryoni, *Comparative Tax Law*, Netherlands: lluwer, 2004.
11. Gary Wat, *Trusts and Equity*, Oxford: Oxford University Press, 2003.
12. Richard Edward & Nigel Stockwell, *Trust and Equity*, Harlow Essex: Person Education Limited, 2002.
13. Cabinet Office Strategy Unit, *Private Action, Public Benefit? A Consultation Document on Charity Law Reform*, London: NCVO, 2001.
14. Peter Luxton, *The Law of Charities*, Oxford: Oxford University Press, 2001.
15. Paul Todd, *Textbook on Trusts*, Oxford: Oxford University Press Inc., 2000.

16. Maurizio Lupoi, *Trusts: A Comparative Study*, Cambridge: Cambridge University Press, 2000.
17. James J. Fishman & Schwarz, *Nonprofit Organization: Case and Materials*, New York: Foundation Press, 2000.
18. Mohammed Ramjohn, *Source Book on Law of Trust*, London: Cavendish Publishing Ltd., 1995.
19. Philip H. Pettit, *Equity and the Law of Trusts*, London: London Butter Worths, 1979.
20. Robert L. Mennell, *Wills and Trusts*, London: West Pub. Co., 1979.
21. Careth Jones, *History of the law Charity*, Cambridge: Cambridge University Press, 1969.
22. David Owen, *English Philanthropy* 1660-1960, Cambridge: Belknap Press, 1964.

（二）外文论文类

1. Joshua C. Tate, "Should charitable trust enforcement rights be assignable?" *Chicago-Kent Law Review*, Vol. 85, 2010.
2. Gabrielle Fack, "Are Tax Incentives for Charitable Giving Efficient?", *American Economic Journal Economic Policy*, Vol. 64, 2010.
3. David Horton, "Unconscionabmty in the Law of Trusts", *Notre Dame Law Review*, Vol. 84, 2009.
4. Kent D. Schenkel, "Trust Law and the Title-Split: A Beneficial Perspective", *University Missouri Kansas City Law Review*, Vol. 78, 2009.
5. Thomas P. Gallanis, "The Trustee's Duty to Inform", *North Carolina Law Review*, Vol. 85, 2007.
6. Melanie B Leslie, "Trusting Trustees: Fiduciary Duties and the Limits of Default Rules", *Georgetown Law Journal*, Vol. 94, 2005.
7. Larry E. Ribstein, "Symposium: Uncorporation: A New Age? Are Partners Fiduciaries?", *University of Illinois Law Review*, Vol. 209, 2005.
8. Dana Brakman Reiser, Evelyn Brody, "Who Guards the Guardians?: Monitoring and Enforcement of Charity Governace", *Chicago-Kent Law Review*, Vol. 115, 2005.
9. Robert H. Sitkoff, "An Agency Costs Theory Of Trust Law", *Cornell Law*

Review, Vol. 89, 2004.

10. C. Eugene Steuerle, Martin A. Sullivan, "Toward More Simpleand Effective Giving: Reformingthe Tax Rules for Charitable Contributions and Charitable Organizations", *American Journal of Tax Policy*, Vol. 59, 1995.

11. Harry I. Fledderman, "Prudent Man Investment of Trust Funds", *Califonia Law Review*, Vol. 39, 1951.

12. Frank H. Easterbrook & Daniel R. Fischel, "Contract and Fiduciary Duty", *Journal of Law & Economics*, Vol. 36, 1993.

13. HB Hansmann, UA Mattei, "The Functions of Trust Law: A Comparative Legal and Economic Analysis", *New York University Law Review*, Vol. 73, 1998.

14. John H. Langbein, "The Secret Life of the Trust: The Trust as an Instrument of Commerce", *Yale Law Journal*, Vol. 107, 1997.

15. J. Dennis Hynes, "Freedom of Contract, Fiduciary Duties, and Partnerships: The Bargain Principle and the Law ofAgency", *Washington and Lee Law Review*, Vol. 54, 1997.

16. John H. Langbein, "The Contractarian Basis of the Law of Trusts", *Yale Law Journal*, Vol. 105, 1995.

17. A. I. Ogus, "The Trust as Governance Structure", *University of Toronto Law Journal*, Vol. 36, 1986.

18. Jean Warburton, "Charity, Members, Accountability and Control", *Financial Accountability & Management*, Vol. 1, 1985.

19. P. V. Baker and P. St. J. Langan: "Snell's Principles of Equity", *Cambridge Law Journal*, Vol. 23, 1983.

20. Arthur L. Corbin, "Contracts for the Benefit of Third Persons", *Yale Law Journal*, Vol. 27, 1918.

后 记

　　一个社会，无论发展到何种程度，贫困和富裕总是存在的。但缩小贫富差距，让所有人都活在希望中，感受人间真情，却是可以通过慈善实现的。慈的本意是爱心，善的本意是关怀，弘扬慈善精神即可以营造出互助互爱、团结融洽的氛围。历史经验表明，基本完成工业化之后的国家，如果能够兴起广泛而持续的慈善运动，整个社会就会实现稳定的转型和提升。中华民族历史上一直有乐善好施的传统，在我国步入中等收入阶段之后，这一传统得到了新的传承。当下的中国正在快步进入现代慈善时代，与传统的个人积德行善方式不同，现代公益慈善更多的是以不同类型的组织形式作为基本载体。

　　2016年，我国公益慈善领域的首部基础性、综合性法律《中华人民共和国慈善法》（以下简称《慈善法》）正式施行。慈善信托作为我国《慈善法》最重要的制度设计之一，通过"慈善+金融"的方式以及财产安全性和运作灵活性的特质，成为吸引社会资源，尤其是大额捐赠进入慈善领域的一个重要新途径。然而无法忽视的是，当前慈善信托在立法和实践中尚处于起步阶段，未来还充满不确定因素。慈善信托的备案制度、税收优惠等缺乏配套政策，慈善组织、信托公司各自的角色定位亦存在不同的认知。

　　本书的写作初衷正是希望围绕这些现实的问题，从比较法的视野，在强调法律多元性、特殊性和地方性的基础上，提出一些有助于我国慈善信托制度建立健全的浅见。只是时光永不止步、学术从未穷尽，由于精力有限、时间紧促、资料收集也未能达至十足，书中对有些问题的看法并不成熟，亦存有诸多有待商榷之处。不过，即便本书只是人类知识库藏中一粒带有某种文明光泽的砂子,已属荣幸。

  与过往相比,写这本书是一件很辛苦的事情。其间的艰难与磨砺,日复一日的努力和坚持都无法言说。庆幸的是,一直以来家人都给了我无尽的包容和支持,特别要谢谢我的小格,她真是人间四月天,温柔而坚强。当然更要感谢亦师亦友的陈焱光教授,他的关心和敦促是本书出版的强大助力;同时还要感谢孔继萍主任为本书付梓付出的心血和长达数月的帮助。

  "法安天下,慈润人心"是人心所向的社会愿景,愿继续努力在这光明之路,心平气静地耕种。

2017 年秋夏雨写于武汉